HACIA UNA PLENA PRESENCIA

REFLEXIÓN PASTORAL SOBRE LA INTERACCIÓN EN LAS REDES SOCIALES

DICASTERIO PARA LA COMUNICACIÓN

OSV
Our Sunday Visitor
Huntington, Indiana

28 27 26 25 24 23   1 2 3 4 5 6 7 8 9

Our Sunday Visitor Publishing Division
Our Sunday Visitor, Inc.
200 Noll Plaza
Huntington, IN 46750
1-800-248-2440
www.osv.com

ISBN: 978-1-63966-108-4 (Núm. de inventario T2834)
eISBN: 978-1-63966-109-1
LCCN: 2023937589

Diseño de portada: Tyler Ottinger
Arte de lo portada: Adobe Stock
Diseño de ineriores: Amanda Falk

IMPRESO EN LOS ESTADOS UNIDOS

1. En la era digital, la humanidad ha dado grandes pasos hacia adelante; pero una de las cuestiones urgentes que aún quedan por abordar es cómo podemos vivir en el mundo digital —en cuanto individuos y en cuanto comunidad eclesial—, con amor al prójimo, estando presentes de manera auténtica, atentos los unos a los otros en nuestro viaje común por las "autopistas digitales".

Los avances en la tecnología han hecho posibles nuevas formas de interacción humana. De hecho, la cuestión ya no es si interactuar o no con la cultura digital, sino *cómo* hacerlo. Las redes sociales, en especial, son ambientes en los que las personas interactúan, comparten experiencias y cultivan relaciones como nunca se había hecho antes. Sin embargo, a medida que la comunicación se ve cada vez más influida por la inteligencia artificial, se plantea la necesidad de redescubrir el encuentro humano en su esencia misma. En las dos últimas décadas, nuestra relación con las plataformas digitales ha sufrido una transformación irreversible: ha surgido la conciencia de que estas plataformas pueden evolucionar para llegar a ser espacios creados conjuntamente, y no solo algo que usamos de forma pasiva. Los jóvenes —y también las generaciones de más edad— piden que vayamos a su encuentro allí donde están, incluidas las redes sociales, ya que el mundo digital es "una parte significativa de la identidad y del estilo de vida de los jóvenes"[1].

2. Muchos cristianos solicitan inspiración y guía, porque las redes sociales, que son una de las expresiones de la cultura digital, han ejercido un profundo impacto en nuestras comunidades de fe y en nuestras trayectorias espirituales personales.

Los ejemplos de interacción fiel y creativa en las redes sociales abundan en todo el mundo, tanto por parte de comunidades locales como de personas que dan testimonio de su fe en estas plataformas, con frecuencia de modo más difusivo que la Iglesia institucional. Asimismo, existen numerosas iniciativas pastorales y educativas desarrolladas por Iglesias locales, movimientos, comunidades, congregaciones, universidades e individuos.

3. La Iglesia universal también ha tratado el tema de la realidad digital. Desde 1967, por ejemplo, los mensajes anuales para la Jornada Mundial de las Comunicaciones Sociales ofrecen una reflexión en continua evolución sobre esta materia. A partir de 1990, dichos mensajes han afrontado el uso del ordenador, y desde principios del 2000, han reflexionado continuamente acerca de diversos aspectos de la cultura digital y de la comunicación social. Planteando cuestiones fundamentales para la cultura digital, el Papa Benedicto XVI, en 2009, escribió sobre las transformaciones en los modelos de comunicación, y afirmó que los medios no solo deberían favorecer las conexiones entre las personas, sino también animarlas a comprometerse en relaciones que promuevan "una cultura de respeto, diálogo y amistad"[2]. Posteriormente, la Iglesia consolidó la imagen de las redes sociales como "espacios" —y no solo "herramientas"—, y realizó un llamamiento para que la Buena Noticia fuese proclamada también en el ambiente digital[3]. Por su parte, el Papa Francisco ha reconocido que el mundo digital "resulta muy difícil de distinguir de la esfera de la vida cotidiana", y que está cambiando el modo en el que la humanidad acumula conocimiento, distribuye información y desarrolla relaciones[4].

4. A estas reflexiones hay que añadir la interacción práctica de la Iglesia en las redes sociales, que ha sido igualmente eficaz[5]. Un momento reciente ha demostrado con claridad que los medios digitales constituyen una poderosa herramienta para el ministerio de la Iglesia: el 27 de marzo de 2020, en las primeras fases de la pandemia de COVID-19, la plaza de San Pedro estaba vacía, pero, al mismo tiempo, llena de presencias. Una transmisión en directo a través de la televisión y de Internet permitió al Papa Francisco guiar una experiencia global transformativa: una oración y un mensaje dirigido a un mundo en confinamiento. En medio de una crisis sanitaria que costó la vida a millones de seres humanos, personas de todo el mundo, confinadas y aisladas, se encontraron profundamente unidas entre ellas y con el sucesor de Pedro[6].

Gracias a los medios tradicionales y a la tecnología digital, la oración del Papa alcanzó los hogares y tocó las vidas de personas de todo el mundo. Los brazos abiertos de la columnata de Bernini que rodean la plaza pudieron así extender su abrazo a millones de seres humanos. A pesar de estar físicamente distantes unos de otros, quienes se unieron al Papa en aquella hora estuvieron presentes los unos a los otros y pudieron experimentar un momento de unidad y comunión.

• • •

5. Las siguientes páginas son el resultado de una reflexión en la que han participado expertos, educadores, jóvenes profesionales y líderes, laicos, sacerdotes y religiosos. Su objetivo es afrontar algunas de las principales cuestiones

relativas al modo en que los cristianos deberían participar en el mundo digital. No se proponen ser una guía precisa para el ministerio pastoral en esta área. Lo que se espera de ellas, en cambio, es que promuevan una reflexión común sobre nuestras experiencias digitales, animando a las personas y a las comunidades a adoptar un enfoque constructivo y creativo que fomente una cultura de amor al prójimo.

El desafío de fomentar relaciones pacíficas, significativas y atentas a los demás en las redes sociales provoca discusiones en los círculos académicos, profesionales y eclesiales. ¿Qué tipo de humanidad se refleja en nuestra presencia en los ambientes digitales? ¿Cuánto en nuestras relaciones digitales es fruto de una comunicación profunda y sincera, y cuánto está meramente conformado por opiniones incuestionables y reacciones apasionadas? ¿Encuentra nuestra fe expresiones digitales vivas y frescas? ¿Y quién es mi "prójimo" en las redes sociales?

• • •

6. La parábola del buen samaritano[7], mediante la que Jesús nos hace responder a la pregunta "¿quién es mi prójimo?", surge a partir de este interrogante de un experto en la Ley mosaica: "¿Qué debo hacer para *heredar* la vida eterna?". El verbo "heredar" nos recuerda la *herencia* de la tierra prometida, que no es tanto un territorio geográfico como el símbolo de algo más profundo y duradero, algo que cada generación ha de descubrir y que puede ayudarnos a reconsiderar nuestro papel en el mundo digital.

I. CUIDADO CON LAS TRAMPAS EN LAS AUTOPISTAS DIGITALES

Aprender a mirar desde la perspectiva del hombre que cayó en manos de los ladrones (cfr. Lc 10, 36)

¿UNA TIERRA PROMETIDA QUE HAY QUE REDESCUBRIR?

7. Las redes sociales son solo una rama del más amplio y complejo fenómeno de la *digitalización*, que es el proceso de transferir numerosas tareas y dimensiones de la vida humana a las plataformas digitales. Las tecnologías digitales pueden incrementar nuestra eficiencia, potenciar nuestra economía y ayudarnos a resolver problemas que antes eran insolubles. La revolución digital ha extendido nuestro acceso a la información y nuestra capacidad para conectar unos con otros más allá de los límites del espacio físico. Este proceso, que ya estaba desarrollándose en las últimas tres décadas, se ha acelerado a causa de la pandemia. Actividades que normalmente se realizaban de manera presencial —como la educación y el trabajo— ahora pueden llevarse a cabo a distancia. Asimismo, muchos países han efectuado grandes cambios en sus sistemas judiciales y legislativos, adoptando las sesiones y el voto a través de internet como alternativa a las reuniones presenciales. La velocidad con la que se difunde la información también está cambiado el modo de operar de la política.

8. Con la llegada de la Web 5.0 y otros avances en la comunicación, en los próximos años la inteligencia artificial influirá cada vez más en nuestra experiencia de la realidad. Estamos asistiendo al desarrollo de máquinas que trabajan y toman decisiones por nosotros; que pueden aprender y predecir nuestros comportamientos; de máquinas que responden a nuestras preguntas y aprenden de nuestras respuestas, o que usan la ironía y hablan con la voz y las expresiones de quienes ya no están entre nosotros; de sensores que, colocados en la piel, pueden medir nuestras emociones. En esta realidad en constante evolución, quedan muchas preguntas por responder[8].

9. Los notables cambios que ha experimentado el mundo desde la aparición de Internet han provocado también nuevas tensiones. Unos han nacido ya dentro de esta cultura y son, por tanto, "nativos digitales"; otros aún están intentando acostumbrarse a ella como "inmigrantes digitales". En cualquier caso, nuestra cultura es ahora una cultura digital. Para superar la vieja dicotomía entre "digital" y "cara a cara", algunos ya no hablan de "online" frente a "offline", sino sólo de "onlife", uniendo la vida humana y social en sus diversas expresiones, ya sean estas en espacios digitales o físicos.

10. En el contexto de la comunicación integrada, consistente en la convergencia de los procesos de comunicación, las redes sociales desempeñan un papel decisivo como foro en el que se configuran nuestros valores, creencias, lenguaje y supuestos de la vida cotidiana. Para muchas personas, especialmente en los países en vías de desarrollo, el único contacto con la comunicación digital tiene lugar a través de

las redes sociales. Más allá del *uso* de las redes sociales como herramienta, *vivimos* en un ecosistema conformado en su centro por la experiencia de la compartición social. Aunque seguimos *utilizando* la web para buscar información o entretenimiento, acudimos a las redes en busca de una sensación de pertenencia y afirmación, transformándolas en un espacio vital donde tiene lugar la comunicación de valores y creencias fundamentales.

En este ecosistema, se pide a las personas que confíen en la autenticidad de las declaraciones de principios de las compañías de redes sociales, que prometen, por ejemplo, acercar más a todo el mundo, dar a todos el poder de crear y compartir ideas, o dar voz a todos. Somos conscientes de que estos eslóganes publicitarios casi nunca se ponen en práctica, puesto que las empresas están mucho más preocupadas por sus beneficios; pero aún así tendemos a creer estas promesas.

11. En efecto, cuando las personas comenzaron a utilizar Internet hace pocas décadas, ya compartían una versión de este sueño: la esperanza de que el mundo digital fuera un espacio feliz de entendimiento común, información libre y colaboración. Internet había de ser una "tierra prometida" en la que las personas podrían confiar en informaciones compartidas sobre las bases de la transparencia, la fiabilidad y la competencia.

TRAMPAS A EVITAR

12. Sin embargo, estas expectativas no se han cumplido de modo exacto. En primer lugar, todavía estamos ante una "brecha digital". Mientras esta evolución se mueve más deprisa

que nuestra capacidad de comprenderla correctamente, muchas personas aún carecen de acceso no solo a los medios para satisfacer las necesidades básicas —como alimentos, agua, vestidos, vivienda y atención sanitaria—, sino también a las tecnologías de información y comunicación. Ello deja a un gran número de marginados abandonados en la cuneta.

Por otro lado, la "brecha de las redes sociales" se ensancha cada vez más. Las plataformas que prometieron crear comunidad y conectar más a todas las personas han acentuado, en cambio, distintas formas de división.

13. En las "autopistas digitales" existen algunas trampas que debemos conocer y que nos permiten entender mejor cómo ha podido suceder todo esto.

Hoy en día no es posible hablar de las redes sociales sin considerar su valor comercial, esto es, sin el reconocimiento de que la verdadera revolución comenzó cuando las marcas y las instituciones advirtieron el potencial estratégico de las redes sociales, contribuyendo a una rápida consolidación de lenguajes y prácticas que a lo largo de los años han transformado a los *usuarios* en *consumidores*. A ello hay que añadir que los individuos son al mismo tiempo *consumidores* y *mercancías*: en cuanto consumidores, se les presenta *publicidad personalizada* y contenido patrocinado hecho a su medida; en cuanto mercancías, sus perfiles y sus datos se venden a otras empresas para el mismo fin. Al asumir las declaraciones de principios de las compañías de redes sociales, las personas aceptan también las "condiciones del servicio", que generalmente no leen o no entienden. Se ha hecho popular el entender esas "condiciones del servicio" según un viejo adagio que dice: "*Si no pagas el producto, entonces el producto eres tú*". En otras palabras, no es gratuito: estamos pagando con minutos de nuestra atención y bytes de nuestros datos.

14. El creciente énfasis en la distribución y el comercio de conocimiento, datos e información ha generado una paradoja: en una sociedad en la que la información desempeña un papel esencial, es cada vez más difícil verificar las fuentes y la exactitud de la información que circula digitalmente. La sobrecarga de contenidos se resuelve mediante algoritmos de inteligencia artificial que deciden constantemente qué mostrarnos basándose en factores que difícilmente percibimos o intuimos: no solo lo que hemos elegido anteriormente, los "me gusta", nuestras reacciones o preferencias; sino también nuestras ausencias y distracciones, pausas y periodos de atención. El entorno digital que cada persona ve —e incluso los resultados de una búsqueda en Internet— nunca es el mismo que el de otra persona. Cuando utilizamos los motores de búsqueda para encontrar información o la recibimos en nuestra fuente de noticias en las diferentes plataformas y aplicaciones, normalmente no somos conscientes de los filtros que condicionan los resultados. La consecuencia de esta personalización de los resultados cada vez más sofisticada es la exposición forzada a una información parcial que corrobora nuestras propias ideas, refuerza nuestras creencias y nos conduce así a aislarnos en "burbujas" creadas por los filtros.

15. Las comunidades en línea de las redes sociales son "puntos de encuentro" configurados por lo general en torno a los intereses que comparten "individuos interconectados".

Quienes están presentes en las redes sociales son tratados según sus características particulares, su origen, sus gustos y preferencias, ya que los algoritmos que operan detrás de las plataformas de Internet y de los motores de búsqueda tienden a poner en contacto a quienes son los "mismos", agrupándolos y atrayendo su atención para mantenerlos en línea. Como consecuencia, las plataformas de redes sociales corren el riesgo de impedir que sus usuarios encuentren realmente al "otro" que es diferente.

16. Todos hemos visto sistemas automatizados que pueden crear estos "espacios" individualistas y, en ocasiones, fomentar comportamientos extremos. Los discursos agresivos y negativos se difunden con facilidad y rapidez, y ofrecen un terreno fértil para la violencia, el abuso y la desinformación. En las redes sociales, diferentes actores, que a menudo se sienten fuertes por estar envueltos en el manto de los seudónimos, reaccionan constantemente los unos contra los otros. Estas interacciones suelen ser notablemente distintas de las que se producen en los espacios físicos, donde nuestras acciones se ven influidas por las respuestas verbales y no verbales de los demás.

17. Ser conscientes de estas trampas nos ayuda a discernir y desenmascarar la lógica que contamina el ambiente de las redes sociales, y a buscar soluciones a este descontento digital. Es importante apreciar el mundo digital y reconocerlo como parte de nuestra vida. Sin embargo, la vida y el viaje humanos se construyen en la complementariedad entre las experiencias físicas y las digitales.

18. A lo largo de las "autopistas digitales", muchas personas

resultan heridas por el odio y la división. No podemos ignorarlo. No podemos ser tan solo pasantes silenciosos. Para humanizar los ambientes digitales, no debemos olvidar a quienes se quedan atrás. Solo podemos ver lo que está sucediendo si miramos desde el punto de vista del hombre herido de la parábola del buen samaritano. Como en la parábola, en la que se nos cuenta lo que ha visto el herido, la perspectiva de los marginados y los heridos digitales nos ayuda a entender mejor el cada vez más complejo mundo de hoy.

TEJER RELACIONES

19. En una época en la que estamos cada vez más divididos, en la que cada persona se retira a su propia burbuja, las redes sociales se están convirtiendo en un camino que conduce a muchos a la indiferencia, a la polarización y al extremismo. Cuando los individuos no se tratan unos a otros como seres humanos, sino como meras expresiones de un cierto punto de vista que ellos no comparten, estamos ante otra expresión de la "cultura del descarte" que difunde la "globalización" —y la normalización— de la indiferencia. Aislarse en los propios intereses no es el camino para restaurar la esperanza. El camino a seguir pasa más bien por el cultivo de una "cultura del encuentro" que promueva la amistad y la paz entre personas diferentes[9].

20. Así pues, es cada vez más urgente y necesario participar en las redes sociales de una manera que vaya más allá de los propios compartimentos estancos, saliendo del grupo de los propios "iguales" para encontrar a los otros.

Acoger al "otro", es decir, a alguien que toma posiciones opuestas a las mías o que parece "diferente", no es ciertamente una tarea sencilla. Nuestra primera reacción podría muy bien ser: "¿Y por qué debería importarme?". Podemos encontrar esta actitud incluso en la Biblia, comenzando por el rechazo de Caín a ser el guardián de su hermano (cfr. Gen 4, 9) y continuando con el doctor de la Ley que le pregunta a Jesús: "¿Quién es mi prójimo?" (Lc 10, 29). El doctor de la Ley quería establecer un límite entre quien *es* mi prójimo y quien *no lo es*. Da la impresión de que nos gustaría encontrar una justificación para nuestra indiferencia; estamos siempre intentando trazar una línea entre "nosotros" y "ellos", entre "alguien que tengo que tratar con respeto" y "alguien que puedo ignorar". De este modo, casi imperceptiblemente, nos hacemos incapaces de sentir compasión por los demás, como si sus sufrimientos fuesen una responsabilidad suya que nonos compete[10].

21. En cambio, la parábola del Buen Samaritano nos desafía a hacer frente a la "cultura del descarte" digital, y a ayudarnos mutuamente a salir de nuestra zona de confort haciendo un esfuerzo voluntario para ir al encuentro del otro. Esto solo es posible si nos vaciamos de nosotros mismos comprendiendo que todos formamos parte de la humanidad herida y recordando que Alguien nos miró y tuvo compasión de nosotros.

22. Solamente de este modo podemos —y debemos— ser quienes den el primer paso para superar la indiferencia, porque creemos en un "Dios que no es indiferente"[11]. Podemos y debemos ser los que dejen de preguntarse: "¿cuánto tengo que preocuparme realmente por los demás?", y empiecen a actuar con amor al prójimo, rechazando la lógica de la exclusión y reconstruyendo una lógica de comunidad[12].

Podemos y debemos ser quienes pasen de una concepción de los medios digitales como experiencia individual, a otra basada en el encuentro mutuo que promueve la construcción de la comunidad.

23. En vez de actuar individualmente produciendo contenido o reaccionando a informaciones, ideas o imágenes compartidas por otros, necesitamos preguntarnos: ¿Cómo podemos cocrear experiencias en línea más saludables en las que las personas puedan participar en conversaciones y superar los desacuerdos con un espíritu de escucha recíproca? ¿Cómo podemos capacitar a las comunidades para que encuentren modos de superar las divisiones y de fomentar el diálogo y el respeto en las redes sociales? ¿Cómo podemos reconstruir el ambiente de Internet para que sea el lugar que puede y debe ser: un lugar de compartición, colaboración y pertenencia, basado en la confianza mutua?

24. Todos podemos contribuir a generar este cambio comprometiéndonos con los demás y desafiándonos a nosotros mismos en nuestros encuentros con los otros. Como creyentes, estamos llamados a ser comunicadores que se dirigen intencionalmente hacia el encuentro. De este modo, podemos buscar encuentros que sean significativos y duraderos, en lugar de superficiales y efímeros. Orientando las conexiones digitales hacia el encuentro con personas auténticas, la formación de relaciones verdaderas y la construcción de una comunidad genuina, estamos de hecho nutriendo nuestra relación con Dios. Dicho esto, nuestra relación con Dios debe alimentarse también de la oración y la vida sacramental de la Iglesia, que por su misma esencia nunca pueden reducirse simplemente a la esfera digital.

II. DE LA CONCIENCIA AL VERDADERO ENCUENTRO

Aprender de quien tuvo compasión (cfr. Lc 10, 33)

OYENTES DELIBERADOS

25. La reflexión sobre nuestra presencia en las redes sociales ha comenzado con la comprensión del modo en que funcionan y de las oportunidades y los desafíos a los que nos enfrentamos en ellas. Si bien las redes sociales portan consigo la tentación del individualismo y el autoengrandecimiento —como se ha descrito en el capítulo precedente—, no estamos condenados a caer en estas actitudes lo queramos o no. El discípulo que ha encontrado la mirada misericordiosa de Cristo ha experimentado algo distinto. Él o ella sabe que comunicar bien comienza con la escucha y la toma de conciencia de que otra persona está ante nosotros. La escucha y la concienciación apuntan a favorecer el encuentro y a superar los obstáculos existentes, incluido el obstáculo de la indiferencia. Escuchar de este modo es un paso esencial para interactuar con los demás; es el primer e indispensable ingrediente de la comunicación, y condición para un diálogo auténtico[13].

26. En la parábola del buen samaritano, el hombre que fue golpeado y abandonado medio muerto recibió ayuda de la persona más inesperada: en tiempos de Jesús, los judíos y los samaritanos a menudo estaban enfrentados, por lo que cabía esperar del samaritano un comportamiento hostil. Este, sin embargo, no vio al hombre herido como "el otro", sino

simplemente como alguien que necesitaba auxilio. Sintió compasión, poniéndose en el lugar del herido, y dedicó su tiempo y sus recursos a escuchar y acompañar a esa persona que encontró[14].

27. Esta parábola puede inspirar las relaciones en las redes sociales, ya que ilustra la posibilidad de un encuentro profundamente significativo entre dos completos desconocidos. El samaritano rompe la división social: va más allá de los límites del acuerdo y el desacuerdo. Mientras el sacerdote y el levita pasan de largo ante el herido, el viajero samaritano lo mira y siente compasión (Lc 10, 33). Compadecer significa sentir al otro como parte de uno mismo. El samaritano escucha la historia del herido; se hace cercano porque se compadece.

28. El Evangelio de Lucas no incluye ningún diálogo entre los dos hombres. Podemos imaginar la escena del samaritano que se encuentra al herido y, quizá, le pregunta: "¿Qué te ha sucedido?". Pero incluso sin palabras, a través de su actitud de apertura y acogida, comienza un encuentro. El primer gesto es una expresión de preocupación y cuidado, y esto es crucial. La capacidad de escuchar y de estar abierto a recibir la historia de otra persona sin adecuarse a los prejuicios culturales de la época impidió que el hombre herido fuese abandonado a morir.

29. La interacción entre los dos hombres nos invita a dar el primer paso en el mundo digital. Estamos invitados a ver el valor y la dignidad de aquellos con quienes tenemos diferencias. Asimismo, estamos invitados a mirar más allá de nuestra zona de seguridad, de nuestros compartimentos

estancos y de nuestras burbujas. Portarse como prójimo en el ambiente de las redes sociales requiere intencionalidad. Y todo comienza con la capacidad de escuchar bien, de dejar que la realidad del otro nos toque.

LADRONES DE ATENCIÓN

30. La escucha es una habilidad fundamental que nos permite entrar en relación con los demás y no solamente intercambiar información. Sin embargo, nuestros dispositivos están repletos de información. Estamos inmersos en una red de información, conectados con otros mediante publicaciones compartidas de texto, imagen y sonido. Las plataformas de redes sociales nos permiten navegar interminablemente para explorar este entorno. El vídeo y el sonido han incrementado ciertamente la riqueza de medios de la comunicación digital; sin embargo, las interacciones mediadas entre las personas aún siguen siendo limitadas. Frecuentemente encontramos información con rapidez, pero sin el contexto completo y necesario. Podemos reaccionar fácil y velozmente a la información que aparece en la pantalla sin tratar de conocer la historia completa.

31. Esta abundancia de información conlleva numerosas ventajas: cuando formamos parte de la red, la información es accesible de forma amplia e inmediata, y está personalizada según nuestros intereses. Podemos obtener información práctica, mantener contactos sociales, explorar recursos y profundizar y expandir nuestro conocimiento. La facilidad de acceso a la información y la comunicación posee también el potencial de crear espacios inclusivos que den voz a quienes están marginados en nuestras comunidades a causa de la injusticia social o económica.

32. Al mismo tiempo, la interminable disponibilidad de información ha creado algunos problemas. Experimentamos una *sobrecarga de información*, ya que nuestra capacidad cognitiva de elaboración se ve afectada por el exceso de información al alcance. De modo análogo, experimentamos una *sobrecarga de interacción social*, pues estamos sujetos a un alto número de solicitaciones sociales. Numerosos sitios web, aplicaciones y plataformas están programados para aprovechar el deseo humano de aceptación, y luchan constantemente por la atención de las personas. La atención misma se ha convertido en el activo y la mercancía más valiosa.

33. Al intentar navegar por esta abrumadora red de información e interacción social, nuestra atención se dispersa. En vez de centrarse en un tema a la vez, nuestra *continua atención parcial* pasa velozmente de un asunto a otro. En nuestra condición de "siempre conectados", nos exponemos a la tentación de publicar al instante, porque estamos fisiológicamente enganchados a la estimulación digital y queremos siempre más contenidos en una navegación sin fin, frustrados por cualquier falta de actualizaciones. Un considerable problema cognitivo de la cultura digital es la pérdida de la capacidad de pensar de modo profundo y centrado. En lugar de ponderar en profundidad las realidades, exploramos la superficie y nos quedamos en las orillas.

34. Debemos estar más atentos a este aspecto. Sin silencio ni espacio para pensar despacio, en profundidad y con un propósito, corremos el riesgo de perder no sólo las capacidades cognitivas, sino también el espesor de nuestras

interacciones, tanto con los demás como con Dios. El espacio para la escucha, la atención y el discernimiento de la verdad es cada vez más escaso.

El proceso de *atención-interés-deseo-acción*, bien conocido por los publicitarios, es similar al proceso por el que cualquier tentación entra en el corazón humano y distrae nuestra atención de la única palabra que es verdaderamente significativa y que da vida, la Palabra de Dios. De un modo u otro, todavía estamos prestando atención a la vieja serpiente que cada día nos muestra nuevos frutos. Parecen "buenos para comer, agradables a la vista y deseables para adquirir sabiduría" (Gen 3, 6). Como semillas que caen al borde del camino cuando se siembra la Palabra, permitimos que el maligno venga y se lleve la Palabra que ha sido sembrada en nosotros (cfr. Mc 4, 14–15).

35. Ante la sobrecarga de estímulos y datos que recibimos, el silencio es un bien precioso, ya que asegura un espacio para la concentración y el discernimiento[15]. La necesidad de buscar el silencio en la cultura digital aumenta la importancia de la concentración y la escucha. En los ambientes educativos o de trabajo, así como en las familias y en las comunidades, se hace cada vez más necesario que nos separemos de los dispositivos digitales. El "silencio", en este caso, puede compararse con una "desintoxicación digital", que no es simplemente una abstinencia, sino una forma de interactuar a un nivel más profundo con Dios y con los demás.

36. La escucha surge del silencio, y es fundamental para cuidar de los demás. Mediante la escucha acogemos al otro, le ofrecemos hospitalidad y le mostramos respeto. Escuchar

es también un acto de humildad por nuestra parte, puesto que reconocemos la verdad, la sabiduría y el valor más allá de nuestras propias perspectivas limitadas. Sin la disposición para escuchar, no somos capaces de recibir el don del otro.

CON LOS OÍDOS DEL CORAZÓN

37. Con la velocidad y la inmediatez de la cultura digital, que ponen a prueba nuestra atención y nuestra capacidad de concentración, escuchar es aún más importante en nuestra vida espiritual. Un enfoque contemplativo de la vida es contracultural, incluso profético, y puede ser formativo no sólo para las personas sino también para la cultura en su totalidad. Comprometerse a escuchar en las redes sociales es un punto de partida fundamental para avanzar hacia una red hecha no tanto de bits, avatar y "me gusta", como de personas[16]. De este modo pasaremos de reacciones rápidas, suposiciones engañosas y comentarios impulsivos a crear oportunidades para el diálogo, para plantear preguntas con el fin de aprender más, para demostrar cuidado y compasión, y para reconocer la dignidad de las personas que encontramos.

38. La cultura digital ha incrementado enormemente nuestro acceso a los otros, dándonos así la oportunidad de escuchar mucho más. Cuando se habla de "escucha" en las redes sociales, habitualmente se hace referencia a procesos de monitorización de los datos y de las estadísticas de interacción, así como a acciones dirigidas al análisis de marketing de los comportamientos sociales presentes en las redes. Resulta obvio que esto no es suficiente para que las redes sociales sean ambientes de escucha y diálogo. Escuchar intencionalmente en el contexto digital requiere un tipo de escucha que se realiza "con los oídos del corazón". Escuchar

"con los oídos del corazón" va más allá de la capacidad física de percibir sonidos. Es estar abierto al otro con todo nuestro ser: *una apertura del corazón que hace posible la cercanía*[17]. Es una actitud de atención y hospitalidad que resulta fundamental para establecer una comunicación. Este conocimiento se aplica tanto a la oración contemplativa como a las personas que buscan relaciones auténticas y comunidades genuinas. El deseo de estar en relación con otros y con el Otro, con Dios, sigue siendo una necesidad humana fundamental que resulta evidente también en el deseo conectividad típico de la cultura digital[18].

39. El diálogo interior y la relación con Dios, que el don divino de la fe hace posibles, son esenciales para permitirnos crecer en nuestra capacidad de escuchar bien. La Palabra de Dios desempeña también un papel fundamental en este diálogo interior. La escucha orante de la Palabra en las Escrituras mediante la práctica de la lectura espiritual de textos bíblicos, como en la *lectio divina*, puede ser profundamente formativa, ya que hace posible una experiencia lenta, deliberada y contemplativa[19].

40. La "Palabra del día" o el "Evangelio del día" están entre los temas más buscados en Google por los cristianos, y se puede decir con seguridad que el ambiente digital nos ha traído muchas posibilidades nuevas y más simples que facilitan el encuentro regular con la Palabra divina. Nuestro encuentro con la Palabra del Dios vivo, incluso a través de Internet, hace que pasemos de ver información en la pantalla a encontrarnos con otra persona que cuenta una historia. Si tenemos en cuenta que nos estamos conectando con otras personas detrás de la pantalla, la práctica de la

escucha puede extender la hospitalidad a las historias de los demás y comenzar a forjar relaciones.

DISCERNIR NUESTRA PRESENCIA EN LAS REDES SOCIALES

41. Desde la perspectiva de la fe, qué comunicar y cómo comunicar no es solo una cuestión práctica, sino también espiritual. Estar presente en las plataformas de redes sociales invita al discernimiento. Comunicar bien en estos contextos es un ejercicio de prudencia, y exige una reflexión orante acerca de cómo interactuar con los demás. Enfocar esta cuestión a través de la lente de la pregunta del doctor de la Ley —¿quién es mi prójimo?— invita al discernimiento sobre la presencia de Dios en y a través del modo en el que nos relacionamos unos con otros en las redes sociales.

42. En las redes sociales, la proximidad es un concepto complejo. El "prójimo" en las redes sociales es claramente toda persona con la que mantenemos conexiones. Al mismo tiempo, a menudo nuestros prójimos son también aquellos que no podemos ver porque las plataformas nos impiden verlos o simplemente porque no están presentes. En los ambientes digitales también participan otros actores como los "bots de Internet" y los "ultrafalsos", programas automáticos que operan en línea llevando a cabo tareas asignadas, a menudo simulando la acción humana o recogiendo datos.

Además, las plataformas de redes sociales están controladas por una "autoridad" externa, normalmente una organización con ánimo de lucro que desarrolla, gestiona y promueve cambios en la programación del funcionamiento de la plataforma. En un sentido amplio, todos estos sujetos "habitan" o contribuyen con su presencia al ambiente online.

43. Reconocer a nuestro prójimo digital es reconocer que la vida de toda persona nos concierne, incluso cuando su presencia (o ausencia) pasa a través de los medios digitales. "Los medios actuales permiten que nos comuniquemos y que compartamos conocimientos y afectos —escribe el Papa Francisco en *Laudato si'*—. Sin embargo, a veces también nos impiden tomar contacto directo con el dolor, con el temor, con la alegría del otro y con la complejidad de su experiencia personal"[20]. Ser buen prójimo en las redes sociales quiere decir estar presente en las historias de los demás, especialmente en las de quienes sufren. En otras palabras, abogar por mejores ambientes digitales no significa desviar la atención de los problemas concretos que padecen muchas personas -hambre y pobreza, migración forzada, guerra, enfermedad y soledad, por ejemplo-. Significa, en cambio, promover una visión integral de la vida humana, que hoy en día incluye la esfera digital. De hecho, las redes sociales pueden ser un medio para atraer la atención hacia esas realidades y generar solidaridad entre personas cercanas y lejanas.

44. En una visión de las redes sociales como un espacio no solo para las conexiones sino, en última instancia, para las relaciones, un buen "examen de conciencia" sobre nuestra presencia en las redes debería incluir tres relaciones vitales: con Dios, con el prójimo y con el ambiente que nos rodea[21]. Nuestras relaciones con los demás y con el ambiente deberían nutrir nuestra relación con Dios; y la relación con Dios, que es la más importante, debe ser visible en nuestra relación con los otros y con el ambiente.

III. DEL ENCUENTRO A LA COMUNIDAD

"Cuídalo" (cfr. Lc 10,35) – extender el proceso de sanación a los demás

CARA A CARA

45. La comunicación comienza con la conexión y se dirige hacia la relación, la comunidad y la comunión[22]. No hay comunicación sin la verdad de un encuentro. Comunicar es establecer relaciones, es "estar con". Formar parte de una comunidad es compartir con los demás las verdades fundamentales sobre lo que uno cree y lo que uno es. Mucho más allá de la mera proximidad geográfico-territorial o étnico-cultural, lo que constituye una comunidad es una compartición común de la verdad, junto con un sentido de pertenencia, reciprocidad y solidaridad, en las diferentes esferas de la vida social. Al considerar estos últimos elementos, es importante recordar que la construcción de la unidad comunitaria mediante prácticas comunicativas, que mantienen los lazos sociales a través del tiempo y el espacio, será siempre secundaria con respecto a la adhesión a la verdad misma.

46. Cómo construir una comunidad mediante prácticas comunicativas, incluso entre quienes no están físicamente cerca los unos de los otros, es, en realidad, una pregunta muy antigua. Podemos reconocer la tensión entre la presencia mediada y el anhelo del encuentro personal ya en

las cartas de los apóstoles. El evangelista Juan, por ejemplo, concluye su segunda y su tercera carta diciendo: "*Tendría muchas otras cosas que decirles, pero no quise hacerlo por carta, porque espero ir a verlos para hablar con ustedes cara a cara, a fin de que nuestra alegría sea completa*" (2 Jn 12). Lo mismo se puede decir del apóstol Pablo, quien, incluso ausente y con un "vivísimo deseo de volver a ver" a las personas (1 Tes 2, 17), estaba presente a través de sus cartas en la vida de cada una de las comunidades que fundó (cfr. 1 Cor 5, 3). Sus escritos también sirvieron para "interconectar" las diferentes comunidades (cfr. Col 4, 15–16). La capacidad de san Pablo de construir comunidades ha llegado hasta nuestros días gracias a sus numerosas epístolas, por las que sabemos que para él no existía dicotomía entre su presencia física y su presencia mediante su palabra escrita y leída por la comunidad (cfr. 2 Cor 10, 9–11).

47. En la realidad cada vez más "*onlife*" del mundo actual, es necesario superar la lógica de "o lo uno o lo otro", que considera las relaciones humanas dentro de una lógica dicotómica (lo *digital* como opuesto a lo *real-físico-en persona*), y asumir una lógica de "ambas cosas a la vez", basada en la complementariedad y la totalidad de la vida humana y social. Las relaciones comunitarias en las redes sociales deben reforzar las comunidades locales y viceversa. "El uso de las redes sociales es complementario al encuentro en carne y hueso, que se da a través del cuerpo, el corazón, los ojos, la mirada, la respiración del otro. Si se usa la red como prolongación o como espera de ese encuentro, entonces no se traiciona a sí misma y sigue siendo un recurso para la comunión"[23]. "La red digital puede ser un lugar rico en humanidad: no una red de cables, sino de personas

humanas"[24], si recordamos que al otro lado de la pantalla no hay "números" o meros "agregados de individuos", sino personas con historias, sueños, esperanzas, sufrimientos; hay un nombre y un rostro.

POR EL CAMINO A JERICÓ

48. Los medios digitales permiten a las personas reunirse más allá de los límites del espacio y de las culturas. Aunque estos encuentros digitales no traen consigo necesariamente una cercanía física, pueden ser, sin embargo, significativos, eficaces y auténticos. Más allá de las meras conexiones, pueden ser una vía para interactuar sinceramente con los demás, para entablar conversaciones significativas, para expresar solidaridad y para aliviar el aislamiento y el dolor de algunos.

49. Podemos considerar las redes sociales como otro "camino a Jericó" lleno de oportunidades de encuentros imprevistos, como lo fue para Jesús: con un mendigo ciego que gritaba al borde del camino (Lc 18, 35–43), con un recaudador de impuestos deshonesto escondido entre las ramas de un sicómoro (Lc 19, 1–9) y con un hombre al que los ladrones habían abandonado medio muerto (Lc 10, 30). Al mismo tiempo, la parábola del buen samaritano nos recuerda que el mero hecho de que alguien sea "religioso" (el sacerdote y el levita), o se proclame seguidor de Jesús, no garantiza que ofrezca ayuda o busque la curación y la reconciliación. Los discípulos de Jesús reprendieron al ciego y le dijeron que se callara; la interacción de Zaqueo con Jesús fue acompañada por las murmuraciones de otras personas; el sacerdote y el levita ignoraron al herido cuando pasaron por su lado.

50. Tanto en las encrucijadas digitales como en los encuentros cara a cara, ser "cristiano" no es suficiente. En las redes sociales se pueden encontrar numerosos perfiles o cuentas que proclaman contenidos religiosos pero que no participan en las dinámicas relacionales de manera auténtica. Las interacciones hostiles y las palabras violentas y degradantes, especialmente en un contexto en el que se comparten contenidos cristianos, gritan desde la pantalla y están en contradicción con el Evangelio[25].

Por el contrario, el buen samaritano, atento y abierto al encuentro con el hombre herido, siente una compasión que lo mueve a actuar y prestarle auxilio. Cura las heridas de la víctima y la lleva a una posada para asegurarle cuidados continuos. Del mismo modo, nuestro deseo de transformar las redes sociales en un espacio más humano y relacional debe traducirse en actitudes concretas y gestos creativos.

51. Promover el sentido de comunidad incluye estar atento a los valores compartidos, las experiencias, las esperanzas, las penas, las alegrías, el humor e incluso las bromas: todo ello puede convertirse en punto de encuentro para las personas en los espacios digitales. Como en el caso de la escucha, el discernimiento y el encuentro, formar comunidad con los demás requiere también un compromiso personal. Lo que las plataformas de redes sociales definen como "Amistad" comienza simplemente como una conexión o como familiaridad. Sin embargo, también ahí es posible acentuar el espíritu compartido de apoyo y compañía. Convertirse en una comunidad implica un sentido de participación libre y recíproco, para llegar a ser una asociación deseada que reúne a sus miembros en función de la proximidad. La

libertad y el apoyo mutuo no surgen automáticamente. Para formar comunidad, el trabajo de sanación y reconciliación es a menudo el primer paso que hay que dar en el camino.

52. Incluso en las redes sociales, hemos de decidir si queremos ser "buenos samaritanos o viajeros indiferentes que pasan de largo. Y si extendemos la mirada a la historia de nuestras propias vidas y a la de todo el mundo, todos somos o hemos sido como cada uno de los personajes de la parábola: todos tenemos algo de herido, algo de salteador, algo de los que pasan de largo y algo del buen samaritano"[26].

Cada uno de nosotros puede ser alguien que pasa por las autopistas digitales estando simplemente "conectado"[27], o bien puede hacer como el samaritano y permitir que las conexiones se transformen en verdaderos encuentros. El viajero que pasa por casualidad se convierte en prójimo cuando se preocupa por el hombre malherido curando sus llagas. Al cuidar del otro hombre, pretende sanar no solo las heridas físicas, sino también las divisiones y la hostilidad existentes entre sus respectivos grupos sociales.

53. ¿Qué significa, entonces, "curar" las heridas en las redes sociales? ¿Cómo podemos "vendar" la división? ¿Cómo podemos construir ambientes eclesiales capaces de acoger e integrar las "periferias geográficas y existenciales" de las culturas de hoy? Preguntas como éstas son esenciales para discernir nuestra presencia cristiana en las "autopistas digitales".

"Hoy estamos ante la gran oportunidad de manifestar nuestra esencia fraterna, de ser buenos samaritanos que carguen sobre sí el dolor de los problemas de otras personas, en vez de acentuar odios y resentimientos. Como el viajero ocasional de nuestra historia, sólo falta el deseo gratuito, puro y simple de querer ser pueblo, de ser constantes e incansables en la labor de incluir, de integrar, de levantar al caído"[28].

"VE Y HAZ LO MISMO"

54. La relación genera relación, la comunidad construye comunidad. La gracia de la relación que se establece entre dos personas se extiende más allá de su interacción. La persona humana está hecha para la relación y la comunidad. Al mismo tiempo, la soledad y el aislamiento afligen nuestra realidad cultural, como hemos experimentado agudamente durante la pandemia de COVID-19. Quienes necesitan compañía, especialmente los marginados, a menudo recurren a los espacios digitales para encontrar comunidad, inclusión y solidaridad con los otros. Muchos encuentran consuelo en la conexión con los demás en el espacio digital; sin embargo, otros la consideran insuficiente. Quizá no estamos proporcionando un espacio adecuado a quienes buscan entablar un diálogo y encontrar apoyo sin experimentar actitudes críticas o defensivas.

55. El paso del encuentro a la relación y luego a la comunidad muestra tanto los dones como los desafíos de la cultura digital. A veces, las comunidades en línea se forman cuando las personas encuentran un terreno común reuniendo argumentos contra un "otro" externo, un enemigo ideológico común. Esta clase de polarización produce un "tribalismo digital" en el que los grupos se enfrentan unos a otros con espíritu de contraposición. No

podemos olvidar que al otro lado de esas líneas tribales hay hermanos y hermanas, personas con dignidad. No debemos clasificar a los demás "*para decidir quién es mi prójimo y quién no lo es. Depende de mí ser o no prójimo —la decisión es mía—, depende de mí ser o no ser prójimo de la persona que encuentro y que tiene necesidad de ayuda, incluso si es extraña o incluso hostil*"[29]. Lamentablemente, las relaciones resquebrajadas, los conflictos y las divisiones no son extrañas a la Iglesia. Por ejemplo, cuando grupos que se presentan a sí mismos como "católicos" usan su presencia en las redes sociales para fomentar la división, no se están comportando como debería hacerlo una comunidad cristiana[30]. En lugar de sacar provecho de los conflictos y las polémicas, deberíamos convertir las actitudes hostiles en oportunidades de conversión, en ocasiones para testimoniar el encuentro, el diálogo y la reconciliación en torno a cuestiones aparentemente divisivas[31].

56. En las redes sociales, la interacción debe ir más allá del intercambio de opiniones personales y de la emulación de comportamientos. La acción social que se pone en marcha a través de las redes sociales tiene un mayor impacto y es con frecuencia más eficaz para transformar el mundo que un debate superficial de ideas. Los debates generalmente están limitados por el número de caracteres que consiente una red y por la rapidez con la que las personas reaccionan a los comentarios de los demás, sin olvidar los argumentos emocionales *ad hominem* —ataques dirigidos a la persona que habla, independientemente del tema principal que se discute.

Compartir ideas es necesario, pero las ideas por sí solas

no funcionan, han de hacerse "carne". Las acciones deben fecundar la tierra día tras día[32].

Estamos llamados a estar atentos a esta dinámica, aprendiendo del samaritano. Él no se limita a sentir lástima, ni tampoco se detiene tras vendar las heridas de un desconocido, sino que va más allá: lleva al herido a una posada y se ocupa de que siga recibiendo cuidados[33]. Gracias a ello, la relación de cuidado y las semillas de comunidad establecidas entre el samaritano y el hombre herido se extienden al posadero y a todos los de su casa.

Como el doctor de la Ley, también nosotros, en nuestra presencia en las redes sociales, estamos invitados a ir "y hacer lo mismo" para promover así el bien común. ¿Cómo podemos ayudar a sanar un entorno digital tóxico? ¿Cómo podemos fomentar la hospitalidad y las oportunidades de curación y reconciliación?

57. La hospitalidad se construye sobre nuestra apertura al encuentro con el otro; mediante ella, acogemos a Cristo bajo la apariencia de un desconocido (cfr. Mt 25, 40). Para que esto sea posible en las redes sociales, las comunidades digitales no solo han de compartir contenidos e intereses, sino que también deben actuar juntas y convertirse en testigos de comunión. En el contexto digital, existen ya expresiones significativas de comunidades de apoyo. Por ejemplo, las comunidades que se reúnen para sostener a quienes están pasando por un periodo de enfermedad, luto o tristeza; las que realizan colectas para alguien que se encuentra en dificultad; o las que proporcionan apoyo social y psicológico mutuo entre sus miembros. Todas estas iniciativas pueden

considerarse como ejemplos de "proximidad digital". Personas muy distintas entre sí son capaces de entablar en las redes un "diálogo para la acción social". Pueden estar o no inspiradas por la fe. En cualquier caso, las comunidades que se forman con el fin de actuar por el bien de los demás son fundamentales para superar el aislamiento en las redes sociales.

58. Es posible pensar en grande: la web social no está "grabada en piedra", podemos cambiarla. Podemos convertirnos en motores del cambio imaginando nuevos modelos basados en la confianza, la transparencia, la igualdad y la inclusión. Juntos, podemos instar a las empresas de redes sociales a que reconsideren su papel y permitan que Internet se convierta verdaderamente en un espacio público. Los espacios públicos bien estructurados favorecen un mejor comportamiento social. Necesitamos, por tanto, reconstruir los espacios digitales para que se conviertan en entornos más humanos y saludables.

COMPARTIR UNA COMIDA

59. Como comunidad de fe, la Iglesia peregrina hacia el Reino de los Cielos. Dado que las redes sociales —y, en un sentido más amplio, la realidad digital— están entre los aspectos cruciales de este viaje, es importante reflexionar sobre las dinámicas de comunión y comunidad con respecto a la presencia de la Iglesia en el ambiente digital.

En los momentos más graves del confinamiento durante la pandemia, la transmisión de las celebraciones litúrgicas a través de las redes sociales y de otros medios de comunicación ofreció un poco de consuelo a quienes no podían participar en persona. Sin embargo, aún queda mucho por reflexionar en nuestras comunidades de fe sobre cómo aprovechar el entorno digital de forma que complemente la vida sacramental. Se han planteado cuestiones teológicas y pastorales sobre diversos temas, como, por ejemplo, la explotación comercial de la retransmisión de la Santa Misa.

60. La comunidad eclesial se forma allí donde dos o tres se reúnen en el nombre de Jesús (cfr. Mt 18, 20), independientemente del origen, la residencia o la pertenencia geográfica de cada uno. Si bien podemos reconocer que, a través de la transmisión de la Santa Misa, la Iglesia ha entrado en los hogares de las personas, es necesario reflexionar sobre lo que significa la "participación" en la Eucaristía[34]. La emergencia de la cultura digital y la experiencia de la pandemia han puesto de manifiesto hasta qué punto nuestras iniciativas pastorales han prestado poca atención a la "Iglesia doméstica", la Iglesia que se reúne en los hogares y en torno a la mesa. En este sentido, necesitamos redescubrir el vínculo entre la liturgia que se celebra en nuestras iglesias y la celebración del Señor con los gestos, las palabras y las oraciones en el hogar familiar. Dicho de otro modo, necesitamos reconstruir el puente entre nuestras mesas familiares y el altar, en el que somos alimentados espiritualmente, a través de la recepción de la Sagrada Eucaristía, y confirmados en nuestra comunión de creyentes.

61. No se puede compartir una comida a través de la pantalla[35]. Todos nuestros sentidos están activos cuando compartimos una comida: el gusto y el olfato, las miradas atentas a los rostros de los comensales mientras se escucha

la conversación que se crea en la mesa. Compartir una comida en la mesa es nuestra primera lección de educación en la atención a los demás, y favorece las relaciones entre familiares, vecinos, amigos y colegas. Del mismo modo, participamos en el altar con toda nuestra persona: intervienen el espíritu, la mente y el cuerpo. La liturgia es una experiencia sensorial; entramos en el misterio eucarístico a través de las puertas de los sentidos, que son despertados y alimentados en su necesidad de belleza, significado, armonía, visión, interacción y emoción. Ante todo, la Eucaristía no es algo que podemos simplemente "mirar"; es algo que nos nutre verdaderamente.

62. La encarnación es importante para los cristianos. El Verbo de Dios se encarnó en un cuerpo, sufrió y murió con su cuerpo, y se levantó de nuevo en la Resurrección con su cuerpo. Después de su regreso al Padre, todo lo que vivió con su cuerpo confluyó en los sacramentos[36]. Cristo entró en el santuario celestial y dejó abierta una vía de peregrinación. A través de esta vía, el Cielo se derrama sobre nosotros.

63. Estar conectados superando los límites del espacio no es una conquista de los "maravillosos descubrimientos tecnológicos". Es algo que experimentamos, incluso sin saberlo, cada vez que nos reunimos "en el nombre de Jesús", cada vez que participamos en la comunión universal del Cuerpo de Cristo. Entonces nos "conectamos" con la Jerusalén celeste, nos encontramos con los santos de todos los tiempos y nos reconocemos los unos a los otros como partes del mismo Cuerpo de Cristo.

Por tanto, como el Papa Francisco nos recuerda en su

Mensaje para la Jornada Mundial de las Comunicaciones Sociales de 2019, la *web social* complementa —pero no sustituye— el encuentro en persona, que cobra vida a través del cuerpo, el corazón, los ojos, la mirada y la respiración del otro. "Si una familia usa la red para estar más conectada y luego se encuentra en la mesa y se mira a los ojos, entonces la red es un recurso. Si una comunidad eclesial coordina sus actividades a través de la red, para luego celebrar la Eucaristía juntos, entonces es un recurso. (...) La Iglesia misma es una red tejida por la comunión eucarística, en la que la unidad no se funda sobre los '*me gusta*' sino sobre la verdad, sobre el '*amén*' con el que cada uno adhiere al Cuerpo de Cristo acogiendo a los demás"[37].

IV. UN ESTILO CARACTERÍSTICO

Ama... y vivirás (cfr. Lc 10, 27–28)

EL *QUÉ* Y EL *CÓMO*: LA CREATIVIDAD DEL AMOR

64. Muchos creadores de contenido cristianos se preguntan: ¿Cuál es la estrategia más eficaz para llegar a más usuarios-personas-almas? ¿Qué instrumento hace más atractivo mi contenido? ¿Qué estilo funciona mejor? Si bien estas preguntas son útiles, hemos de recordar siempre que la comunicación no es simplemente una "estrategia". Es mucho más. Un verdadero comunicador lo da todo, entrega todo de sí mismo. Comunicamos con nuestra alma y con nuestro cuerpo, con la mente, el corazón, las manos, con todo[38].

Compartiendo el Pan de Vida, aprendemos un "estilo de compartición" de Aquel que nos amó y se entregó por nosotros (cfr. Gal 2, 20). Este estilo se traduce en tres actitudes —"cercanía, compasión y ternura"— que el Papa Francisco señala como características distintivas del "estilo" de Dios[39]. Jesús mismo, en la última cena, aseguró que el signo distintivo de sus discípulos sería el amarse los unos a los otros como Él los amó; por este signo, todos podrían reconocer una comunidad cristiana (cfr. Jn 13, 34–35). ¿Cómo podemos reflejar este "estilo" de Dios en las redes sociales?

65. En primer lugar, hemos de recordar que todo lo que

compartimos en nuestros posts, comentarios y "me gusta", mediante palabras habladas o escritas, con películas o imágenes animadas, debe ajustarse al estilo que aprendemos de Cristo, quien transmitió su mensaje no sólo con palabras sino con todo su modo de vida, revelándonos así que la comunicación, en su nivel más profundo, es la entrega de sí mismo en el amor[40]. Por tanto, el *cómo* decimos algo es tan importante como el *qué* decimos. La creatividad consiste en asegurarse de que el *cómo* corresponda al *qué*. En otras palabras, solo podemos comunicar bien si "amamos bien"[41].

66. Para comunicar la verdad, primero debemos asegurarnos de que estamos transmitiendo información veraz; y ello no sólo al crear contenidos, sino también al compartirlos. Debemos cerciorarnos de que somos una fuente fidedigna. Para comunicar la bondad, necesitamos un contenido de calidad, un mensaje orientado a ayudar, no a perjudicar; a promover acciones positivas, no a perder el tiempo en discusiones inútiles. Para comunicar la belleza, tenemos que estar seguros de que estamos comunicando un mensaje en su totalidad, para lo cual se necesita el arte de la contemplación, que nos permite ver una realidad o un acontecimiento en relación con muchas otras realidades y acontecimientos.

En el contexto de la "posverdad" y las "noticias falsas", Jesucristo, "el camino, la verdad y la vida" (Jn 14, 6), representa el principio de nuestra comunión con Dios y entre nosotros[42]. En este sentido, el Papa Francisco, en su Mensaje para la Jornada Mundial de las Comunicaciones Sociales de 2019, nos ha recordado que "la obligación de custodiar la verdad nace de la exigencia de no desmentir la recíproca relación de comunión. De hecho, la verdad se revela en la comunión. En cambio, la mentira es el rechazo egoísta del reconocimiento de la propia pertenencia al cuerpo; es el no querer donarse a los demás, perdiendo así la única vía para encontrarse a uno mismo"[43].

67. Por esta razón, lo segundo que debemos recordar es que un mensaje es más persuasivo cuando quien lo comunica pertenece a una comunidad. Urge que actuemos no sólo como individuos, sino como comunidades. El hecho de que las redes sociales faciliten las iniciativas individuales en la producción de contenidos puede parecer una valiosa oportunidad; pero puede convertirse en un problema cuando las actividades individuales se llevan a cabo caprichosamente y no reflejan el objetivo y la perspectiva general de la comunidad eclesial. Dejar de lado nuestra propia agenda y la afirmación de nuestras propias capacidades y competencias, para descubrir que todos nosotros —con nuestros talentos y debilidades— formamos parte de un grupo, es un don que nos fortalece para colaborar como "miembros los unos de los otros". Estamos llamados a testimoniar un estilo de comunicación que fomente nuestra pertenencia mutua, y que reavive lo que San Pablo llama las "coyunturas" que permiten a los miembros de un cuerpo actuar en sinergia (Col 2, 19).

68. Así pues, nuestra creatividad sólo puede ser fruto de la comunión: no es tanto el resultado de un gran genio individual como el fruto de una gran amistad. En otras palabras, es fruto del amor. Como comunicadores cristianos, estamos llamados a dar testimonio de un estilo de comunicación que no se basa únicamente en el individuo,

sino en una forma de construir comunidad y pertenencia. El mejor modo de transmitir un contenido es reunir las voces de quienes aman ese contenido. Trabajar juntos como un equipo, dando espacio a distintos talentos, proveniencias, capacidades y ritmos, cocrear belleza en una "creatividad sinfónica", es en realidad el testimonio más hermoso de que somos verdaderamente hijos de Dios, salvados de preocuparnos sólo por nosotros mismos y abiertos al encuentro con los demás.

CONTARLO CON UNA HISTORIA

69. Las buenas historias captan la atención y despiertan la imaginación. Revelan la verdad y la hospedan. Las historias nos ofrecen una estructura interpretativa para comprender el mundo y responder a nuestras preguntas más profundas. Las historias construyen comunidad, ya que la comunidad se forma siempre a través de la comunicación.

La narración de historias ha adquirido una importancia renovada en la cultura digital gracias al poder único de las historias para capturar la atención y hablarnos directamente; a menudo proporcionan un contexto para la comunicación más completo que el que consienten los *posts* o los tuits, que son siempre breves. La cultura digital está repleta de informaciones, y sus plataformas son en su mayor parte entornos caóticos. Las historias ofrecen una estructura, un modo de dar sentido a la experiencia digital. Más "encarnadas" que una pura argumentación y más complejas que las reacciones superficiales y emotivas que suelen encontrarse en las plataformas digitales, ayudan a recuperar las relaciones humanas al ofrecer a las personas la oportunidad de contar sus propias historias o compartir aquellas que las han transformado.

70. Un buen motivo para contar una historia es responder a quienes ponen en duda nuestro mensaje o nuestra misión. Crear una contranarrativa puede ser más eficaz para responder a un comentario hostil que replicar con un argumento[44]. De este modo trasladamos la atención de la defensa a la promoción activa de un mensaje positivo y al cultivo de la solidaridad, como hizo Jesús con la historia del buen samaritano. En lugar de discutir con el doctor de la Ley sobre a quién debemos considerar como nuestro prójimo y a quién podemos ignorar o incluso odiar, Jesús simplemente contó una historia. Como maestro narrador, Jesús no coloca al doctor de la Ley en el lugar del samaritano, sino en el del hombre herido: para descubrir quién es su prójimo, primero debe ponerse en el lugar del herido y experimentar que otra persona se ha compadecido de él. Sólo cuando el doctor de la Ley comprende esto y recibe los cuidados del samaritano, puede sacar conclusiones para su propia vida y hacer suya la historia. El propio doctor de la Ley es el hombre que ha caído en manos de los ladrones, y el samaritano que se acerca a él es Jesús.

Cada uno de nosotros, al escuchar esta historia, es el hombre herido que yace al borde del camino. Y para todos nosotros, el samaritano es Jesús. Si todavía nos preguntamos "¿quién es mi prójimo?", es porque aún no hemos experimentado que somos amados y que nuestra vida está conectada con todas las vidas.

71. Desde los inicios de la Iglesia, la historia de la profunda experiencia vivida por los seguidores de Jesús en su presencia ha atraído a otros al discipulado cristiano. Los hechos de los Apóstoles están llenos de estos episodios. Por

ejemplo, Pedro fue inspirado por el Espíritu Santo y predicó la resurrección de Cristo a los peregrinos en Pentecostés, lo que llevó a la conversión de 3.000 personas (cfr. Hch 2, 14–41). Esto nos da una idea de cuánto puede influir nuestra narración de historias en los demás. Al mismo tiempo, contar historias y experiencias es solo uno de los elementos de la evangelización. Son igualmente importantes las explicaciones sistemáticas de la fe mediante la formulación de los Símbolos de la Fe y de obras doctrinales.

CONSTRUIR LA COMUNIDAD EN UN MUNDO FRAGMENTADO

72. Las personas buscan alguien que pueda orientarlas y darles esperanza; están hambrientas de guía moral y espiritual, pero a menudo no la encuentran en los lugares tradicionales. En nuestros días es común dirigirse a los "influencers" (influentes), individuos que consiguen y mantienen un gran número de seguidores; adquieren así mayor visibilidad y logran inspirar y motivar a los demás con sus ideas o experiencias. El éxito de un influente de las redes sociales está ligado a su capacidad para destacar en la inmensidad de la red y atraer a numerosos seguidores.

73. En sí mismo, llegar a ser viral es algo neutro, no tiene automáticamente un impacto positivo o negativo en la vida de los demás. A este respecto, "las redes sociales son capaces de favorecer las relaciones y de promover el bien de la sociedad, pero también pueden conducir a una ulterior polarización y división entre las personas y los grupos. El entorno digital es una plaza, un lugar de encuentro, donde se puede acariciar o herir, tener una provechosa discusión o un linchamiento moral"[45].

74. *Micro y macro influentes*
Todos deberíamos tomarnos en serio nuestra "influencia". No sólo existen macroinfluentes con una gran audiencia, sino también microinfluentes. Cada cristiano es un microinfluente. Y todo cristiano debería ser consciente de su influencia potencial, independientemente del número de seguidores que tenga. Al mismo tiempo, debe ser consciente de que el valor del mensaje transmitido por el influente cristiano no depende de las cualidades del mensajero. Todo seguidor de Cristo tiene el potencial de establecer un vínculo, no consigo mismo, sino con el Reino de Dios, incluso para el círculo más pequeño de sus relaciones. "Cree en el Señor Jesús y te salvarás, tú y toda tu familia" (Hch 16, 31).

Sin embargo, hemos de reconocer que nuestra responsabilidad aumenta con el incremento del número de seguidores. Cuanto mayor sea el número de seguidores, mayor debe ser nuestra conciencia de que no estamos actuando en nuestro propio nombre. La responsabilidad de servir a la propia comunidad, especialmente en el caso de quienes desempeñan papeles de liderazgo público, no puede ser secundaria respecto a la promoción de las propias opiniones personales desde los púlpitos públicos de los medios digitales[46].

75. *Ser reflexivos, no reactivos*
El estilo cristiano debe ser reflexivo, no reactivo, también en las redes sociales. Por lo tanto, todos debemos tener cuidado para no caer en las trampas digitales que se esconden en contenidos diseñados expresamente para sembrar el conflicto entre los usuarios provocando indignación o reacciones emocionales.

Debemos estar atentos a no publicar y compartir contenidos que puedan causar malentendidos, exacerbar la división, incitar al conflicto y ahondar los prejuicios. Por desgracia, la tendencia a dejarse llevar en las discusiones acaloradas y a veces irrespetuosas es común en las interacciones en línea. Todos podemos caer en la tentación de buscar la "paja en el ojo" de nuestros hermanos y hermanas (Mt 7, 3) lanzando acusaciones públicas en las redes sociales, fomentando divisiones en la comunidad eclesial o discutiendo sobre quién es el más grande entre nosotros, como hicieron los primeros discípulos (Lc 9, 46). El problema de la comunicación polémica y superficial —y, por tanto, divisiva—, es especialmente preocupante cuando procede de los líderes de la Iglesia: obispos, pastores y destacados líderes laicos. Éstos no sólo causan división en la comunidad, sino que también autorizan y legitiman a otros a promover un tipo de comunicación similar.

Ante esta tentación, a menudo la mejor línea de acción es no reaccionar o reaccionar con el silencio para no dignificar esta falsa dinámica. Se puede afirmar con seguridad que este tipo de dinámica no ayuda; al contrario, causa un gran daño. Así pues, los cristianos están llamados a mostrar otro camino.

76. *Ser activos, ser sinodales*
Las redes sociales pueden convertirse en una oportunidad para compartir historias y experiencias de belleza o de sufrimiento que están físicamente lejos de nosotros. De este modo, podemos rezar juntos y buscar juntos el bien, redescubriendo lo que nos une[47]. Ser activos significa participar en proyectos que inciden en la vida cotidiana

de las personas: proyectos que promueven la dignidad humana y el desarrollo; que tienen como objetivo reducir las desigualdades digitales; que promueven el acceso digital a la información y la alfabetización; que promueven iniciativas de cuidado y de recogida de fondos para los pobres y marginados; y que dan voz a los que no la tienen en la sociedad.

Los desafíos a los que nos enfrentamos son globales, por lo que requieren un esfuerzo de colaboración global. Por ello, urge que aprendamos a actuar juntos, como comunidad y no como individuos: no tanto como "influentes individuales", sino como "tejedores de comunión", poniendo en común nuestros talentos y habilidades, compartiendo conocimientos y sugerencias[48].

Por eso Jesús envió a los discípulos "de dos en dos" (cfr. Mc 6, 7), para que caminando juntos[49] podamos revelar, también en las redes sociales, el rostro sinodal de la Iglesia. Este es el significado profundo de la comunión que une a todos los bautizados del mundo. Como cristianos, la comunión forma parte de nuestro "ADN". El Espíritu Santo nos hace capaces así de abrir nuestro corazón a los demás y de abrazar nuestra pertenencia a una hermandad universal.

EL SIGNO DEL TESTIMONIO

77. Nuestra presencia en las redes sociales se concentra generalmente en la difusión de información. En esta línea, la presentación de ideas, enseñanzas, pensamientos, reflexiones espirituales y similares en los medios sociales debe ser fiel a la tradición cristiana. Pero esto no es suficiente. Los cristianos deberíamos ser conocidos no solo por nuestra

capacidad para llegar a los demás con contenidos religiosos interesantes, sino también por nuestra disponibilidad para escuchar, para discernir antes de actuar, para tratar a todas las personas con respeto, para responder con una pregunta en vez de con un juicio, para permanecer en silencio en lugar de suscitar una controversia, y para ser "diligentes para escuchar y tardos para hablar y para la ira" (Stg 1, 19).

En otras palabras, todo lo que hacemos, de palabra y de obra, debe llevar el signo del testimonio. No estamos presentes en las redes sociales para "vender un product". No estamos haciendo publicidad, sino comunicando vida, la vida que se nos ha dado en Cristo. Por eso, todo cristiano todo cristiano debe procurar no hacer proselitismo, sino dar testimonio.

78. ¿Qué significa ser testigo? La palabra griega para testigo es "mártir", y se puede afirmar que algunos de los más poderosos "influentes cristianos" han sido mártires. El atractivo de los mártires está en que testimonian su unión con Dios mediante el sacrificio de su propia vida[50]. "¿No sabéis que vuestro cuerpo es templo del Espíritu Santo que habéis recibido de Dios y que habita en vosotros? Ya no sois los dueños de vosotros mismos" (1 Co 6, 19). Los cuerpos de los mártires son instrumentos ejemplares para la revelación del amor de Dios.

Si el martirio es el signo supremo del testimonio cristiano, todo cristiano está llamado a sacrificarse: la vida cristiana es una vocación que consume nuestra propia existencia, ya que ofrecemos nuestro ser, alma y cuerpo para convertirnos en un espacio de comunicación del amor de Dios, un signo que apunta hacia el Hijo de Dios.

En este sentido comprendemos mejor las palabras del gran Juan Bautista, primer testigo de Cristo: "Es necesario que Él crezca y que yo disminuya" (Jn 3, 30). Como el Precursor, que exhortó a sus discípulos a seguir a Cristo, no buscamos "seguidores" para nosotros mismos, sino para Cristo. Sólo podemos difundir el Evangelio creando una comunión que nos una en Cristo. Podemos hacerlo siguiendo el ejemplo de Jesús al interactuar con los demás.

79. El atractivo de la fe alcanza a las personas allí donde están y tal como están, en el aquí y ahora. Jesús pasó de ser un desconocido carpintero de Nazaret a ganar rápidamente popularidad en toda la región de Galilea. Mirando con compasión a la gente, que era como un rebaño sin pastor, Jesús proclamó el Reino de Dios curando a los enfermos y enseñando a las multitudes. Para obtener el máximo "alcance", a menudo hablaba a la muchedumbre desde una montaña o desde una barca. Para promover la "participación" de algunos de los suyos, eligió a doce y a ellos les explicó todo. Pero luego, en la cúspide de su "éxito", se retiraba inesperadamente en soledad con el Padre. Pidió a sus discípulos que hicieran lo mismo: cuando le relataron el éxito de sus misiones, les invitó a que fueran a un lugar apartado para descansar y rezar. Y cuando discutieron sobre quién de ellos era el más grande, les anunció su futuro sufrimiento en la cruz. Su objetivo —ellos lo comprenderían más tarde— no fue incrementar su público, sino revelar el amor del Padre para que las personas, todas las personas, tuvieran vida y la tuvieran en abundancia (cfr. Jn 10, 10).

Siguiendo las huellas de Jesús, para nosotros debe ser una prioridad el reservar un espacio suficiente para el diálogo personal con el Padre y para permanecer en sintonía con el Espíritu Santo, que nos recordará siempre que en la Cruz todo cambió. ¡No hubo ningún "me gusta" y casi ningún "seguidor" en el momento de la mayor manifestación de la gloria de Dios! Cualquier medida humana del "éxito" queda relativizada por la lógica del Evangelio.

80. Este es nuestro testimonio: hemos de atestiguar, con nuestras palabras y nuestras vidas, lo que Otro ha hecho[51]. Así, y sólo así, podemos ser testigos —e incluso misioneros— de Cristo y de su Espíritu. Esto incluye también nuestra presencia en las redes sociales. La fe conlleva, sobre todo, dar testimonio de la alegría que nos dona el Señor. Y esta alegría siempre brilla con fuerza sobre el telón de fondo de una memoria agradecida. Contar a los demás la razón de nuestra esperanza y hacerlo con dulzura y respeto (1 Pe 3, 15) es un signo de gratitud. Es la respuesta de quien, a través de la gratitud, se hace dócil al Espíritu y, por tanto, es libre. Así fue para María, que, sin quererlo ni intentarlo, se convirtió en *la mujer más influyente de la historia*[52]. Es la respuesta de quien, por la gracia de la humildad, no se pone a sí mismo en primer plano, y de este modo facilita el encuentro con Cristo, que dijo: "Aprended de mí, que soy manso y humilde de corazón" (Mt 11, 29).

Siguiendo la lógica del Evangelio, todo lo que hemos de hacer es suscitar una pregunta para despertar la búsqueda de la respuesta. El resto es la obra escondida de Dios.

• • •

81. Como hemos visto, viajamos por las autopistas digitales

junto a amigos y completos desconocidos, esforzándonos por evitar las numerosas trampas a lo largo del camino, y tomamos conciencia de que hay heridos a los lados de la carretera. A veces, estos heridos pueden ser los demás. Otras veces, somos nosotros mismos. Cuando esto sucede, nos detenemos, y, a través de la vida que hemos recibido mediante los sacramentos y que actúa en nosotros, esta toma de conciencia se convierte en encuentro: el herido deja de ser un personaje o una imagen en la pantalla y adquiere la forma del prójimo, de un hermano o hermana, y, de hecho, del Señor, que dijo: "Os aseguro que cuanto hicisteis a uno de estos hermanos míos más pequeños, a mí me lo hicisteis" (Mt 25, 40). Y si a veces somos nosotros los heridos, el samaritano que se inclina sobre nosotros con compasión tiene también el Rostro del Señor, que se hizo nuestro prójimo y se inclinó sobre la humanidad que sufre para curar nuestras heridas. En ambos casos, lo que quizá comenzó como un encuentro casual o una presencia distraída en las redes sociales se transforma en personas presentes las unas a las otras en un encuentro lleno de misericordia. Esta misericordia nos permite experimentar, ya ahora, el Reino de Dios y la comunión que tiene su origen en la Santísima Trinidad: la verdadera "tierra prometida".

82. Entonces, desde nuestra presencia amorosa y genuina en estas esferas digitales de la vida humana se hace posible abrir un camino hacia lo que San Juan y San Pablo anhelaban en sus cartas: el encuentro cara a cara de cada persona herida con el Cuerpo del Señor, la Iglesia, para que en ese encuentro personal, de corazón a corazón, sus heridas y las nuestras puedan ser sanadas y "nuestra alegría sea completa" (2 Jn 12).

• • •

Que la imagen del buen samaritano que venda las heridas del hombre apaleado, vertiendo sobre ellas aceite y vino, nos sirva como guía. Que nuestra comunicación sea aceite perfumado para el dolor y vino bueno para la alegría. Que nuestra luminosidad no provenga de trucos o efectos especiales, sino de acercarnos, con amor y con ternura, a quien encontramos herido en el camino[53].

Ciudad del Vaticano, 28 de mayo de 2023, Solemnidad de Pentecostés.

Paolo Ruffini
Prefecto

Lucio A. Ruiz
Secretario

[*traducción del original inglés*]

NOTAS

1. Sínodo de los Obispos, *Documento final de la reunión pre-sinodal en preparación para la XV Asamblea General Ordinaria*, «Los jóvenes, la fe y el discernimiento vocacional», Roma (19-24 de marzo de 2018), n. 4.

2. *Mensaje de Su Santidad Benedicto XVI para la XLIII Jornada Mundial de las Comunicaciones Sociales,* "Nuevas tecnologías, nuevas relaciones". Promover una cultura de respeto, de diálogo, de amistad (24 de mayo de 2009). *Aetatis Novae* ya se refería a la tecnología digital en 1992; y los documentos de 2002 *Ética en Internet* y *La Iglesia e Internet* se centran con más detalle en el impacto cultural de la red. La Carta Apostólica de 2005 de San Juan Pablo II *El rápido desarrollo*, dirigida a los responsables de la comunicación social, ofrece reflexiones sobre algunas cuestiones que plantea dicha comunicación. Además de los documentos específicos sobre la comunicación social, en las últimas décadas otros documentos magisteriales han dedicado secciones a este tema. Véanse, por ejemplo, *Verbum Domini*, 113; *Evangelii gaudium*, 62, 70, 87; *Laudato si'*, 47, 102-114; *Gaudete et exsultate*, 115; *Christus Vivit*, 86-90, 104-106 *Fratelli tutti*, 42-50.

3. Mensaje del Santo Padre Benedicto XVI para la XLVII Jornada Mundial de las Comunicaciones Sociales, Redes Sociales: portales de verdad y de fe; nuevos espacios para la evangelización (24 de enero de 2013).

4. *Mensaje del Santo Padre Francisco para la LIII Jornada Mundial de las Comunicaciones Sociales*, "Somos miembros unos de otros" (Ef 4, 25). De las comunidades en las redes sociales a la comunidad humana» (24 de enero de 2019).

5. El Vaticano abrió su primer canal de YouTube en 2008. Desde 2012, el Santo Padre ha estado activo en Twitter, y desde 2016, en Instagram. Paralelamente a ello, la presencia del Papa en los medios digitales se ha convertido en uno de los métodos de su interacción pastoral; comenzó con video mensajes a mediados de los años 2000, seguidos de video conferencias en directo como la conexión con los astronautas de la Estación Espacial Internacional en 2017. El video mensaje del Papa a la Super Bowl estadounidense del 2017 y su participación en las TED Talks en 2017 y 2020 son solamente dos ejemplos de la presencia pastoral del Papa en los medios digitales.

6. La transmisión en directo de la Statio Orbis del 27 de marzo de 2020 atrajo a unos 6 millones de espectadores en el canal YouTube de Vatican News, y 10 millones de espectadores en Facebook. Estas cifras no incluyen visualizaciones posteriores de la grabación del evento, ni visualizaciones a través de otros canales. En la noche del 27 de marzo, 200.000 usuarios comenzaron a seguir a @Franciscus en Instagram. Las publicaciones referidas a la Statio Orbis siguen estando entre el contenido con mayor número de interacciones en la historia de esta cuenta.

7. Entre las muchas imágenes del Evangelio que podrían haber sido elegidas como inspiración para este texto se escogió la parábola del buen samaritano, que para el Papa Francisco "es también una parábola sobre la comunicación" (cfr. *Mensaje del Papa Francisco para la XLVIII Jornada Mundial de las Comunicaciones Sociales*, "Comunicación al servicio de una auténtica cultura del encuentro", 24 de enero de 2014).

8. Por ejemplo: ¿quién establece las fuentes de las que aprenden los sistemas de inteligencia artificial? ¿Quién financia estos nuevos productores de opinión pública? ¿Cómo podemos garantizar que quienes elaboran los algoritmos estén guiados por principios éticos y ayuden a difundir globalmente una nueva conciencia y un nuevo pensamiento crítico para reducir al mínimo los fallos de las nuevas plataformas de información? La alfabetización sobre los nuevos medios de comunicación debería abarcar competencias que no sólo permitan a las personas gestionar de forma crítica y eficaz la

información, sino también discernir el uso de tecnologías que reducen cada vez más la brecha entre lo humano y lo no humano.

9. Cfr. *Fratelli tutti*, 30; *Evangelii gaudium*, 220; v. también el Documento sobre la fraternidad humana por la paz mundial y la convivencia común (4 de febrero de 2019): "Nos dirigimos a (…) los trabajadores de los medios de comunicación (…) de cada parte del mundo, para que redescubran los valores de la paz, de la justicia, del bien, de la belleza, de la fraternidad humana y de la convivencia común, con vistas a confirmar la importancia de tales valores como ancla de salvación para todos y buscar difundirlos en todas partes".

10. "Algunas personas prefieren no buscar, no informarse, y viven su bienestar y su comodidad indiferentes al grito de dolor de la humanidad que sufre. Casi sin darnos cuenta, nos hemos convertido en incapaces de sentir compasión por los otros, por sus dramas; no nos interesa preocuparnos de ellos, como si aquello que les acontece fuera una responsabilidad que nos es ajena, que no nos compete". *Mensaje de Su Santidad el Papa Francisco para la XLIX Jornada Mundial de la Paz*, "Vence la indiferencia y conquista la paz" (1 de enero de 2016); *Evangelii gaudium*, 54.

11. *Mensaje de Su Santidad el Papa Francisco para la XLIX Jornada Mundial de la Paz*, "Vence la indiferencia y conquista la paz" (1 de enero de 2016).

12. Cfr. *Fratelli tutti*, 67.

13. *Mensaje de Su Santidad el Papa Francisco para la LVI Jornada Mundial de las Comunicaciones Sociales*, "Escuchar con los oídos del corazón" (24 de enero de 2022).

14. *Fratelli tutti*, 63.

15. "El silencio es precioso para favorecer el necesario discernimiento entre los numerosos estímulos y respuestas que recibimos, para reconocer e identificar asimismo las preguntas verdaderamente importantes". *Mensaje del Santo Padre Benedicto XVI para la XLVI Jornada Mundial de las Comunicaciones Sociales*, "Silencio y Palabra: camino de evangelización" (24 de enero de 2012).

16. *Mensaje del Papa Francisco para la XLVIII Jornada Mundial de las Comunicaciones Sociales*

17. *Mensaje del Papa Francisco para la LVI Jornada Mundial de las Comunicaciones Sociales*; *Evangelii gaudium*, 171.

18. "La primera escucha que hay que redescubrir cuando se busca una comunicación verdadera es la escucha de sí mismo, de las propias exigencias más verdaderas, aquellas que están inscritas en lo íntimo de toda persona. Y no podemos sino escuchar lo que nos hace únicos en la creación: el deseo de estar en relación con los otros y con el Otro". *Mensaje del Papa Francisco para la LVI Jornada Mundial de las Comunicaciones Sociales.*

19. *Verbum Domini*, 86–87.

20. *Laudato si'*, 47.

21. Cfr. ibid., 66.

22. *Communio et Progressio*, 12.

23. *Mensaje del Santo Padre Francisco para la LIII Jornada Mundial de las Comunicaciones Sociales.*

24. *Mensaje del Papa Francisco para la XLVIII Jornada Mundial de las Comunicaciones Sociales.*

25. Cfr. *Fratelli tutti*, 49.

26. Ibid., 69.

27. Cfr. *Mensaje para la XLVIII Jornada Mundial de las Comunicaciones Sociales.*

28. *Fratelli tutti*, 77.

29. Papa Francisco, Angelus del 10 de julio de 2016.

30. Cfr. *Gaudete et exsultate*, 115.

31. Sobre la cuestión de la polarización y su relación con la creación de consenso, véase *Fratelli tutti*, 206–214.

32. Cfr. Discurso en el evento "La economía de Francisco", 24 de septiembre de 2022.

33. "Al día siguiente, sacó dos denarios y se los dio al dueño del albergue, diciéndole: 'Cuídalo, y lo que gastes de más, te lo pagaré al Volver'" (Lc 10, 35).

34. Una encuesta realizada en EE.UU. por el Barna Research Centre en 2020 reveló que, aunque la mitad de la personas que "normalmente van a la iglesia" declararon que no habían "participado en servicios religiosos, ni en persona ni digitalmente" durante un periodo de seis meses, sí afirmaron haber "visto un servicio religioso en línea" durante ese mismo periodo. Por tanto, es posible reconocer que se ha visto un servicio de culto sin considerarse a sí mismo como participante.

35. En la realidad virtual, parece haber sustitutos artificiales para casi todo; podemos compartir todo tipo de informaciones digitalmente, pero compartir una comida no parece que sea posible ni siquiera en el metaverso.

36. Cfr. *Desiderio desideravi*, n. 9, citando a Leone Magno, *Sermo LXXIV: De ascensione Domini II, 1: "quod ... Redemptoris nostri conspicuum fuit, in sacramenta transivit"*.

37. *Mensaje del Santo Padre Francisco para la LIII Jornada Mundial de las Comunicaciones Sociales*, Puede ser útil considerar otras prácticas espirituales que podrían ser más adecuadas que la Santa Misa para compartir en línea, como la Liturgia de las Horas o la *lectio divina*.

38. Cfr. Discurso del Santo Padre Francisco a la Asamblea Plenaria del Dicasterio para la Comunicación, 23 de septiembre de 2019.

39. El Papa Francisco ha hablado en numerosas ocasiones del estilo de Dios como "cercanía, compasión y ternura" (Audiencias Generales, Ángelus, Homilías, conferencias de prensa, etc.)

40. *Communio et Progressio*, n.11.

41. "Basta amar bien para decir bien" (San Francisco de Sales). Cfr. *Mensaje del Santo Padre Francisco para la LVII Jornada Mundial de las Comunicaciones Sociales*, "Hablar con el corazón. En la verdad y en el amor" (Ef 4, 15) (24 de enero de 2023).

42. *Mensaje del Santo Padre Francisco para la LII Jornada Mundial de las Comunicaciones Sociales*, "La verdad os hará libres (Jn 8, 32). Fake news y periodismo de paz" (24 de enero de 2018).

43. *Mensaje del Santo Padre Francisco para la LIII Jornada Mundial de las Comunicaciones Sociales*.

44. Es importante, sin embargo, corregir una narrativa falsa de modo respetuoso y tempestivo. "Las fake news deben ser contrastadas, pero siempre deben ser respetadas las personas, que a menudo se adhieren a ellas sin plena advertencia ni responsabilidad". *Discurso del Santo Padre Francisco a los participantes en un encuentro organizado por el Consorcio Internacional de Medios Católicos "Catholic fact-checking"*, 28 de enero de 2022.

45. *Mensaje del Santo Padre Francisco para la L Jornada Mundial de las Comunicaciones Sociales*, "Comunicación y Misericordia: un encuentro fecundo" (24 de enero de 2016).

46. Esto concierne también a la formación de los sacerdotes. Como se lee en la Ratio Fundamentalis Institutionis Sacerdotalis, "los futuros pastores no pueden permanecer excluidos, ni durante su iter formativo, ni en su futuro ministerio" de la plaza pública de los mass media y las redes sociales (n. 97). Deberían también ser conscientes de los inevitables riesgos que se derivan de frecuentar el mundo digital, entre ellos las diversas

formas de dependencia (cfr. n. 99). Sobre este aspecto, véase también el discurso del Santo Padre Francisco a los sacerdotes y seminaristas que estudian en Roma del 24 de octubre de 2022.

47. Mensaje del Santo Padre Francisco para la LIII Jornada Mundial de las Comunicaciones Sociales "Somos miembros unos de otros" (Ef 4, 25). De las comunidades en las redes sociales a la comunidad humana (24 de enero de 2019).

48. Podría ser útil, por tanto, que las iniciativas individuales en las redes sociales, sobre todo las que provienen de los religiosos y del clero, encuentren un modo para fortalecer la comunión en la Iglesia. Como comunidad cristiana, podría ser útil también acercarse a los influentes que están en los márgenes de nuestros ambientes eclesiales.

49. Ser sinodal (de syn odòs) significa caminar por el mismo camino, caminar juntos, avanzar juntos.

50. Esto ya fue descrito por los antiguos Padres de la Iglesia. Tertuliano, por ejemplo, hablaba del martirio como atracción. En su Apología, explica que las persecuciones no solo son injustas, sino también inútiles: "Ninguna de vuestras crueldades, por exquisitas que sean, os servirán; más bien, hacen nuestra religión más atractiva. Cuanto más nos segáis, más crecemos en número; la sangre de los cristianos es la semilla de vida nueva. (...) Esa misma obstinación contra la que arremetéis es una lección. Porque, ¿quién que la contempla no se siente impulsado a preguntar qué hay en el fondo de ella? ¿Quién, después de indagar, no abraza nuestras doctrinas?". Tertuliano, *Apología*, n. 50 (traducción adaptada).

51. Este párrafo se inspira en parte en el *Mensaje a las Obras Misionales Pontificias* del 21 de mayo de 2020.

52. Viaje Apostólico a Panamá: Vigilia con los jóvenes (Campo San Juan Pablo II – Metro Park, 26 de enero de 2019).

53. *Mensaje del Papa Francisco para la XLVIII Jornada Mundial de las Comunicaciones Sociales*.

NO GOD BUT US

NO GOD BUT US

A Novel

Bobuq Sayed

HARPER
An Imprint of HarperCollins*Publishers*

hc.com

FIRST EDITION

This project has been assisted by the Australian government through Creative Australia, its principal arts investment and advisory body.

Designed by Kyle O'Brien

Library of Congress Cataloging-in-Publication Data has been applied for.

ISBN 978-0-06-341946-9

26 27 28 29 30 LBC 5 4 3 2 1

To the transgressors of borders

تو کہ ناواقف آداب شہنشاہی تھی
رقص زنجیر پہن کر بھی کیا جاتا ہے

You were unaware of the protocol of a king's court
One can dance while wearing shackles, too

—Habib Jalib, "Neelo"

NO GOD BUT US

PART ONE

DELBAR

MAY 2015
District of Columbia, USA

THE DRAG QUEEN WITH MY MONEY WAS MISSING IN ACTION. I'D STALKED all of backstage, the filthy dressing rooms, the manager's office, the bathroom stalls in graffitied disrepair, and even the alleyway behind the dumpsters. Finally, an unimpressed pole dancer tossed her kohl-lined eyes at the storage closet and, inside, I stumbled onto Kreamy Ibrahimi getting her dick sucked.

"Fuck, I thought I locked that thing," she said, and I told her she didn't lock shit. The door was barely even closed. She did look good though; the clip of her cheetah-print leotard flung open, and rock-hard the way a dick only ever gets when it's freshly untucked. Behind her, prop boxes and suitcases overflowed with coin headdresses, sequins, and handheld fans.

"Babe, I need to get going. My mom's having this big party for all the Afghans tonight and I already missed two trains. You know how they get when they host. Do you have my pay?"

The cocksucker slid Kreamy out of his mouth. "Party?"

Kreamy ruffled his hair. "Not that kind of party, sweetheart. Keep going." Peering closer, I noticed that the guy on his knees was the stagehand. Who the fuck was working the end of the show if this guy was in here sucking dick? "Girl, I saw you rehearsing your routine onstage earlier," Kreamy continued. "What the hell was that? You totally botched the choreography."

It stung to hear Kreamy put to words what I already knew. Unfortunately, she was right. I'd missed my cue and tripped the ending. "You didn't warn me how strong your weed pen was."

Kreamy erupted in laughter, and it sort of segued into a moan at some point as I adjusted my weight, unsure where to look, waiting for her to address me again. She seemed exasperated when, at last, she did. "Look, the venue shorted us, but here's something for your trouble."

I took the crisp fifty-dollar note Kreamy held out since she was pinned to the wall by the suction. The pay was decent for a few hours of snatching bills, stamping wrists, and gently guiding any eye contact I made toward the tip jar. The problem was that the longer I stayed at the venue's precipice, the more determined I became to join the lineup, where my real calling beckoned.

I fingered the fifty gingerly. This was all part of the ego death of apprenticeship. Once I nailed my first routine, in an outfit that matched the grandeur of my fantasies, these fuckers would have to promote me. And if I saved my earnings and continued eBay upselling the wares I shoplifted from church-run thrift stores, soon I'd be able to afford something truly exquisite. It was only a matter of time until Sharia Raw, my nascent drag persona, became a household name.

I went to make my exit when Kreamy called out to me mid-groan.

"Babe, I know you feel hard done by, but the truth is you're not ready for the main show. Plus, you're so good at working the door, habibti. We need you out there."

The sentiment echoed what every soccer coach and sports captain had told me as a kid. *The bench is one of the most important places in the game,* they'd say. *Someone needs to fetch the sliced oranges and hand them out during halftime. Hydration is the most universal goal of all.*

Except I'd never wanted to participate in those boorish displays of masculinity. The repugnant way men chased after balls like salivating terriers.

Even though I was still new to drag, it activated something in me that felt uniquely my own, a placenta-rich refuge to be a girl for a minute and howl in feminine rage at the moon. My enormous legs didn't always cooperate with the choreography, but it was undeniable that they looked cosmopolitan in a pleated miniskirt.

Kreamy worked in marketing as a day job. She was smart to predict there'd be a dedicated audience for a Middle Eastern drag night in a part of the country teeming with immigrants, even if only half the performers fell under the umbrella of the Middle East. "It's about an Oriental aesthetic," she'd said when I brought it up a few months ago, back when I was first learning to block my eyebrows and set a wig. "Barely any white people come to our events. It's a sea of other Arabs loving what we love. We're fucking with the exoticism, see? It's all by us, for us."

"Your parents are from Karachi, babe. You're not even Arab."

She'd slammed her lip pencil on the table and glared at me in the mirror. "Drop this 'I am' or 'I am not' attitude. If you wanna be a performer, get used to doing things you aren't."

I was onto my fourth round of spreading glue to get my eyebrows to disappear, and mine weren't even the thickest pair in the room. "All I'm saying is, you're playing into the stereotype with the belly dancing and the Bollywood. You're giving them what they already expect from us."

An Egyptian girl applying her foundation a station over told me to shut the fuck up. All my big talk was making her smudge the sharp outline of her Nefertiti look.

Before I left for the party, I peeked out from backstage at the end of a Malaysian t-girl's signature Shakira medley. I'd seen her flawlessly execute the routine so many times that I knew the exact point in "She Wolf" where she revealed her oozing fangs and, as usual, the shrill zaghrouta ululations grew louder and louder until they overtook the backing track. The twinks cheered in delight as the t-girl's legs divided into splits midair for the finish.

That was me in the audience six months ago, coiled up in the full thrust of winter, having heard about Kreamy's event from this Lebanese daddy I'd been fucking when his wife was out of town. Maybe in another six months, I'd be out there prostrating for the crowd's adoration.

I took the back exit via the alley, which the queens used to avoid getting ambushed by the repressed gender shit of their fans. That was of no concern to me. No one had any idea who I was, which meant that I could be anyone. I glanced at the time and hurried toward the train.

I WAS LATE FOR QANDUL'S party and, in her eyes, this amounted to original sin. It was almost midnight, and the house bulged with the heat and light of a dying star. Cicadas chattered, the stretched goatskin of a tabla thrummed, and, in the distance, I heard a fox bark. Orange taxicabs and beat-up minivans lined the street, and one uncle's pickup truck, emblazoned with the number of his unlicensed plumbing service, jutted onto next door's lawn. Thankfully, the final rattle of white flight had replaced the last WASPs in our neighborhood with even more migrants long ago, and now there was no one left to file noise complaints or pop off at the odd zoning breach.

I paused behind the husk of a cherry blossom tree. All the pageantry of a formal entrance demanded a formal explanation—for my tardiness, for why my eyes were hooded red, and for my grand plan now that I'd completed my last semester of college—and I had no good answer to provide. Careful to duck under the windows, I crept along the side of the house and, sure enough, hidden under a plaque engraved with the Ayatul-Kursi was my old spare key for the basement.

Easing the key into the lock, I was momentarily blinded by the plush, dove-white carpets, and, before I could come to my senses, a perfectly timed soccer ball slammed into my abdomen at full speed, knocking me backward. I struggled to catch my breath as a swarm of young cousins, younger second cousins, and the progeny of other miscellaneous community members snorted with impish laughter, encircling me with dizzying speed. There were too many of them to find any single culprit. "Delbar, Delbar," droned one pimpled teen, his voice lopsided and a lackluster mustache sprouting from his upper lip, "why are you so late to the party?"

I fended off his slimy fingers and pushed past the first ring of assailants. Watermelon pips and the loose crumbs of cardamom cake lay discarded on paper plates in the tangle of Xbox wires. My old textbooks, retrieved from the cupboard, were strewn in a pile, their margins marked up with hangman and tic-tac-toe. A second soccer ball zoomed past my head, but this time I had enough warning to swerve. The far wall was streaked with my older sister Pheroza's nail polish, and several large and empty bottles of Pepsi and 7UP presided over the chaos, which meant that a shocking amount of sugar was racing through the children's arteries.

A new set of hands, belonging to the local halal butcher's granddaughter, had hooked onto my pockets, dragging me into the depths. "And what's that thing on your face, Delbar?"

"Very funny, you little gremlin," I responded. Most of their names I knew from memory, but damn, Afghans proliferated like shrapnel. Every time I took the Blue train back home to the Little Kabul of northern Virginia, a new child had spawned, adding to this flock of black hair in differing textures and lengths. "I had work. Some of us need to work to survive, you know."

I couldn't admit that coming home involved an increasingly convoluted warren of lies, that my entire existence across the Potomac River was predicated on this suspension of disbelief.

A cousin roared in glory at the TV, where a triumphant American flag rippled in the wind over some treacherous arid terrain. To the side, another kid, his back pressed against the boiler room door, took his final gulps of air as a firing squad launched darts at a Solo cup balanced on his head. This, too, was the food chain. Hadn't I once suffered under the boot of the cousins my own age? It was feudal shit down here. Predator and prey. And yet, this was the easy part.

I eyed the staircase leading up to the party, distracted by the unfinished joint in my pocket. I checked my phone, then took a deep breath, before turning on my heels and making my way to the bathroom. I was already three hours late. At this point, what were two more minutes?

A new cousin appeared ahead of me, blocking my path and fanning her palms to thwart my momentum. "Delbar, Delbar," she hissed. "Guess which aunty screwed up her nose job. She has a bandage on and everything. My mom said she's telling people she got mugged at a CVS."

A second preteen girl ran over, this one with a patchwork quilt of acne bounding over her cheekbones. "Delbar, can you ask your mom to shout out my YouTube channel on her TV show, pretty please? I'm trying to get more followers so I can drop out of school and—"

"Babe, if you don't let me go to the bathroom in peace, I'm going to announce to everyone upstairs that you both peed your pants and you're stinking up the whole basement."

The pair exchanged panicked glances, banshee screeched, and darted back into the fold.

I locked the bathroom door and exhaled, taking stock, as always, of what had changed since my last visit. Gone was the flimsy curtain with the kitschy seashell design; in its place was a thick pane of glass. I set the joint on the round marble sink—also new—and dropped my shoulders. Now that Qandul had some disposable income, she was desperate to make up for lost time. She wanted to emulate those glossy lifestyle magazines, shaving and soldering and sandpapering away every trace of character the house once had. Typical nouveau riche immigrant bullshit. I stuffed a towel under the bathroom door, pried open the window near the shower, and lit the roach, holding my breath.

I'd seen old money firsthand, after all. I'd fraternized with filthy rich peers at a private college in D.C., traveled to their holiday homes in Cape Cod and Connecticut, inhaled the musk of duck-down overcoats and mildewy extra blankets. None of those surfaces shone, nothing declared itself. People like that didn't dish out money at Marshalls. They took ski trips to Aspen.

Two years ago, Qandul had gotten her own weekly segment on the Afghan satellite channel. The wife of a network executive had finally strong-armed him into adding a woman to the rotation and, as it turned out, my mother's firebrand polemics and snake oil paeans commanded a certain appeal. Viewers enjoyed how she berated both the armies and the madrassas draining Afghanistan of its wealth and then, a minute later, segued into advice for young women on how to sabotage their husband's hyperactive libidos. It was kind of incoherent to watch, but clearly I wasn't her target audience. Her international following was growing in spades, and with that newfound recognition came the spoils of advertisement I'd never known as a kid.

I pulled at my swollen eyes and a rogue speck of glitter came loose on the pad of my finger. Fuck. One of the queens at work must've rubbed off on me. I scoured my body, and when I was sure there were no more, I buried the butt of the joint in toilet paper and flushed it away.

I'm busy at the library, I used to say to Qandul when she called during the semester, speed walking to the nearest open bedroom at the house party to shroud myself in a blanket. *Not this weekend, the next one. No not then, the one after that. Busy busy. So many assignments. All this research. Yes, it's only two trains away, but I'm sacrificing now for a brighter future. So I never have to suffer the way single mothers like you suffer.* Among Afghans, all kinds of perversity happened behind closed doors. Strippers, abortions, drug abuse. Even the virgins did anal to keep their hymens intact. The only rule was that, whatever you did, it must remain private.

I wet-wiped my skin, spread Visine on my eyeballs, and doused my neck in Old Spice, that faithful stench of heterosexuality. With college behind me, I would have to devise a new story. Perhaps I'd won a competitive internship or broken the regional record with my LSAT score. For best results, you want your lies to straddle impressive and believable. I blinked a few times and ran my fingers through my hair. My transformation was complete. I was ready to face the music.

Ever a cat sniffing cracks in the wall, Pheroza's glaring eyes pierced me the moment I emerged from the basement. She tucked a strand of dark brown hair behind her ear and turned back to our great-aunt, who was probably trying to extract free legal advice from her again.

I used to sneak into my sister's room to read her diary when she was in the shower. Even in elementary school, I knew it was wrong to pry, but imagine my disappointment, week after week, discovering that the model immigrant daughter's secret inner life was so thoroughly banal. All she craved was Qandul's approval, goodness, and other uninspired crap like that. *It's not meant for you, dipshit,* she used to say whenever I complained, squeezing my earlobe and relocating the diary somewhere else I'd easily find it the next time I looked.

I kept my head down and skirted behind the guests, though one or two had spotted me already, pinching their rouged lips in my direction. I weaved my way to the kitchen and sighed in deep relief when I spotted Qandul's youngest sister, Yosra, alone by the sink. Unlike the other blonds at the party, who'd probably paid hundreds of dollars at the salon for a dye job, Yosra's platinum hair was all-natural, the result of part albinism. Instead of blowing it out and showing off the asset like an engagement ring, as usual she had the mess of it pinned up in a bun.

These days, Yosra's trips to America were brief; she lived in Turkey full time, where she worked as a professor at a university in Istanbul. While my mother had flailed desperately in search of the American dream and the status it allegedly engendered, Yosra had turned her back on that dream and moved her family abroad, much to the shock of the extended community. Of the dozens of relatives I had scattered across the world, Yosra understood my errant nature the way no one else did, the kind of aunty more entertained by tales of Herati folklore than gossip of who did what. She was bent over the kitchen island, squinting her darkened eyes as she carefully arranged slices of cantaloupe in a frosted dessert bowl already overflowing with honeydew, seedless grapes, and cherries. She noticed me with a start.

"Look at you, Delbar!" she exclaimed, rushing over to me, wrapping her arms around my neck, and kissing me three times. "My little protégé, not so little anymore, eh?" She was a good foot shorter than me, but she carried herself with a magnanimity far beyond her size.

In the living room, a small stage had been installed where the singer was performing, but the kitchen was a respite. I glanced over to watch the performance from the safety of Yosra's company, her arm clasped around mine. At the center of the stage, Mahwash was a small, unctuous woman, dwarfed by the vast fireplace behind her and the tabla and harmonium that flanked her either side. Her voice really was extraordinary to behold, the unbreakable timbre of it, the lucidity—that much could not be denied. She was loved because her oeuvre reached across borders and ethnic groups.

She amalgamated Hazara prayer recitations with the Pashtun oral tradition. Tajik and Uzbek Afghans found their heroes in her lyrics, their poets in her rhymes. It was a big deal that Qandul could afford to fly out a long-retired icon like Mahwash from the other Little Kabul in Fremont for an intimate performance at her home, as much about Qandul boasting her wealth and access as it was about sharing the beauty of the singer's voice.

When her song was done, I noticed that multiple aunties had swiveled away from the singer to face the kitchen instead. They clutched their phones, and their powdered cheeks hardened into grimaces. Had I missed a speck of glitter? An open zipper? No, I was just being paranoid. It was the weed. The aunties seemed more interested in their phones than my presence, though they continued to glance up at the kitchen and whisper. I pulled at the fabric of my sleeve.

Unfortunately, the fulcrum of my anxiety was now within earshot. Beyond the garish chandelier—another new addition—Qandul hummed as she packed away the expensive dinnerware in the pantry. The sound lifted goose bumps on my neck.

"Do you need my help?" I asked Yosra.

She shook her head. "I don't, but I'm sure your mother has some ideas. I tried to cool her off until you got here but"—a labored smile passed across her face—"you *are* very late."

We heard a gasp, and quick as the devil, there she was, steps away from us, adorned in a canary yellow frock with soufflé-shaped discs of material along her neckline. Qandul's trimmed eyebrows arched high, and her too-light foundation evoked butoh. She sauntered in whacking a burgundy tablecloth across her open palm, her wrinkled chin tilting back and forth.

"Dear mother, radiant orb of wisdom that you are!" I tried to appear relaxed, narrowing the distance between us with all the confidence I could muster. "I've been looking for you all night."

Qandul spat out a laugh. "He's got jokes. You hear that, Yosra? He's making jokes now. How lucky we are. A real clown." She stood eye to eye with me in her Jimmy Choos, continuing this pantomime of the whip, though her tongue cracked harder than any whip ever could. "Something at least to show from your time in college. Shall I call Chuck E. Cheese? See if they're hiring?"

I made to hug her, but she jerked the tablecloth at me, catching the side of my jaw as it sailed to the floor. "A ghost in your own home, is it?" She went on, beginning a creeping march around the island, now using her free palm to create a painfully slow clap. "There are barely any guests left. Why bother coming at all at this hour? Did you mean to attend this party or the next one?"

Yosra and I glanced into the packed living room. The singer's address to the crowd ended and the guests took flight with applause, yet somehow I felt a renewed conspiracy of eyes upon me.

The tension broke when a chortling cousin darted between our legs to beg Qandul for playing cards, though the sneer fixed on Qandul's mouth was a promise that we were nowhere near done.

With Qandul occupied, Yosra took me by the shoulder and pulled me through the doorway. The two sisters couldn't differ more, not just in attitude but also in appearance. Qandul stood fiercely erect, the vivid orange streaks in her curly brown hair inflaming her silhouette, while Yosra was cerebral and spindly, as if her body were an afterthought.

"Thank you," I whispered, a sheepish grin on my face. "How long are you here for?"

She smirked. "Leaving tomorrow, actually. The university only pays for the conference, which ended today. And I need to get back to the girls. They miss you. When will you visit us?"

"Why are you swaying on the spot, Delbar?" Qandul's voice impaled the air, and as a reflex, my back straightened. Qandul still loomed large over Yosra, whose mouth had contracted into a begrudging moue. "Are you drunk? You've lost weight, too." Even in a whisper, her voice thundered. "Who is this djinn in my house? And what has he done with my only son?"

"Qand, please," said Yosra, stepping forward, her back to me now, and her shoulders raised almost to her ears. "Can I have a moment alone with my nephew?"

"No, you cannot have a moment alone with him. He is no orphan. Is this a hotel, popping by whenever he feels like it? There's work to be done." Qandul yanked me out of the doorway by my collar and gestured to the tray of steaming-hot saffron-brewed tea on the kitchen counter.

I lifted my chin and swallowed a sharp breath. "I was fighting for my life downstairs trying to keep the kids off each other, Qandul. Believe me, they were close to drawing blood. Imagine needing to call an ambulance. My god. You should be grateful I was there to prevent a disaster."

"Liar," she said scornfully. "I sent Pheroza down multiple times to look for you."

Bitch-ass traitor of a sister couldn't even cover for me one time. I was fumbling. None of my appeals to my mother's good graces were within reach. In the past, I could at least distract her with my academic responsibilities and the good work of my part-time job at the student housing office. I could hardly tell her the truth about where I was working now.

I shared a sympathetic glance with Yosra and lifted the tray. Before I was born, back when they were new to America, Yosra and Qandul had lived together in a subsidized apartment in Falls Church. Qandul worked three jobs to ensure her little sister could earn an education and launch her career. If anyone understood my mother's hawkish care, it was Yosra.

At the transition of the ballad into the instrumental, the room exploded into applause again. Tears welled in the corners of every eye I could see, and I took advantage of the sentimental airs to replenish the tea, carefully navigating the obstacle course of fake Prada bags and Bratz dolls that speckled the imported Shirazi rug. It was customary to offer tea to Mahwash, the guest of honor, first, but the shrill call of my name made me pause.

"Delbar, our boy, so far away you are."

"So tall and grown up, look at him. Full of secrets it seems."

"Come closer, come speak with your aunties. Why do you run from us?"

"So quick, so quick. What reason is there for such cruelty?"

Mahwash took a glass from the tray and smiled at me as I turned to the speakers, all four of them wedged together on a two-seater. They could be mistaken for buxom, aging crows lined up across a power line, each one wrapped in a slightly different, but equally demure, headscarf. Mischievous grins creased their faces, and the intensity of their attention on me was immobilizing. They shuffled forward bit by bit on their haunches, hurling their questions to keep me glued in one place. The posse had taken to congregating together after making hajj, and this known specter of their devoutness gave them all the moral authority in the world.

"Hajji bibis," I replied, switching to their formal designation as the weight of the tray grew lighter one by one. A bead of sweat traced the ridges of my spine. "How overjoyed I am to see you. Please, let me kiss your hands. It's the least I can do given your service to the Ummah."

Balancing the now-empty tray on one palm, I made a motion of reaching toward the aunties' laps, but they withdrew their wrists instantly. Once an elder's hand was kissed, the ritual of respect giving was complete. Until then, they could taunt the youth with the threat of insolence. "No, no," said the eldest and most sour-faced. "None of that for us."

"A proper explanation weighs far more than an empty kiss."

"How can he explain any of it? Abdullah took pictures from his taxi. They explain enough. My eyes and ears are bruised. I'll have to go see my doctor now. And at what cost? Ya Allah."

"A shame, a shame. A mother in the public eye and a father off with his manhood trapped in a white whore of a woman. No wonder the children suffer. It's always the parents' fault."

My breath grew dry and shallow. I arranged the used glasses and coasters, which held cracked pistachio shells and cherry pips, on the tray. The obsidian coffee table that stood between me and the aunties was starting to feel like the tribunal podium on judgment day. I scoured my mind for what they could have seen and where. Party chatter fell away to enable more aggressive eavesdropping. I was the car crash in a Don DeLillo novel.

Mahwash blew on the rim of her tea glass. Someone shushed a child passionately.

"You must be mistaken, Hajji bibis. There are so many pictures on the internet now, it can be easy for weak eyes to see one person and think them another. May I get you some more tea?"

The middle aunty, a headmistress back in Ghor who now served Plasticine pizza and mini milk cartons at a public school, squirmed forward, wagging her finger at me, a jagged tooth perched on her lip. "No, no, not so fast, tell me. How do you show your face here before us like this? Don't you know we have traveled to the holy house of Allah? I couldn't believe what the children were saying about you until I saw the photo with my own eyes. A son of Qandul's collecting money outside of an alcohol bar, could it be true? Next to men dressed up as women, no less. It upsets my stomach to think about it, even now. I'm sure for an early grave."

"But then," added the one next to her on the couch, her pale pink rusari riding up her forehead to reveal a row of silver-gray hairs underneath. She turned to her octogenarian husband, a concerned look indented on his fossilized face. "To be so public about it, to show off to the whole world something so sinister and so shameful, to surrender to Shaytan with no remorse."

There was nothing lighthearted about the tone anymore. I retreated onto my back foot, and as I feared, I was apprehended by the anvil of everyone's stares, the eighteen-bulb chandelier overhead swaddling me in chains. "It's not true, Hajji bibi, none of it. I was the valedictorian. I have internships. Believe me, my job offers are very prestigious."

Qandul appeared between a pair of armchairs. Her bottom lip quivered, and a vein I'd never seen before throbbed across her forehead. Behind her, our family portraits were displayed in gold baroque photo frames, images of my former selves in flea market tuxedos and bow ties, before I grew my hair out, before sewed-on rhinestones and acid trips and my resentment toward puberty.

"What are they talking about?" Qandul addressed me between clenched teeth, a tremor betraying her resolve. There was nothing my mother hated more than being the last to know.

"Oh, dear," said one of the aunties. "Don't play dumb now, sister. He's your child, isn't he? Anything he does is yours to own. Every crime he makes is your sentence, too."

"Qandul, you were the one who held him in your womb. A perfect baby, and then . . ."

"Did he even go to college at all? Or do they teach them these sins at the universities now? Why not learn computer? Many jobs are there if the boy is so desperate for easy money."

"They were calling it drag. Is that what he's been doing this whole time he's been away? Dragging for people he doesn't even know. Ya Allah, the things I've learned, I never wanted to."

The way she pronounced it, *dra-ag*, extending the first two consonants and adding a phantom vowel, made it sound like she was saying *drug* in an accent. In her mind and for everyone else listening, they were effectively the same thing. To my family, being in the vicinity of drag queens was synonymous with taking dick, and the only thing worse than being gay was being a bottom.

All conversations stilled. I was now the entertainment. My palms grew clammy and my head felt like disintegrating. Blood had drained from Qandul's face and, for once, she had no words. The humiliation of staying while she was shown photos of me with drag queens, wearing the skimpy bralette I donned for my door bitch shifts, was too much to bear. This night, her grand display of power, had become her disgrace. So I did what I always did when things got tough.

I dropped the tray on the table and bolted, steadying my legs against the ground as I ran, the rush of chilled air quickly giving way to night. Where else to go but away? I fixed my eyes forward and resisted the urge to look back, my bungled secret a serrated knife against my throat.

MANSUR

DECEMBER 2013
Tehran, Iran

AN AIRPLANE OVERHEAD SHOOK THE ATTIC WALLS.

With the city closed on Fridays for the holy day, the four of us were often stuck inside together, where the blistering questions became impossible to ignore. One of Mādar's friends from the textile factory might waddle over to deliver a pot of qorma bamiya covered in foil or, if I was unlucky, a distant relative with an eligible daughter would return to check whether I had reconsidered his offer:

"Believe me, child, no girl in all of Tehran is as pure as mine. Not one."

I would confess that I was too committed to Allah for any kind of love distraction. Or that I was focused on saving up for a skilled certification to secure a better life.

"Pàyghāmbarakam, my little prophet," Mādar cooed as I tore the sesame-lined seams of the flat bread to sop up the last of the breakfast paneer. "Beauty never lasts. All these long days you spend out laboring on the roads are crisping your skin. The sun will not be kind for much longer. The change is happening already. Can't you see? Your eyes are far older than your age. Soon there'll be no girls left to marry. You'll become a shriveled raisin. Then what will you do?"

Mādar came to me and pressed her palm to my forehead, sweeping aside my row of black curls. Up close, her crow's-feet were dead-end forks in a riverbed. It hurt to see her concern.

"And how will we afford to live, Mādar? An Islamic marriage is not cheap—you know that. A new bride has certain expectations of her groom, and we have no more gold bangles left to pawn. Or am I mistaken? Are we more ready to pay for a wedding than it seems?"

"Your mother is right for once," Schaesta Ama interjected from the next room. Though her spine had buckled with age, her cocksure sensibility was still intact. I pictured the flecks of saliva that accompanied her words and didn't need to be in range to feel their spray. Schaesta Ama, my late father's sister, was among the first of our family to cross the border, and after her husband died suddenly from an infected kidney stone, she'd called our home on the rocky outskirts of Kabul and insisted we relocate, too. She'd expected my father to be with us upon our arrival.

"What girl will marry a spoiled boy who cannot recognize the good offers made to him?"

I waited for her to finish, my eyes steadfast on Mādar, on the swanlike grace that neither time nor factory labor could unpolish. "Each month, our purses get tighter. New costs all the time. I fear what the three of you would do if I wasn't able to contribute. And where would this new bride live? Look around. Mādar, imagine another mouth to feed."

"Elaha may be able to return to the public schools soon," Mādar said. Cursed with our father's stern brow, Elaha was memorizing her schoolbooks, breaking attention only to tend to Schaesta Ama's sore legs and gut. "Without the cost of her tutor, we'll be able to breathe again."

"Mādar, there's been talk of letting Afghans back into the schools for years." Without the correct papers to show, every school administrator we'd spoken to had turned us away. I'd suggested we forge them, but Mādar refused, devout and ever fearful of deportation as she was.

"Yes, but the government may reverse course soon. Your khāla said so at the market. They'll give the Afghans who are already here papers and close the borders for good."

“Then what? Schaesta Ama’s health is not improving. Her medicine is not getting any cheaper, not with the sanctions. And you’ve been working so late, you can barely stay awake.”

“Tsk, can’t you listen to your mother for once, Mansur? All I own in this life is my wisdom. Allow me to talk some sense into you.” She withdrew her gentle hand from my head and turned her attention to the stubborn thread of blue string that had come loose from her shawl.

I continued, finally making gains. “There is time for marriage. Better to find a suitable girl with simple expectations. Wait until our hands are open. It’s important we choose carefully.”

Mādar took my empty plate and placed it in the mud-gray sink. My chest pounded, and I was quietly grateful for the tension subsiding, though it would resume soon enough.

Privacy was a luxury absent from our home. Demands for steaming green tea and pleas for help with arithmetic traveled freely through the thin walls of the flat. When the mercurial tailor downstairs fought with his wife, Schaesta Ama’s mood soured for days, though Elaha soon developed the strength of will to knock on their door and inquire for lentils whenever we came up short, a penance on their part for forcing us to eavesdrop on their nasty marital spats.

I glanced into the room where dutiful Elaha, the polestar of our family, would burrow inside her books until exhaustion shuttered her eyes or the neighborhood lost electricity. Even without power, I often found her reading by candlelight late into the night. It was not so long ago that she compared notes with her Irani friends and spent afternoons at their houses, but one by one, those relationships fell away. Elaha dreamed of using her English to live in Europe. I worked as much as I could, saving spare money where possible and begrudging the tyranny of Schaesta Ama, in the hope that one day I might buy her way there.

I used to think of that attic residence as a glorified pigeon coop, the three of us pecking at any grain Schaesta Ama could not or would not stomach. Now, time and distance had spun those circumstances into a sort of paradise. The modest attic was our collective fate, the lot Allah had delivered to us, and in truth, we were grateful even for that. Plenty of Afghans languished on the street. Plenty of others never made it across the border at all.

IN RECENT MONTHS, THE FOURTEEN-HOUR-LONG shifts I spent replacing lead pipes had grown more bearable due to a certain boy who sometimes ambled past my work site.

The first time I saw him, it was one spare glance at his face in profile. I wasn't sure if he'd noticed me climbing out of a ditch, my cheeks caked in dirt, until our second encounter a week later. I was taking a break for water, and upon seeing that it was me, he giggled and whispered something to his friend, who cut a look over his shoulder. The next time he saw me, he was alone. He lingered a little, suddenly concerned with the apartment listings plastered onto a nearby window, peeking over every few seconds, a smile barely suppressed on his face.

I wish I'd had the courage to go talk to him. It wasn't just that I was working. Maybe my supervisor would have noticed I was wasting time and yelled at me. Maybe not. The challenge was that the work site was in the posh north end of the city, and based on the clean cowboy jeans he wore and the leisurely way he walked, the boy belonged there.

Still, he had impressed himself upon my heart. I cherished the memory of him like the bubbling rhizome of groundwater. I drank from the silver jewel in his earlobe, the sublime of his smile. After the job ended, I was sent to work on another site elsewhere. Yet my hunger for the boy did not subside. I had to see him again. I knew this with the same certainty by which I knew the lyrics of Omar Khayyam and Rabia Balkhi, whose poems my father recited to me as a child.

It was said that there were certain places in the city where men could go to discreetly pursue other men. Immoral places where no god ventured, derided with caution but never with specific coordinates by Schaesta Ama and my fellow laborers alike. My few experiences there had been secretive and anatomical, always hurried to completion in the dark corners of bathhouses and public restrooms, a cluster of shadows swarming and then scattering again a moment later. The most famous of these places, a park I dare not name, was where I first met Hasib.

"Watch out for men in uniform," he'd said that first early morning as winter grew out its icy claws, circling back to take a seat beside me on the bench. All kinds of men gathered in the park. Doctors, husbands, bodybuilders. I flinched each time a rat rustled in the tulip bed.

I nodded politely at the stranger. "I'm only here to observe," I told him respectfully. I had no one left to message. He could see I was cycling through the same read texts in my inbox.

"You learn a lot from observing," he said, and inched closer to where I sat on the very end of the unlit bench. "But you learn more from doing."

Part of me enjoyed Hasib's company, or at least his attention, even if he was built like a toad and twice my age. As we talked, he told me the best cruising spot in the city was the roundabout behind the university after hours. That's where the real men went to flirt and hook up.

A spot was available in his car next weekend, he'd said, revealing his teeth. It was mine if I wanted it. I removed his hand from my thigh and eked out a smile. "Why should it be for me?"

"You're pretty and young," he responded. "You'll make good bait."

THE NIGHT OF THE RIDE, when I left the fireside to check the back alley behind Schaesta Ama's room, a frigid cold poured in through the windowpane. We were nearing the eye of the season and no better prepared to suffer through this winter than we were the last.

In accepting Hasib's offer, I understood there was a risk. I had no guarantee of making any contact with the boy from the work site. Maybe he didn't lower himself to such base practices, or maybe he wasn't even in Tehran. People of his ilk often went to the Gulf for weekend trips.

Regardless, it was too late to change my mind. Hasib's paint-chipped white sedan purred outside. I'd checked every few minutes before I placed the water to boil to ensure he wasn't there attracting suspicion, so he must have only just arrived. Even still, a moment later I heard his horn pummel the block, rattling the naked almond tree that hung inches above the car's roof. Blood rushed to my face. I needed to get down to him quickly.

Schaesta Ama would not want to be disturbed. Her shooting knee pain dwindled her patience, and it had exceeded its breaking point many years ago. If she peered out of the foggy glass and saw that I was leaving with a car full of slicked-hair city urchins, at this late hour no less, I'd have to endure her wrath for days. The gate would be locked when I returned, as she often threatened, and I'd be lucky to catch any sleep before dawn.

Her temper wasn't always so easily triggered, although I was a child in Kabul back then and we usually only spent time at her house on Eid. She delighted in watching Elaha and me gorge on her fig-and-walnut spread. She'd insist we eat more, stay longer, help her pluck cherries from the generous trees in her backyard. Those days of abundance were gone now, and with them her kindness. I placed a thermos of hot tea by her feet and ran a stained hand towel under the copper faucet before laying it over her knee. Her gaze didn't stray from her TV serials.

"What's all this?" she snapped, briefly glancing up to glare at me. My retreat had been poorly timed to an ad break. "Think I don't know these games by now, boy? Dewāna. You think your own ama a madwoman? Not me. You've been drowsy for weeks. Head off with the parī." She shook her knobbed index finger at me, but her eyes darted back and forth from the square television on a wooden stand in the corner. "You're plotting something. I know it in my bones."

"Ama jān, I would never. Not in this lifetime. Your poor knee needs attention. Hardly anyone cares. The others worry only for themselves. But not me, Ama jān, I suffer tenfold to see you suffer even a pinch. That's my curse. Haven't I always cared for you the most?"

"Ungrateful, yes, I knew that. But dishonest, too? Your father would be so ashamed to see his only son . . ." Schaesta Ama's voice trailed off into a groan as the moist cloth numbed her knee.

A prayer spilled out from under my breath. Kneeling by her side on the red rug worn to wiry nubs, I witnessed the release of pain from Schaesta

Ama. Then, placing three kisses on her cheeks, I slinked away, grabbing my Levi's jacket from the back of the chair on the way out.

I was glad on this occasion that Mādar worked such late hours. Hers was a different kind of disappointment to Schaesta Ama's. Powerful in its subtlety. She could run a razor blade across a crowded room with a flick of her jasmine-scented wrists. I appreciated that strength and quiet fortitude in her. Elaha and I owed our lives to it.

Careful to place my weight on only the most stable part of the narrow clay steps that connected our home to the city, I mimed quiet with my arms as I approached the car. I knew the level of danger involved in going out cruising with Hasib. If we were discovered by the morality police, it could threaten my status in the country, as well as my family's. And yet, what choice did I have? All I wanted was a single encounter. Just one chance at closeness with the boy. To learn his name, maybe exchange our details. Then I would never need to risk it again.

"There's the big guy," Hasib called out, despite my repeated pleas for discretion. He leaned against his beat-up car with a smirk. "Player boy, huh? Finally, you show up." He reeked of cigarettes, extinguishing one under his shiny dress shoe before sliding back into the car.

"I told you not to park here. Anywhere else, I said. Don't you remember? Schaesta Ama can see you if she looks out. She makes a big problem for me if she discovers I'm sneaking out."

Hasib curled the side of his mouth. "But, player boy, what if I like the idea of your dumb ama waving her cheap sandal at me from the window? Maybe next time I'll really blow the horn just to see the monkey beat her breast. Give her a reason to put on a show for us."

The men in the car snickered and anger swelled beneath my chest. In that moment, I swear, I could've cut loose at him. Insulting a family member was a grave dishonor, no matter the nationality or the context. Hasib understood that. He knew my duty was bound to my family, that the web of their lives threaded together every decision I made.

He also knew I was counting on him for the seat in his car. He could say whatever he wanted, and he chose to do exactly that. "There is no next time, Hasib."

"All the boys say that," he said, cackling.

I squeezed into the back seat next to two other men, and a third passenger sat up front by Hasib. They nodded to me but didn't extend a hand or cheek. The second my door slammed shut, the bass and the synthesizer doubled in volume, then tripled as the car skidded away. I could only hope my departure hadn't raised any eyebrows. Lurching forward, I swept my mind free of such meddling thoughts. They were of no use now. The funk of cologne, the hyena-like laughter of the men, Hasib's dizzying speed. This was my time. All of this was mine.

The frame of the vehicle had been illegally lowered on its axis, which made the tires hum inches beneath my hips. We sped past dark shapes outside the bazaar, the wallahs peddling chai, spiced crisps, and chewing tobacco. My legs struggled to find a crevice between the backpacks at my feet, with us in case someone met a guy who invited them home, though from the way grease glistened on the men's faces and collars, I couldn't imagine that happening.

We took a left before Baharestan Square and pushed on beyond the aluminum mall. The trip to the university neighborhood took no longer than twenty minutes now that there was less traffic on the streets. The trees and plants were decadent in this part of town. My knees were starting to darken from all the sweat I wiped onto them.

Hasib swerved into the circle alongside a car driven by an old cross-eyed woman, and two seconds later, he switched to the inner ring where he found a coasting speed, hugging the edge beside the old statue of a man on horseback lit up at the center. The roundabout was not yet busy.

It only took a few minutes of circling to spot the first car, drawn to the roundabout for the same narcotic purpose as us. Men our age and much older were crammed into a compact silver Nissan. Their elbows dangled out of windows rolled all the way down. They weren't handsome, but their appearance signaled a more exciting bounty to come. The man sitting beside me reached over my lap and wound my window down, hollering into the wind. The Nissan sidled up to our car and remained there as Hasib addressed them, one arm wrapped around the steering wheel.

"Actif or passif?"

Even in the poor light of the whirling streetlamps, calluses were visible on the mouth and cheek of the one seated in the back, whom I was suddenly closest to. He snarled his lust toward our car. The sight of his injuries made me recoil, but the passenger beside me, who was smothering my seat so he could engage, either didn't notice or didn't care.

"Come over. What you want, eh?" the other driver, a flat-faced man with a thick mustache, said slyly. From the back seat, the callused man revealed a set of bulbous teeth stained purple with betel nut. His collared shirt was an unbuttoned solicitation.

Even as the streetlights blinked on and off his skin, bringing him into and out of focus, the source that energized him was clear: the hunger of the hunt. Confronting this urge in an unknown man flushed my face crimson.

Then, as quickly as we'd come together, the two cars peeled apart.

"What the hell, Hasib? Are you crazy?" The man next to me slammed his palm on the driver's headrest and his rebounding elbow narrowly missed me. "Why you ruining it, man?"

"His face was diseased. Don't be stupid." A chorus of laughter spread through the men in the car, and I felt the weight on my side ease at last. "What's the use of old reptiles like that if they can't host anyway? You going to take him home with you and introduce him, are you?"

He clucked his tongue. "Man, he was into me."

"He was not into you, stupid. He was looking at the Afghan."

A set of eyes shot daggers at me from the rearview mirror, and as the man beside me settled back in defeat, he spread his legs and squeezed me into the door. Still, I kept my breath steady, imagining a glimpse of the boy from the north. One sighting was all I needed, some confirmation that the pulse of our other encounters—when our bodies had harmonized like notes of the same flute song—endured. Hasib resented my description of the boy, of course. He said the silver jewel in his ear was poser behavior, and that everyone knew boys from the north were stuck up.

I turned my focus to the four roads that fed an infrequent stream of cars into the roundabout. Four opportunities for the car containing him. A Mercedes stopped at the brink of the circle, and for a fleeting moment, while its headlights stunned my vision, I shifted up my seat, only for the passengers to be two young women wearing pink headscarves tossed elegantly around their necks. Perhaps students at the university.

Another car of men appeared, careening so fast its wheels lifted off the ground. An unmarked bottle passed between its occupants. More cars of leering men came and went as we crawled toward midnight, and each time, Hasib veered away from them. Either the men weren't fit, or they insisted they were actif only. Regardless of the reason, if we even got one, there was no point in any of us protesting. There was always another car to replace the one he rejected.

Nervously, I noted the time. The longer I stayed out, the greater the risk of detection. Again, I scrubbed the fear from my mind. Just one sighting would justify everything. As soon as I had the boy's details, I'd lie low again, dote on Schaesta Ama, massage her distended feet.

"Ay, look who's coming," said Hasib. His shoulders rolled back. "Pretty rich boys from the north. These ones are mine. Just you wait."

My ears tingled, and I shook free of the nook I'd been forced into. The gold Lexus sped through the stop sign and flew into the roundabout: pristine and sparkling. I couldn't see the passengers, but Hasib didn't let us fall back for long. This was his territory, after all. He never said how long he'd been at it, but his confidence made me think these thrills were years in the making.

Soon the two cars were side by side and it was there I found what I'd been looking for all along, first by the glint of his earring and then by the quivering smile astride his face. He reached for the door and drew closer as I did the same, mutually tapping the headrests in front of us.

Both our windows came down fast. His dimples were soft and shallow, and his teeth were arranged in neat rows. I noticed for the first time, too, a tiny mole beneath his eye, and this endeared me more to him. How I would trace a gentle course with my puckered lips from his silver to his dimples to his mole, if only we had time together. I contorted my face to the open window the way spearwort flowers bend toward the sun. I inhaled his new proximity and kept the fresh breath of it inside my lungs. No amount of pressure could make me spare even one inch for the impatient arms and shoulders that flanked my side. The boy belonged to me.

Then and there, the freezing night nibbling the tip of my bare nose and ears, I grew drunk off him. My eager heart stood no chance of restraint. That's the way I remember it still. The moment the poets spoke of. What all the ghazals were about. The longing of the longest croon.

Unfettered desire had finally bathed me in its light.

His unsoiled fingers played a chord on the flap of the window, and his mouth hung open to receive me from the wind. The two of us weren't aligned long. His face would come into view for a gleaming moment, and then someone pressed the brake and my eyes landed instead on the gelled hair of the man up front or the gold paint of the trunk.

Like me, he was the youngest in his car and the only one clean-shaven, whereas pruned beards hedged the jaws of everyone else: a tendency for excessive self-curation among men of the city. I was snagged by his smile, all of me surrendered to it, but I couldn't open my mouth to speak or even settle on the right moment to try. I was sure he felt overwhelmed too.

Impatient, Hasib intervened. "You have space for all of us?"

No response. The other driver focused on the turn of the roundabout, almost in denial of our symmetry. One of the other passengers leaned over to whisper into the driver's ear.

A frustrated voice beside me spoke up. "What are you doing, man, get closer. They're all eyes. Look. They want it." Hasib sucked his teeth, but moments later, he closed the slim distance between our cars. The move silenced the air that rushed like running water between us.

"We can follow you home. Any parties tonight?" Hasib repeated.

Still there was no reply from the other car. The violin-swept melody of Googoosh's latest hit "Behesht" wafted out from their speakers. *I fear this misleading road of doubt,* her forlorn voice sang, *I fear this dead-end road.* I wanted more than anything to launch myself into the music.

Their driver turned to the man seated beside him, and they shared a laugh. My silver-jeweled companion jostled forward and addressed the driver. Then, as Hasib spoke up again, menacingly, my gut plummeted.

"What? You think you're better than us or something? Too good to talk like real men? Fuck you, and fuck your whore mother too."

The exhilarating beat in my head rose to meet Googoosh's majestic peak just as the windows of the two cars closed abruptly, stifling the song. Hasib slowed the car and the Lexus sprang forward. It overtook us and started widening its course out of the roundabout. A pair of gleaming eyes shot through the departing car's rear window, and some impulse tugged me into action, something I couldn't name, let alone reason with.

The opportunity was too potent to concede. I couldn't let him go so soon, not after weeks of bracing myself for a single chance to see him again. I took the door handle and chanted my duas. One second I was stuck inside the spurned chamber with Hasib's foul mouth, and the next the gravel road slammed into me as my body entered the evening like an unfurling rug.

I didn't stop to check if I was okay. I didn't think. My legs shepherded me to the place I needed to be, back to the closeness of him. Hasib's howls and the men's chastising laughter came in waves. A horn blared several times. Thankfully, there were no other cars, or if there were, they avoided me. I crossed the lanes toward the exit the Lexus had taken. I could see taillights in the distance, little rubies getting smaller, blending into the misty intersection ahead.

I slowed to a canter and, for the first time, dared to glance over my shoulder. Hasib's car was receding from sight, and still I pushed on. What else could I do? Now that I had seen the future, I couldn't turn away. Soon I would need to pay attention to the side of my thigh that had hit the ground during my fall, but there was time before the ache and exhaustion wore me down. I wholly believed I could make it to the car—the rubies hadn't yet vanished from the horizon. In fact, when I squinted, the car appeared larger than it was just a minute ago. I picked up my pace.

The rear fender came into focus, and then the side mirror, and then I saw the patch of window where two bright eyes stared out at me, compelling me to get closer. The Lexus was perched precariously by the side of the road, its exhaust pipe chugging smoke.

I didn't have anything to say to him. There was no way to explain myself. I was hurt and alone and out of breath and without any means of getting home. So I stood there, heaving and empty-handed, leaning on the side of the car door as the window slid down.

"You crazy son of a bitch," he said, grinning.

I smiled wryly, the time between us a vacuum that devoured the thoughts of every other man I'd ever yearned for. Heat and the sweet stench of imported clove cigarettes drifted out from the crowded interior. Another car slammed on its brakes and swerved around the Lexus.

"May I have your phone number?"

Someone inside the car hissed. They wanted to get moving again. The morality police were known to stalk the streets in the vagrant hours, and a car full of men-desiring men was suspicious enough without a pedestrian addressing them from outside. The boy gazed at me through a thick endowment of eyelashes. Then he handed me something, as if he'd been waiting all his life for me to ask.

The Lexus took off with the window still down. Dust and smoke coated me, and I coughed watching the rubies sparkle until the hungry night consumed them again. I opened my fist.

On the back of a folded sales receipt, twelve digits were scrawled in red ink along with one word, a name: *Payam.*

DELBAR

MAY 2015
District of Columbia, USA

ELEVEN HOURS AFTER TURNING MY BACK ON QANDUL'S DISASTROUS PARTY, I woke up to the frenzied vibrations of my phone. Metal springs from the wafer-thin mattress dug hard into the side of my face. I was drenched in the sickly-sweet sweat of my body purging a half dozen tequila sunrises and that nasty 7-Eleven tuna sandwich Kreamy treated me to when I returned to the venue late last night, looking a whole mess and blabbering about the end of the world.

My sarcophagus of a room was unchanged. The toddler-sized glass bong stood guard by the bedpost. A wilted houseplant and class folders I'd never read, filled with policy creeds defending America's role in various coups and foreign elections, spilled out of the trash can. Surely the nightmares my unconscious had manufactured were that and only that.

I sat up in bed and massaged my sore neck. The pounding in my head was impossible to ignore, but so, too, was the dread chomping at my heels, this pulsing fear that my memory would soon return and with it the damning truth. My phone showed a deluge of missed calls and text messages from Pheroza, which I read with difficulty, wincing at the bright light of my screen.

Qandul's in the ER.
She swallowed a full bottle of Ambien and had her stomach pumped.
You almost killed your own mother.
Was it worth it?
I hope you're happy.

My head throbbed, and my fingers wobbled with the dogged persistence of degenerative disease. *Which hospital,* I asked. *I can leave in like 10.*

I started packing a duffel bag, throwing in every item I might need at Qandul's bedside: a toothbrush, the Chomsky book I'd never returned to the library of the regional Occupy Wall Street installation, every other garment strewn haphazardly on the floor. Only once the adrenaline had worn my empty stomach to a pulp did I stop and check my phone again.

She doesn't want to see you, dipshit. You'll just make things worse.

I sat on the edge of my bed, grasping the duffel with both arms. I'd broken the one rule. There was no going back now. Qandul would never forgive me.

A knock thumped my bedroom door, and my housemate entered without waiting for a reply. He was beaming from cheek to cheek. It was almost summer, yet for some reason, he still insisted on wearing a puffer vest everywhere he went. I half choked just looking at him.

"Huge news, I can't hold it in anymore. So, you know how I go to those mixers for Democrat Leaders of Tomorrow?" He grinned with enthusiasm, and when he saw none in me, he continued, undeterred. "Well, last night, I was networking with this guy and, get this, he just casually mentions he's the great-nephew of Nancy Pelosi. Can you believe it?" Another pause.

Much like everyone else I'd had the misfortune of going to school with, the dude was truly insufferable. My entire cohort was composed of clout chasers like him, the kind of people who handed out business cards, referenced their families' art collection, and name-dropped stock portfolios. "Is that something to celebrate?" I stammered.

He swiped the wooden shelf of my bookcase with his index finger and glared at the streak of dust. "We had this fantastic conversation, and as luck would have it, he's in the District because he's on the hunt for a place to live in our area. Isn't that such an incredible coincidence?"

"Look, this is not a good time for me to chat." My phone buzzed again, and I scrambled for it, thinking it was Pheroza with an update. Maybe there'd been a mistake? Maybe she'd spoken too soon and Qandul did want to see me after all? Instead, the notification was a WhatsApp message from Yosra. I glanced back up at my housemate, his smile turned smug. "I really don't give a fuck about Nancy Pelosi."

"Anyway," he went on, an inflection of coldness seeping into his voice. "I told him to come by this weekend to check out your room. And I see you're cleaning it up already, which is good."

My hand fondled the zipper of my duffel as I stared down at the first few careful words in Yosra's message. After a beat, I looked up from my phone, startled. It took me a while to register what my housemate was insinuating. "What do you mean, check out my room?"

He adjusted his feet and rolled his neck. "School's over now, Delbar." He lingered on the vowels, as if congratulating himself for having ever accepted a living situation with someone like me, who could do nothing to advance his career. "You don't have to be here anymore." He interlaced his fingers the way news anchors and cucks do, before narrowing his eyes at the grimy bong on the floor. "Everyone knows you hate D.C. You never shut up about it. All you do is complain how we're all selling our souls to become agents of empire or whatever."

"Well, that is true."

"And you're late on rent. Again." The sigh he made was so loud it cut me off. His lip twitched. "It's just not a great vibe for a housemate, you know? The other guys and I spoke and, yeah." His ruthless State Department smile grew even more despotic whenever he spoke of the housemates in the third person. "We'd prefer someone more aligned with our values. The capital is the center of the free world. There are so many opportunities here for the right fit—"

"See, that's the problem with bootlickers like you. You're so scared of anything that might threaten your little White House internship, you lose sight of the real world." I was getting incensed, but I couldn't hold back, I couldn't help it. "This place isn't the center of *shit*. It's all fake, and you're so desperate for access, you can't even see past the marble."

"You're proving my point," he chided, but by then any window to negotiate had expired. "I think it's best if you clear out of here as soon as possible."

"Get the fuck out of my room."

I bent forward over the duffel, and its contents stabbed my abdomen. My head was thrashing, and I tried to knock the conversation out of my head. I lifted my legs and curved into the fetal position, my face pressed against the coarse bag, willing myself to be smaller, elsewhere.

A wave of nausea washed over me. Beside me on the bedspread, my phone was lighting up with further notifications. Yosra asked if I had read her messages. She said she was in an Uber to the airport. Was I coming with her to Istanbul? There was no mention of Qandul, except Yosra's avoidance confirmed what I already knew. She offered to take care of my flight with her frequent-flier miles if I agreed. But I had to decide now.

I clenched my eyelids shut, but the problems didn't go away. The tighter I squeezed them, and the rounder I made myself, the more the duffel bag compressed my lungs, asphyxiating me.

Disappearing my head in the sand would not save me this time. I enjoyed the drag bar, salvaging a kernel of authenticity and vigor from a godforsaken corner of this godforsaken country, but a part-time gig was no reason to stay put. I was stuck between a prison of my own perpetuity and the incivility of the suburbs. And yet, pearled inside this moment of crisis was an opportunity.

Yosra sent three question marks and an exclamation. I typed my reply, and then, reaching urgently for the trash can, I hurled the fishy contents of my stomach onto the policy briefs.

MANSUR

DECEMBER 2013
Tehran, Iran

I MANAGED ENOUGH CHANGE FOR THE FIRST MINIVAN HEADED EAST. THE adrenaline of getting Payam's phone number powered the engine of my journey home. It was no surprise that Hasib had left me behind. If anything, he and the other men were pleased to let me suffer.

What mattered was that I had connected with Payam. I didn't have to play any cruising games anymore. Payam's furtive smile and the few words I'd milked from him more than compensated for the lost sleep and the throbbing pain in my thigh, which was visible through a bleeding gash in my pants that caused the man next to me to take another seat. The attraction in me was mutually felt. Payam had shared his details. Knowing this, the minivan ride was bliss.

When I arrived home just before dawn, the gate rattled on its hinge but didn't give way to one firm push after another. I noticed a flimsy padlock on the handle, and after checking my pockets, I swore under my breath. The lockpick I'd brought in the event of this happening must have slipped out when I launched out of the car. I peered through the diamond-shaped fencing at our attic at the top of the stairs. This was the work of Schaesta Ama, though she never would have come all the way down to do it herself. Elaha had likely been recruited, however reluctantly. While Mādar was at work, Schaesta Ama would've forced her into the cold to teach me a lesson.

My breath was visible as smoke every time I exhaled. I cupped my hands and blew warm air into them, stretching the digits to try to offset their stiffness. Under different circumstances I might have scaled the fence, but my injury already made every step feel like a skewering; I couldn't imagine completing the maneuver without making it worse. The neighbors were up for the workday. One of them might call the police on me if they saw me try, though in the southern part of the city it often took several hours for anyone to show up, even during a real emergency. Still, I feared having the Iranian authorities called. I wandered over to the back lane and took a seat under the overhanging almond tree.

My calls to Elaha went unanswered. Either she was asleep or else she was forbidden to respond. The two or three people I might consider friends in Tehran, whom I'd met on work sites or online, didn't own cars, and in any case, they could offer no real help in my situation.

At first, I resisted the blue hue of my screen goading me to send the text. I wanted to flirt with Payam, to address my new lover in jest, but after a time, the freezing isolation forced me to surrender. I dialed the numbers on the sales receipt and waited. And waited some more. Nothing.

Eventually, after an hour, Mirwais, the tailor who lived downstairs, approached the gate on his way to his small shop on the main street and, scowling, unpicked the lock himself. I scrambled up to go meet him. "You Afghans only make life difficult for us. You think we don't have our own problems already in this country? Are you trying to make me late? If I lose any business, I expect you to pay up."

I stood at the grills and held firm the hollow bar of the gate. "My apologies, Mirwais jān. Never would I obstruct your good work. I'll speak to the others. It won't happen again."

An expletive-laden mumble was all he offered in response. I removed the lock and closed the gate behind me. In my palm, the open lock seemed so weak, yet it made clear that my worst fears had been realized.

I pocketed it and climbed the clay stairs carefully, though the damage was done by then. My attempt at discretion had failed. Only prayer could keep me company now.

When I opened the creaking front door, the first thing I saw was Mādar at the table in the center of the room, holding her head in her hands. It took a moment to make sense of everything, but when I did, the sights and sounds came crashing in like floodwater. Schaesta Ama hobbled back and forth behind Mādar, rapping her cane on the floor in a sort of ritual flagellation.

I only heard the tail end of her tirade, on our ungratefulness and our grave disrespect, the blemish we were on her brother's good name. Then Schaesta Ama caught sight of me.

"And here he is, the mordagau himself. Has us for fools, does he? The nerve! Is this a hotel, is it?" She shook her cane at me, holding herself steady as her white knuckles clenched the headrest of Mādar's chair. "We stay here all night while you go off with the city scum to do god knows what in secret. Is that our contract, is it? Well, I never agreed to such treachery. Not in my house. Not under the purview of Allah. Not after all we've done for you. Your mother breaks her back working all night and this is how you choose to repay us? Have you no shame, boy?"

Mādar tried to cut in, but her voice was drowned out. "Not just any old scum either. I saw those men you rode off with last night. You think I wouldn't recognize that car? I hear things. All kinds of things make their way to my ears. They are carnal. It's plain to me, or are you too stupid to realize? Now you come home reeking of cigarettes and liquor and sodomy. I've told you my limitations. I've made my position clear. All along you've refused these good Muslim girls we offer you, and for whom? For them? You think your ama is crazy, but not this time."

Again, Mādar tried to raise her voice, gazing at me across the room with shattered glass in the corners of her eyes, but the indictment from Schaesta Ama was too strong. "This is not your home anymore; do you hear me? Don't ever come back here. You've cursed this house. And if anyone asks, tell them you chose this shameful path yourself. Get your stuff and go. Leave."

"Tsk, Schaesta please," came Mādar's voice at last. Heavy breaths rasped from her chest as though she were fresh from exercise. I hadn't seen her so broken since Baba's death at the border, when she'd finally accepted that we would need to head on into Iran without a body.

"If you don't like it, you and your son can leave my house together."

Mādar continued, pleading, "Maybe he has some other explanation. Give him a chance. Don't force him out without letting him tell us why he was gone. I'm sure there's good reason."

Both of their faces turned like fishing hooks toward me, and with my back against the front door, I saw a third set of eyes peer out from the next room—Elaha's, scuffed with a worry far exceeding her age. All that was left of my heart took flight, and following suit, I did too.

I HAVE SHUFFLED THAT MOMENT in my memory a thousand times, scraping out new possibilities each time. I might have denied affiliation with Hasib and the wretched company he kept or invented the urgent rescue of someone in need, an Afghan coworker perhaps, or an orphan or a widow. Yet I feared a further misstep might endanger the home of Mādar and Elaha. If needed, I could make a bed under a bridge somewhere and bet on staying safe for the night. I could work for a meal. I didn't need to see a doctor, and my body had the muscles of labor to bear the cold. That wasn't the case with Mādar, and I certainly couldn't risk exposing Elaha to any calamity. These were my consequences to inhabit, my own desire to own. So instead of begging for forgiveness, I met my small opportunity for redemption with silence and red-faced retreat.

If I knew that these would be my last moments with my mother and sister, would I have acted differently? Was there another world where I had fought harder for my right to stay?

As it happened, Payam did read my messages. He came directly from the north with his day driver and collected me from beneath the naked almond tree. Through the haze of my grief, I must have looked mad blinking as many times as I did to ensure it was really him, as if the winged Buraq had descended at my feet the way he'd once come to Earth to transport the

Prophet Muhammad from Mecca to Jerusalem and onto Jannah to greet Allah. I carried only the Levi's jacket on my back and whatever clothes and documents I'd been able to stuff inside my satchel. Amid the prodding of Schaesta Ama, I barely had time to hold a trembling Elaha to my chest and tell her I loved her, that I would be back for her, that I would pay her way to Europe as I'd always promised.

Payam was more fluent than I was in the underground codes of the city. He suggested a spa that serviced a male clientele. I considered the proposal. I'd never been to a spa before. I gazed down at my torn pants, the only ones I owned. It made me nervous to think of displaying an open wound among people I didn't know so well. "Maybe there is somewhere else less fancy?" I feared he could see me blush. "I didn't think to bring a towel or swimming trunks."

A flash of hesitation passed across his face. "It's a spa, they provide everything for you." Then, after a pause, he went on. "But of course. Anywhere you wish. I have soccer practice in a few hours, but until that, we have many other options." There was his smile again, thawing me.

In the end, the driver pulled into the parking lot of one of the big towers I'd only ever seen from afar, and inside, on the seventh floor, we entered a hookah lounge where almost every table was occupied, even though it was still early in the morning. A security guard exchanged a glance with Payam and then shifted aside to let us in.

As soon as we sat in one of the available seats by the tall window, Payam took my hand and smiled. The hairs on the back of my arm grew stiff. A person who had just entered the bathroom came out wearing clothes of another gender. My eyes scanned the lounge, and I must have seemed on edge, because Payam laughed in response, squeezing my elbow. He explained that this was a place where you could be yourself, no matter who you were. I began to notice other people at the tables around us, older women with short hair shaved even shorter at the back and young transsexuals with sock-filled bras. One man handed a hookah pipe to another, who suggestively used the plastic tip to expose his pink gums. It was a carnival for my senses. Payam's plump lips casually found mine and he addressed me in warm whispers mid-kiss. My heart rate shot up, and I grew dizzy from all that distance between me and the ground. I fingered the silver jewel at the onset of his jaw.

I spoke of my sister and Payam of his grandfather, whose path in engineering he intended to follow. His real passion was poetry, he said, that great distillation of meaning. Numbers and chemical equations were methodological. It was the complex imagery evoked by the famous Persian poets that really challenged him. One day, once he was stable on his feet and he had a proper home to call his own, he'd spend all his days reading poems and unlocking their meaning.

"I want to share that future with you," I said. A feeling of heat spread over my cheeks. I'd never spoken a more devastating truth before. It wasn't such a fanciful dream, was it? Whole marriages were dreamed up and consummated between greater strangers. "If you'll have me."

At this, the corners of his closed mouth grew in length. I searched the grooves of his lips for a promise. "I hope we live long enough to witness that day, but Mansur, I have to ask, where will you go now?" When our gazes interlaced, a pall had crept across his face. "If it's true that you cannot return home to the south without risk to your family, what is your plan now?"

I clenched my eyes. I never wanted this fantasy of forever to expire. I couldn't accept the thought of the electric charge traveling down my forearm and into my fingers, into his, burning out already. I would do anything to extend that moment. Just today a cubicle had lifted me seven floors into the sky, where I had finally embraced the boy of my dreams. Nothing was impossible.

A lyric from "Behesht," the Googoosh song playing in Payam's car when we met, trickled into my mind. *I don't know, but maybe even heaven isn't big enough for both of us.* I relayed the lyric and watched his expression buckle in recognition. He rested his forehead against mine, and a faint groan leaked out of him. I had no answer to share. I had only this, the fidelity of my heart.

Finally, we detached our foreheads. He unclasped his hand from mine and stood up resolutely. It was time to leave the venue in order for him to make it to soccer practice on time. His smile now held sadness, and pity, too. He breathed as if with constricted lungs.

The driver was waiting in the same spot where we had left him. He was leaning on the hood of the car, a mound of pumpkin seed shells surrounding his black dress shoes.

"Payam," I whispered. The car had begun to drive, but its destination wasn't clear. I didn't recognize this part of the city at all. Without the driver noticing, his fingers slid over and gripped the stitching on my inner thigh. The voltage of his touch surged through my veins. It was the closest to orgasm we'd ever come. "Where do you live? Could I come stay with you?"

My tone faltered as I read the muddy expression on his face. "Mansur, this city is fine for people like us if you've got a bit of money. If I get arrested, my parents will buy my way out. They don't agree with how I live, but they will make sure I have the freedom to do what I want. You understand? If I can't find a job, my parents will find one for me." After a pause, in a considerably quieter voice, he added, "I don't know what is possible here for someone like you."

The driver's eyes darted back at us from the rearview when Payam switched to the middle seat. He had another idea. Had I considered Istanbul? It was a better life in Turkey, he said. He knew people there, good friends, Iranians who could help me land on my feet and connect me to resources for refugees. It was easier for Afghans to apply for asylum on humanitarian grounds. In the pocket of my jacket, I fingered the cold grooves of the padlock as if they were prayer beads. Payam leaned forward on his seat and told the driver to take us to the main train station.

Suddenly, the big metal cranes visible in the distance and the radio segment about Rouhani's nuclear talks sounded the same volume, both blaring at my ears and only getting closer.

"Let me pay for your smuggler there. Please, I can arrange it for you."

The seat belt bladed the side of my neck, and my legs cramped as I attempted to massage my injury, which at least had finally stopped bleeding. Outside, the passing sky in my vision grew narrow and waterlogged. I had heard of people making the smuggled journey to Europe, but the thought hatched a bewildering terror in me. Istanbul was more than a thousand miles away from everyone I knew. Could I make it? And even if I did, what next? Would I ever come back?

"Payam," my voice was almost inaudible, a husk of its normal resonance, "I can't accept such—"

"Just go. There's nothing for you here." He softened, his voice no louder than a murmur.

I passed the padlock over my lap and pressed it into Payam's sweaty palm. He received it and squeezed my hand hard. I wished I had something more to give to him, something commensurate. Except I had nothing left of value. No one else could accompany me now.

As the station came into view, Payam withdrew several items from the cloth bag he'd brought with him and handed the bag to me. He was sorry for having so little to impart to me for the long journey ahead. He hadn't expected any of this, our meeting at the roundabout, the flurry of panicked text messages I'd sent that morning, or this sudden reluctant bid of mine for Istanbul. Buried in his apology was a sorrow, one of good seed that doesn't take in bad soil.

The flash of Payam's earring—the promise it dangled before me and then snatched away in the very same breath—was the last I saw of Tehran before the midday train departed.

PART TWO

DELBAR

MAY 2015
Istanbul, Turkey

"HE'S ALREADY AWAKE, DARYA, I'M TELLING YOU."

"How do you know for sure? He's not moving. If Mom finds out . . ."

I rubbed sleep from my eyes and pulled the blanket over my head, grasping for memories to acquaint myself with my surroundings, as I'd done the last three mornings. My dreams were riddled with visions of Tom Hanks's blood-soaked volleyball and hissing steam engine demons.

The door creaked open, and I heard the pitter-patter of feet plodding toward me like sparrows hopping closer to pastry crumbs. I sensed light on my eyelids, and I muffled a groan.

One of them stepped on the plastic wrapper of a cake I'd foraged from the kitchen. I'd taken to tiptoeing around the house at night in an effort to stretch my legs while fastidiously avoiding any social interactions. The two girls giggled behind pinched lips and then hushed each other.

My cousins had been patient enough with me, no easy task for a twelve- and a nine-year-old. Though I wanted to keep them at bay, this was their home after all, and I was their entertainment.

"Come in," I grumbled.

"See, I told you he was awake," boasted the youngest, Nafas, inflating her chest.

Her sister, Darya, squinted her eyes at my detritus from the last four days—half-drunk cups of tea, small Styrofoam trays with emptied peanut shells, and the yogurt tub I'd wiped clean with my finger—which covered the floor of the atrium. She was shaking her head.

"Our mom said we're not supposed to ruin your sleep." Darya, the eldest, planted herself on the futon beside my legs. "She said you were sick on the plane, except it might be in your head."

"But he's awake already and he's not vomiting anymore, so it doesn't matter," said Nafas. "See?" She pointed to my face, and I blinked twice.

"It's fine. I'm awake now," I said. I tried to rearrange myself but soon found that I was pinned in place beneath Darya's weight and the thin blanket her body held taut over mine.

"Are you sad your mom was in the hospital?" Nafas asked. Even in the morning light, the brown gossamer of her face gleamed, and her voice—a jumble of intonations from her first years in America, her local Turkish friends, and the international school which was only a bus ride away—rang clear and true, empty of all malice or regret.

Darya groaned and slapped her sister lightly on the arm. "You can't just ask someone that, Nafas. He probably feels bad about it. Don't you, Delbar?" Nafas rubbed her arm and then dropped to the ground to reach around beneath the futon's suede underbelly.

I cleared my throat. "That's a hard question to answer." The last I'd heard of Qandul, by way of Pheroza, she'd been discharged from the hospital. Just thinking of her turned my stomach, blanching my cheeks with the shame of that night. I wrestled with the idea of reaching out to inquire after her health but thought better of it. *You'll just make things worse*. Perhaps Pheroza was right about that. I didn't need to be berated, nor did I wish to wallow in guilt or atonement.

For many years, I'd assessed my sexuality from a scientific viewpoint. I researched lobotomies, conversion programs, electroshock therapies. I fixated on finding a way to expel the parasite, and after reluctantly acknowledging that there was no empirical troubleshooting to be done, I'd resolved to go in the opposite direction, to anti-fixate, to atrophy the part of my brain that wanted to address the problem at all. In avoidance and deflection, I'd found salvation.

"Our mom said we weren't allowed to ask what happened to your mom."

"Okay then," I said. "She probably said that for a good reason." I wasn't sure what they'd been told. What information could explain why their American cousin had randomly moved in?

"Found it!" said Nafas. She shook her sister and revealed a Tinker Bell figurine, with kaleidoscopic wings that lent any character the ability to fly. Darya brushed her sister away, but the hand on her side was insistent.

"Leave me alone, I'm talking," she said to Nafas, a rebuke I was sure she'd heard her mother make before. All I could muster was a pained exhale.

"Our art teacher at school is gay, too. Did you know that? He's called Mr. Cenk. He lets us play the best theater games in class."

The atrium suddenly felt very small, and I glanced over at the door that led out to the balcony. "Is he really?"

She nodded. "Our mom said she doesn't know how long you'll stay but maybe if you're here when school starts again you can meet him. He let me be the emcee for the talent show last year. Not just for the kids in my grade. For the whole school. There were like thirty acts."

The corner of Nafas's mouth was cocked to one side, and she rolled her eyes at her sister. "It wasn't just you, Darya. You emceed with Eda."

"Yeah, but I was the main one."

Nafas left the room with her toy, and seeing her go, Darya flared her nostrils. She launched off the futon in pursuit, leaving the door wide open.

On the plane to Istanbul and ever since, I had tried to gauge what Yosra might have told her daughters ahead of my arrival. I didn't know how much had gotten out or to whom. What fantasies of family and community did Yosra want to preserve in her children's minds?

I found Yosra in the kitchen, where she'd prepared a selection of small dishes: cucumbers, French toast, wrinkled olives, sausage, scrambled eggs, honey, sliced tomato.

"Take these out to the balcony, will you?" She handed me a silver tray on which I stacked the plates. "The coffee and tea are almost ready. Which do you prefer?"

"Coffee, please."

The sides of Yosra's mouth smoothed into a smile. "I was the same when I first moved to Turkey. Trust me, that will change before long."

Outside, I scanned the buildings beneath Yosra's apartment. The balcony faced out over burnt orange rooftops cobbled together by welding and tarpaulin at the seams. A peddler was weaving between them with a cart, chanting a strange hymn, presumably to attract attention and sell his wares. With the clotheshorse disassembled, there was just enough room on the balcony to fit a handful of stools and a square wicker table. Nafas slid onto an empty seat. She was lighter skinned and considerably smaller than her older sister, her round face framed by neat strands of hair. She poured her glass of ayran heavy-handedly and some of it spilled over the side.

"Do you like to play dress-ups?"

"Sure," I responded.

"Good. Our dad never used to let us put him in dresses or paint his nails and that sucked, because why would you say you're going to play dress-ups with us if you're only going to wear men's clothes? That's not playing dress-ups, then, is it? That's just putting on another outfit."

I smiled, despite myself, and then grimaced. Oh, the hours I'd spent as a kid ransacking Qandul's closet, stroking the soft fabric of her dresses against the thin skin of my cheeks. Thankfully I was never caught, though—I felt a dull ache between my ribs—it seemed that I finally had been, after all. I thought again of Qandul, the expression of disbelief on her face at the party, what she must have thought waking up in that hospital room.

Darya plonked onto the stool beside her sister, leaving the dubbed-over animations blaring a carnivalesque Turkish from the living room. I could only catch scraps of meaning here and there, the residue of past visits or traded across the borders from Farsi.

"I asked Delbar if he likes to play dress-up and he said he'd let us dress him up as a girl."

"Just because someone is gay doesn't mean they want to dress up as a girl, Nafas," retorted Darya, using a napkin to sop up the ayran dripping from her sister's place mat. "There's a difference between gender and sexuality. You wouldn't know that because you're only nine."

The heat from the morning was already grilling my forehead. I adjusted my ample legs and accidentally knocked the corner of the table and then the loose feet of my cousins. Both of them stared at me. "Hey girls," I asked, "can we stop talking about gender and sexuality?"

"I'm nine and a half, Darya," said Nafas, crossing her arms.

Darya left her seat and came up beside mine. "No one's going to hurt you, okay? If you want, maybe we can bake some cinnamon scrolls together? I have recipes on my Kindle."

"No, Darya," said Nafas, standing up to join her sister. "First we're going to the park and I'm showing him the pink roller skates Dad got me." She grabbed my wrist and tugged me away from the table.

"Wait a minute, we haven't had breakfast. What about all this food?"

Darya locked eyes with me, and her mouth curled into a mischievous smile. She dashed inside, followed by Nafas, laughing in unison.

I dipped my finger in honey and enjoyed the stillness: that white minaret, the elevation, a black cat tracing the labyrinth of connected roofs.

Ever since I was young, the emotional world of children had troubled me. Observing my cousins elbow deep in mud or soggy socked in the snow felt like an episode of *Animal Planet*. Always so loud upon congregation, brawling on the ground at every disagreement. I'd preferred to play inside where it was clean and warm and quiet, where I was free to carve out my own grand storylines from anthropomorphic mopheads and sewing thimbles, riffing on the highly detailed domestic dramas in Qandul's Turkish soap operas and our pirated Bollywood DVDs.

Yosra appeared in the doorway, her girls trailing shortly behind her, startling me back into the present. She sat in the shadows under the eave, and the edges of her bright hair that did catch the sunlight shone like iridescent oyster shells.

"Mom, can we take Delbar to the park? I want to show him my new roller skates."

Yosra smiled over the rim of her hourglass-shaped tea glass. "No, bachem, not today. I'm taking Delbar to see the campus. Your baba is picking you up in a couple of minutes. There'll be plenty of opportunities to show your cousin around when I'm at work." She winked at me, and her eyes flickered down at the modest watch strapped around her wrist.

I nodded. "Are you sure you want me to come to campus with you? I'm still tired and—"

"Of course, bachem. It'll be fun."

Yosra was the original family pariah—opinionated, defiant, unapologetic—so to hear her use the same term of endearment with me that she used for her daughters made me to blush.

She tried to wheedle the last sliver of a cucumber into Nafas's teeth-clenched mouth and then gave up, stacking the little plates in an uneven pile as she got up to leave. "Omar will be here soon. If we're still in the shower, open the door for him, will you? I'm not sure he knows you're in Istanbul, but I'm sure he'll be happy to see you."

The mention of Yosra's ex-husband gave me pause. I didn't want to assume he held backward thoughts just because he was a straight Afghan man of that generation—unlike others, Omar had never said anything to or around me about gay people—and yet my body tensed.

I brought the dishes to the kitchen, and as I washed them, I racked my brain for excuses. I had only just begun to adjust to the sandbag of the apartment, and I'd convinced myself that if I didn't spend what little money I did have, I could prolong this castaway fantasy ad infinitum. I was nearly done drying the final dish when I heard the heavy turn of the key in the front door. I slung the rag over my shoulder and peered out into the hallway.

"Delbar!"

Hearing Omar's booming voice, I knew instantly that the scandal back home had not yet reached him. His shaded Ray-Bans were slid down the spire of his nose, and his chest was so broad it encompassed the doorway. Nafas rushed out into the foyer, and around the buzzing of her head, Omar shook my hand, a gesture which soon became a warm embrace as he tousled my hair, looked me over, hugged me once more, and then rested his knuckles on the side of his belt.

"I didn't realize you were visiting Istanbul this summer. You should've told me. When did you get here? How is your mother? The family?" He bent down with a fuss to tie Nafas's laces, and I noticed he was now navigating a belly that hadn't been there the last time I'd seen him.

My knees almost surrendered, and I leaned my open palm on the doorjamb to steady myself. "Everything is fine. Everyone is good. Yeah, it was super spur of the moment. It took everyone by surprise. Yosra is just finishing up in the shower, I think."

Shifting feet, I glanced toward Yosra's room, unsure whether to let him farther inside.

"I look away for one minute and you grow into a whole man without any warning. You must be in your final years of college by now? About time you found yourself a wife. Or maybe I'm not caught up?" He broke into laughter and then continued, slapping my arm. "Maybe one of these Turkish girls, eh? Plenty of pious ones to pick. Real good crop here. Take it from me, they are clean slates. Pure as they get. And they go crazy for a guy with American dollars. Trust me."

My shoulder blade rolled back along its socket, the familiar assault of compulsory heterosexuality hitting me at full velocity. "Yes, I mean, well, sort of. I'm done with classes now, and it looks like I won't make it back to America for the graduation ceremony."

He clasped my biceps and squeezed it. "More fun to be had here. Enjoy the break away from your mother's eagle eye. Your dad and I keep missing each other's calls. Naṣīb-e mà nashod. If you speak to him first, tell him I'll be in touch as soon as I get back to the States, bakhair."

I nodded, though it had been years since I'd spoken to my father. He'd left Qandul ten years ago for an American woman who'd hailed his taxi to the airport. Since then, he'd birthed new children with Cindy and even adopted her name. My former baba, Waleed, sent Pheroza and me invitations for the wedding of a man named Walter, which Qandul intercepted and declined on our behalf. Still, he called sometimes, his porcelain-faced kids bleating in the background, but in truth, the further entrenched he became there, the more he strayed from us. At least someone was in touch with him.

Nafas was towing her father by the arm through the open door, and as if in answer to my unspoken pleas, Darya entered the foyer, stuffing yet another book into her messenger bag. A few steps behind her came Yosra, her wet hair tied in a braid draped over one side of her chest.

Immediately, the pressure of Omar's grip on my arm eased up. His spine stiffened, and now he was the one with his hand placed awkwardly along the doorjamb. Then his attention switched to helping Darya into her Vans. I wondered if he knew they were old enough to do it themselves.

"Hope to see you again before you leave, Delbar," Omar said on the verge of his exit, his voice bristling. He nodded to me, then to Yosra, before grabbing Darya's and Nafas's hands and leading them away. Yosra waited a beat, allowing the girls' buoyant voices to grow distant in the stairwell, before turning to me with a narrow smile, her elbows hugging the sides of her hips and her chin a touch higher than usual.

"Thirteen years," she said. "Can you believe it?"

ON THE DRIVE TO THE university, Yosra fiddled with the radio to find a nonlocal channel.

"Anything is fine, I don't mind Turkish. I want to learn it while I'm here." I paused, considering how far to test our arrangement. "Especially if I end up staying for a while."

"Good. I can help you practice," she said, tapping on the machine as the radio landed on a channel she'd already decided against. "Stay as long as you need."

I sighed in relief as she pulled back into her seat and adjusted her thick-framed glasses. A car swerved to overtake us. The roads were compact here, as were all the vehicles navigating them.

After a pause, Yosra spoke over the sound. "He always gets like that now. Omar. He travels a lot for his business, and whenever he's back in Turkey, he'll message me out of the blue that he wants to see his girls immediately. It's always his kids, never ours. God forbid he mention them by name. I swear, I've tried my best to keep things cordial."

"So divorce didn't make you hate him?"

The car next to Yosra beeped, and she smirked. "That's what everyone seems to think. It's a very old-fashioned attitude, you know. Sometimes people just grow apart, especially after all those years. He'd go on his work trips, and I realized I was happier alone. I would count down until I got the bed to myself again. Anyway, it's easier to clean up after two children than three."

"I guess you're right, people can change."

She hummed. "The worst part is that you don't really take stock of how much change has happened until it ends. Both of us were different people, we just didn't know it yet."

The broadcast of a government speech began to play, and Yosra lowered her ear. When it ended, I asked her what the recording was about.

Yosra combed her fingers through her hair. "There are big elections coming up. Maybe you've seen the colored banners everywhere?" She didn't wait for an answer. "Some reports are saying the AKP—I mean, Erdoğan's party—might lose a lot of seats, which would be major. The guy's been in power since 2003." She arched her back over the steering wheel. "I teach a course on the history of post-Ottoman Turkish nationalism, and the way his government is headed, I just—" She stopped midsentence. "In any case, let's hope we have nothing to worry about."

"It can't possibly be worse than nationalism in America, can it?" I said with a sneer. "Because I know a sovereign people hates to see our stars and stripes appear on their horizon."

She half laughed, her eyes still glued to the road. "You might be surprised. American interests don't always show up in American clothing. Have you heard the name Tansu Çiller?"

I shook my head.

"Turkey's first female head of state. Decades ahead of the rest of the world." She exhaled through her nose and went on, slowing at a red light. "Çiller convinced Clinton to classify the Kurdish electoral party as terrorists, which cast this whole new lens on their freedom struggle. If the Kurds spoke their Kurdish languages, terrorism. If they resisted displacement, terrorism."

She cleared her throat. "I've found a certain kinship with the Kurds here," her voice less commanding now. "It's easier for me to be vocal about their persecution," she explained, pulling off the gas. "There's critical distance. It doesn't overwhelm me with memories and despair."

Soon, Yosra's car reached the large white structure of a security gate. Young people spilled off the wide berths of sidewalks in groups of two or three, blowing into keep-cups and sporting Fjällräven Kånken backpacks. As the tinted booth raised the barrier, a striking vista of blue sea came into focus, opening like a tongue the farther down the slope we drove.

"I thought you might like to meet this group of student activists on campus. Direct action, organizing campaigns, stuff like that. It's not many of us, but they're smart and forward thinking."

Nothing sounded worse than the scrutiny of a close-knit group of new people. My fingers crept onto the windowsill. "It's just that, I'm not feeling social today. I'm still quite ill and—"

"You don't have to say anything. It'll be a lot of other people talking."

"Well, the other thing is, I know you've taught me some words, but I don't feel I'd be able to decode enough Turkish to make sense out of what people are saying, especially not fast-paced."

"You'll be happy to hear that it's an English-speaking college, then. Did you really think I was lecturing university students in Turkish all this time?" Yosra wound the car into an empty parking spot behind a tall sandstone building and switched off the ignition.

I sank farther into my seat, aware that my avenues for escape were shrinking. "Perhaps I can wander around the campus and meet you for lunch after your meeting is done?"

She applied a coat of dark purple lipstick in her visor mirror. "Bachem, listen," she said, after a pause, one step ahead of me. "I won't force you to come. But staying home and feeling sorry for yourself is not good. Trust me, I tried it during the divorce. If you're anything like me, it'll help to throw yourself at something new. Fresh energy. Keep your mind off the gossip back home. Let the aunties talk their talk or, better yet, give them a reason to eat their words once they hear how well you're doing."

She placed her hand lightly onto mine. Sweat was beginning to moisten my tight-fisted grip. I twisted my neck up to face her, and begrudgingly I accepted her patient smile.

...

AFTER THE COLLEGE GREEN, WE took a set of stairs and then another until we arrived at a basement hall where dozens of people scurried to and fro. A hipster with dangly earrings and a mustache restocked leaflets at a booth, and a set of women—some in hijab, some not—were crouched shoulder to shoulder over some signs. At the front, where the circle of chairs faced, a man with more salt than pepper in his beard squinted at the blank screen with a remote in his hand until a presentation appeared, and the room eventually hushed to a lull. Yosra's hair glowed under the light, and beside her, I felt sheltered, accountable at least to one person.

Over the next two hours, several groups shared reports. The women with signs spoke of a recent march, pointing to rips in the paper stock, though their frequent reversions to Turkish made the specifics difficult to parse. A student documented unsuccessful efforts to legally address the president's influence over the selection of the university's rector, and finally, a short man with a scarred cheek shuffled to the podium. The man carried no papers and all the chitchat chilled when he gazed out. He'd just returned from a town in northern Aleppo, he said, a Syrian region with a high Kurdish population. Our news segments were not to be trusted. Tanks were arriving there by the day, shooting indiscriminately, building forces and flying the Turkish flag.

I didn't know what to make of the speakers. Gun violence and militarism were par for the course where I'd grown up. Americans didn't need an army tank to shoot people. In any case, I admired the comradery on display. A couple seats away, a man's arm was wrapped around the back of another guy's chair, and when I examined them closer, I noticed that he was fondling the edges of his hairline. Such a small gesture, unremarkable to anyone else in the room, yet it lifted a veil of heavy tears to my eyes. I tucked my face into my armpit and brushed them away.

It was only a few weeks ago that I was completing my final credits at a campus not unlike this one. Though I'd never concealed my queerness from friends in college, I'd refrained from affiliating myself with the gay group. I wanted to be neither in nor out, to abscond from the whole thing.

Why couldn't I do both? I fucked who I desired, danced when I wanted to, and confided in those I trusted. Why did the burden of disclosure rest with me?

The only explicitly white guy in the room kept staring across the circle at Yosra and me, angling his nose as if trying to catch our attention. He looked only slightly older than me, with origins in northern Europe, betrayed by eyebrows a shade lighter than the hair on his scalp. I stole glances at his Doc Martens and, once or twice, I thought I saw the corner of his mouth flicker into a smile. It made me want to smile too. His features were striking in this context, and the near-transparent pale of his skin set him apart in a way that his assured demeanor did not.

I was careful to avoid eye contact lest he smirk flirtatiously my way or offer me a gay nod in solidarity. I blinked along to the speaker more vigorously, as if my engagement could dispel any suggestion that I, too, was an outsider, when the mood of the room around me grew restless.

A touch rapped my elbow. "Come, there's someone I want you to meet."

Bodies streamed from their seats as students broke into smaller units, corralling me on the floor like flotsam. Yosra took my arm and guided me through the sea of students. The hall's doors were thrown open as students flooded out and the searing midday light bladed inside.

"Delbar, this is Leif. He runs an aid program for gay refugees, isn't that right?" I yanked my head forward and came face-to-face with the stranger who'd been smiling gingerly at us.

"For queer and transgender refugees, ja," Leif said lightly, correcting Yosra while his gaze stayed set upon me, still marked with that same penetrating smile. He was shorter than I'd expected but steely built, as formidably muscular as a greyhound. He smiled wryly and shook my hand, lingering on it for a second while he slung his backpack up and around his other arm.

"My nephew from America is staying with us for the next little while." I braced myself for whatever blow of identification was coming next, but thankfully, Yosra stopped there. She stood to the side gushing up at me instead, waiting for me to take the reins.

"The program sounds cool," I said after a pause, squeezing the webbed skin beside my thumb. "I've done some organizing for refugee advocacy before, mostly anti-war stuff."

He shifted slightly on the spot, broadening his stance. "Ach so, this is the other side of that. Istanbul is where the people displaced by all the wars end up. They're in limbo here for years, sometimes, waiting for their humanitarian asylum claims to get processed by the UNHCR."

A woman had taken Yosra aside, and from my periphery I saw her get swallowed into an adjacent group of students. I swayed on one foot, feeling dumb for wanting this man to like me.

"I see." The blue marbles of his eyes were beguiling, though part of me found it pathetic that the first stranger I'd spoken to in Turkey was this Anderson Cooper–looking dude. He pushed his glasses up the bridge of his nose. "Do you help them with settling in here?"

He laughed, and a grainy timbre entered the pitch of his voice. "Ja, something like that. Most don't want to stay. They prefer to go to Europe or Canada. Unfortunately, there are very few opportunities for refugees here, especially the queer and trans ones. PeaceMeals is more like a community for them. My contacts in the Red Crescent refer candidates to us, and we use the funding we can secure to run these free dinners every week. It minimizes their social isolation."

The name sounded ridiculous. Of course it was some white European dude thinking he could make peace in the Middle East by feeding people once a week. Yet, I couldn't deny that he had captured my attention. Maybe this was a chance for me to do something more with my politics and free time than mediate fights in Facebook groups? "Is there a way I could help?" The words poured out and hung there, trapped, like me, in the steady stare of his eyes. I was floundering for solid ground. "With the program, I mean. I don't know if you need volunteers or anything."

He leaned back and slanted his head a little. His mouth bent to one side, and though I could tell he was still sizing me up, somehow I knew he was going to accept the offer. "Come by on Friday. We can always use another set of hands with cleanup and admin. You might even be able to intern with us, if you like what you see." He reached around into the front pocket of his backpack and withdrew a business card, onto which he scrawled an address in neat block letters.

When Leif excused himself for some important meeting, I rubbed my thumb along the starchy white card. Yosra was right. It wasn't wise for me to idle in a pit of regret. I would have to leave her apartment on my own eventually, and then what? Yes, the name of the program made me cringe, but this was an invitation to finally dig my teeth into the real world.

My introductory forays outside hadn't caused any grievous bodily harm. I was okay. Better than okay, I had a plan on Friday. I'd made a connection. There were people I didn't know here, programs I never knew existed. This place wasn't my home yet, but one day, it might be.

MANSUR

FEBRUARY 2014
Istanbul, Turkey

THE CASEWORKER TAPPED THE ASH FROM HER CIGARETTE ONTO MY IMMIgration papers and then swept it away with the side of her hand, her mobile phone balanced against her ear. At first, I thought the call was regarding my case. Maybe she was asking someone for help. Maybe one of the answers I provided for my registration was wrong or incomplete. I could be patient. I kept my hands in my lap and my eyes on the floor. Then I heard her say other names. Something something *Mustafa* something. The woman laughed. She twisted a strand of hair around her index finger and then tucked it behind her ear. *Mehmet Mehmet* so-and-so. She shook her head, uncrossed her legs. Those names had nothing to do with me.

All of this was unfamiliar: the language, the country, its people. When I was a child in Afghanistan, I thought my country was fucked up because of the Americans, because of the Taliban, because of the war, but in Iran, it was more of the same. Within seconds, people in Tehran detected our accent and the rustier shade of our skin, though at least there were no bored American soldiers to avoid. Every day was focused on survival: fix the leaking roof, repay the tailor, go to the pharmacy for Schaesta Ama's medicine, then another pharmacy because the drug supply was low, beg for leniency on the past-due rent, keep waiting to get paid.

Now, I had finally made it to Turkey, to its biggest city, to this place Payam had promised would offer opportunity and a better life for someone like me. Once again, I was the powerless one with my palm outstretched, begging the fortunate for meager assistance.

I slowed my breath and tried to ignore the caseworker's chatter. My eyes wandered to the map of Turkey hung proudly on the wall behind her desk. I didn't recognize most of the cities and towns, yet I must have passed by some of them on the way across. I remembered the journey more for the weeks of hunger, the bony bodies huddled behind suitcases in the hull of passenger buses, the cold wind of the freight train, and the long nights on foot with men—Sudanese, Syrians, Iraqis, other Afghans—generous enough to share whatever they still had left: sunflower seeds and raisins and stale bread. At some point I became a refugee, which is what they started calling me here. We were Afghans in Iran, or donkeys, depending on who you asked. This time it was different, worse. Now I was alone. It had been exactly two months, I counted, since the last time I'd held Mādar and Elaha—the longest I had ever spent apart from them in my life.

The map skirted the side edges of Georgia, Armenia, and Iran, and the northern tips of Iraq and Syria, but it cut off before Afghanistan. It gave much more space to Greece and Bulgaria in the east, where the spoils of Europe began, this sanctuary all the men I was smuggled here with dreamed about. I couldn't bear to think of traveling any farther north.

Every promise of safety had come at a price. I'd lost my father to a sniper on the journey from Afghanistan. I'd sacrificed my mother and Elaha to come to Turkey, and though it was for their own protection, the pain of our separation was no easier to handle. What else did I own to give up now? I had nothing left in my possession but the clothes on my back.

What more could these borders take from me?

"Are you listen?" The caseworker was clicking her nails over her keyboard. "I'm asking you a question. Is safe now to go back to Iran or Afghanistan? You want go back?"

Payam had connected me to an Iranian friend of his who now lived in

Istanbul. His name was Sepehr. *He will help you*, Payam had told me over WhatsApp, *I've told him to expect your message.* Sepehr had counseled me on what to anticipate. He warned me about the questions they ask to trick you. *They want you to agree to leave the country*, he'd said.

"I cannot go back. They will kill me if I go back."

The caseworker rolled her eyes and typed into her computer. "You are real gay, or no?"

I felt the woman's suspicion was unkind for no reason. Sepehr had emphasized that I was to enthusiastically agree that I was gay. I didn't feel enthusiastic about the word, but I nodded.

"You sure you born Afghanistan?" She leaned over the desk and tensed her eyelids. "Lot of refugees come here and say they Afghan. Bring fake papers even." With two fingers, she flicked the stapled pages in front of her. They landed a few inches away. "Big trouble if you lie to me."

"Yes, hanımefendi, I am Afghan. My documents are real."

She stared at me in silence. I was forced to travel two hours to reach her office, and after weeks of this, I was still feeling small whenever I saw her. Each time I attended my appointment, she acted like we had never met. She asked the same questions, and I gave her the same answers. I wasn't sure if she really didn't remember me, or if she didn't want to.

Then a phone rang, this time her landline. She shoved my file across the desk, and jerked me away like she was swatting a fly.

I had never heard of an Iranian pretending to be Afghan to fast-forward their case before. Sepehr referenced the same thing to me the first time we met, just over a month ago when I first arrived on the outskirts of Istanbul by bus. He treated me to a meal, thick slices of shaved meat drenched in a soup of boiled tomato sauce, which I learned they called İskender kebap here. I must have looked mad the way I sopped up the dried red paste on the plate with my finger.

"You're lucky," he'd said, tenting his napkin over his unfinished meal. "My big regret is that I told the truth to the immigration office when I arrived. I should've lied. I should've said I was Afghan. I speak Farsi and everything. Stupid me. I'd already be in Europe by now."

He told me Afghans got special treatment because of the situation in my country. He kept talking, but I tuned him out. *Yes*, people fled Afghanistan the way blood sheds on all sides of a wound. They left because the conditions became unbearable. It wasn't our luck that there were no good jobs, no working schools in some regions, and bombings that razed entire villages. It hurt to hear him speak this callously of my homeland. I'd once knocked a school friend to the ground for bad-mouthing Schaesta Ama. She was cruel, but she was still my aunty. So, too, was my country my burden to bear. Certainly not an Iranian's to lambast.

Yet, I held my tongue and said nothing to defend the country of my birth, thanking Sepehr instead for coming out to meet me and for paying for my meal. He pressed a bundle of 300 liras into my hand, and when I declined the offer out of politeness, he laughed.

"Take the cash, Mansur. It's yours. From Payam. To help you set up."

Though it was customary to refuse every offer of kindness and hospitality several times, I couldn't keep up pretenses. I needed the money, badly. I accepted the bundle and took the man into a hug, suddenly self-conscious of how my body had wasted into ribs and sinew.

When I reached Wi-Fi service later that night, I sent Payam a message with my gratitude. He replied instantly. *With the exchange rate and the fees, it's only about 500 liras. I'm sorry it's so little but it's all I can spare at the moment. Something to get you on your feet.*

I stared at the words on the screen and waited for my breath to slow again. Of course, I didn't mention the portion that was missing to Sepehr or Payam. I was in no position to argue. Sepehr had been the one to vouch for me in the first housing I'd taken, a bunk in a rat-ridden dormitory in Tarlabaşı that was packed with fifteen refugees, drug addicts, and young runaways. The man who ran the space, a short balding Turk from the Black Sea region, didn't fuss about accepting residents who fell behind on rent. He accepted other forms of payment. It was not the first time I had dropped to my knees. Along the journey, there were all kinds of costs the initial smuggler would not cover: bribes and surcharges and fares. I'd left bus terminals and safe houses with blood seeped into my underwear, spitting until the sour of cum left my mouth. The weaker man met the needs of the stronger one. That was how it worked, no matter where you were.

...

I WAS SUSPICIOUS WHEN THE unknown number called me. The only people who knew my local phone were Sepehr and the manager of the cafeteria where I had a job washing dishes. The voice on the phone admitted that he wasn't part of the Red Crescent or the Turkish immigration office, but he said he'd gotten my phone number from them. He wanted to help me.

"Why did they give my number to you? What do you want from me?" I was walking from the Şişhane metro station to work. Today was my second last back-to-back shift before my weekly day off for rest. The last shoulders of snow on the ground had melted. I was ten minutes early, otherwise I might not have answered the phone call at all.

The man's laughter was disarming. He spoke with perfect English in an accent I found difficult to trace, like sandpaper and puberty and something else. It was proper, like the news.

"I'd like to meet you for coffee, if that's okay? Maybe it's easier for us to talk in person."

Part of me wanted to hang up. I was doing fine on my own. This month, I'd been able to pay rent in full without any further incentives for the landlord, and my dorm mates had finally understood to leave me alone. They now respected I was not good with conversation, that I didn't wish to join them for beer or hashish. I had memorized the route from home to work, and if I kept up with my shifts, soon I would be able to send a little back for Elaha's tutor. When I found time, I was calling her over Skype, asking after the flat and the books she read.

I didn't trust the man calling but, at the same time, I didn't want to refuse his offer either. When you are living on the margins of society, a little bit of kindness can go a long way. "I'm going to lunch with a friend in Zeytinburnu tomorrow. If you travel there, we can meet after," I offered plainly. In my head, I expected the long distance—an hour and a half by train from the center of the city where most Europeans lived—to be too far for the man to come on short notice.

"I'll be there," he said without pause. "My name is Leif, by the way."

The call didn't leave me with a good feeling. It wasn't Leif's voice or anything he said, I just didn't understand how, in a city of so many people in need, many of them refugees just like me, a total stranger could have the time or the interest to call my phone number and extend any help. None of my dorm mates had said anything about it. Neither had Sepehr when he spoke of the resources here. If it was a scam, the way poor kids were intentionally disabled to elicit more sympathy at train stations, I couldn't figure out why. That alone made me nervous.

As soon as Sepehr and I sat down to lunch, I told him about the phone call I'd received.

"PeaceMeals, eh?" he said, pulling his phone out of his jacket pocket. "It looks legitimate to me." He showed me their website. LGBT and Refugees were written in rainbow colors on the banner. The leading image was a long dinner table with candles, wine, and platters heaped full of rice and meat. Around the table sat brown and black smiling faces. They were dispersing kofta and qorma, deep in conversation, happy. Sepehr was right, it did seem harmless.

In the corner of the restaurant, a satellite channel was playing on the television. A woman onscreen with orange-streaked hair clobbered her hands, but I was too far to hear what she was saying. The waiter brought a basket of bread. Not the flavorless white bread, but sesame-lined naan.

Sepehr had arranged for us to meet in Zeytinburnu for this reason. *It's where the Afghans settled*, he'd said. I saw as much in the faces walking past our table. There were electronics stores with cheap trinkets on display out front. Women's scarves for sale along with dresses and blouses that came all the way down to the wrists. It could be any outdoor mall in Tehran, except the hijab-clad women here were mostly Hazara, their husbands and children too. Other kinds of Afghans were present as well. Young and old. It was not so long ago that I lived in a place like this. Where a stall merchant might cut you a deal if he knew enough about your family. *Not as discounted as I'd like*, he'd say, *times are tough*. There, at least, Mādar, Elaha, and I made a unit. Without them, any wan sense of belonging among my countrymen felt pointless, hollow.

Sepehr wore a gray beret that made him look older than he was. He was complaining about his job at an IT desk for a telecommunications company based in Iran, but I found myself getting distracted. The bridge of his nose had been surgically modified to a more petite shape. If he could afford surgery like that, he must not be poor, or at least not so poor as to need 200 liras of my money. He shook his empty teacup at the waiter then winked my way. Revulsion seeded in me.

He had tried to be intimate with me a few times. *I have to rise early for work,* I'd say. *No, I can't come over for a drink.* I gave excuses for why I didn't want to watch Kiarostami films in bed with him, although the director did sound interesting. I told him I needed a friend more than anything, that there was no attraction toward him in me. The truth, which he and I both knew, was that my heart belonged to Payam. I couldn't think of other men. A bond was a stubborn injury, and it was one I had no interest in healing from. I often cursed myself during lonely nights in the dormitory while the other men heaved to climax with whichever cheap street worker they'd snuck upstairs.

Payam mailed me Farsi-language poetry books, and we spoke about them with reverent excitement. Under the glow of my phone screen, I whispered my every thought to him from that top bunk. I wasn't confident, but he liked my observations. Yet something had changed in his tone. Subtly. A boundary had come up. I couldn't figure out why. Foolishly, I was convinced that real love was growing between us. Payam would visit for a holiday, he'd say, or maybe I'd return to Iran for a time. Something would change in our favor. I knew this with conviction because, back then, I still had a steadfast belief in love.

"Let him go, Mansur," Sepehr would say. He was self-involved, but he was no fool; he could sense when I was preoccupied with my fantasies of Payam. "You live in different countries now, there's no going back. Anyway, this city is so big. Find someone else, someone close by."

Sepehr had a VPN on his phone, and he had sex with men he met online. He was the type to gloat about it, to shoot down my reckless hope that a romantic connection could outlast the pressures of time.

At the Afghan restaurant, the pictures on the menu made my mouth water. There were so many different kinds of food to try in this city, and even still, nothing compared with my own cuisine. I ordered a portion of qābeli palau so large I couldn't finish it, even after pushing past the discomfort of my bloating. I inhaled the shreds of candied carrots and almond slivers the same way I did that first meal I ate in Istanbul. Sepehr disliked how little meat there was, but I was grateful to disagree. When I was young, our version had meat only on special occasions.

The waiter brought Afghan-style yogurt, with crushed garlic and fresh mint, and just as I reached for it, someone said my name with a jarring confidence. The voice belonged to the man from the phone call, who was now standing over our table. He had a narrow face, a fresh haircut, and blue veins like electrical cables wrapped around his thin white arm. I was unsure how to respond.

"Mansur?" He said my name again, doubt steeping his voice this time. "I'm Leif. Sorry, I recognized your face from the file," he went on. "I'm early for our meeting. I didn't mean to interrupt your meal or anything." I wondered again what my caseworker had written.

The family eating at the next table glanced over. I didn't blame them; it was rare to hear English spoken this far away from the city center. Leif stuck out in Zeytinburnu, not just because of his whiteness but also his formal manner of dress. His unblinking eyes bore into me.

"May I sit?" He smiled as he gestured to the empty space beside me.

I started to say no, but Sepehr interjected, "Of course, be welcome. You're Mansur's new friend from PeaceMeals, is it?" He slid his phone inside his jacket pocket and leaned forward over the table. A new brightness entered the lighter circles of his eyes.

"Ja, that's right," said Leif. He inched his seat closer to me, our elbows lightly touching.

Sepehr introduced himself and lingered on Leif's handshake. It made me uneasy how quickly he changed around status. "The work you're doing is so important." He lowered his voice to a whisper. "I'm a gay refugee, too, you know. Is there space in your program for one more?"

Beside me, I felt Leif's shoulders relax. He sat back in his seat. "That's wonderful to hear, and ja, of course. There's always room for more. Are you like Mansur, at the early stages of waiting for your paperwork to get processed? It's the situation of many of our clients."

"This one, he's lucky his appointments are only two hours away by ferry," said Sepehr. "The government assigned me a base two trains and a bus away. It wastes one whole day. I can't live in that tiny town. What are they thinking putting refugees out in the middle of nowhere?"

The agency tried to spread out the refugees, but most of us secretly lived in Istanbul to access the wealth of under-the-table work, only traveling to immigration appointments for the day. That was not information to casually share with someone you'd just met. Neither of us knew this man or if he was even deserving of our trust. A leak could jeopardize more cases than just mine.

I pulled on my ear to get Sepehr's attention. I nudged his leg. He looked down and then tucked his feet under his seat once he confirmed it was me. The doubt I'd intuitively felt on the phone was growing, spinning faster, impossible to ignore. His overfamiliar tone was not okay.

Sepehr, on the other hand, was enthralled. He would trample on anyone to advance himself, and he hadn't looked at me once since Leif sat down. I had never disliked him more.

Leif slid a business card over the table toward Sepehr, and I placed a few bills under the yogurt bowl. I felt a heavy weight pressing down on my chest, squeezing the air from my lungs. I rose to stand, and both men stopped talking immediately.

"Kojā maerī, eh?" Sepehr was frowning, like I'd ruined his fun. I wasn't jealous they were connecting, I just had no desire to disclose any more to this stranger, to receive anyone's pity. Let them have each other. Sepehr could attend the refugee dinners and Leif could put his grinning refugee face on the fancy refugee website.

"Something happened. I must leave now. Goodbye."

"Wait, I thought we were meeting—"

Not for the first time, I heard Mādar's words in my head as I left the restaurant and began my walk to the Zeytinburnu metro station at the end of the promenade. Two of the buttons had come undone from my Levi's jean jacket, and a cold wind slashed my chest. I quickened my pace.

All my life, Mādar had warned me about these kinds of people and the tricks they played. She called them *rats, fatherless, untrustworthy*. They toured the factory where she worked, took photos of the all-women staff, and celebrated themselves for giving needy people honest work. Nothing was honest about their promises or about them. Once the tour was over, she'd told me, they locked the women inside for twice as long, with no windows for the fumes and no rest.

They were all cut from the same cloth, these kinds of people. If they wanted to get close to you, it was because they had something to gain. Snakes wearing lambs' faces. I felt stupid for agreeing to meet with Leif, for answering the unknown phone number at all. The next train was four minutes away. I uploaded my last 5 liras onto a metro card and took the first seat I saw.

With me, I carried a book by Sa'di Shirazi that Payam had sent a few days ago. Payam said this collection was his favorite. He said it broke form, full of poems and stories and commentary on society. The name, *Golestān*, could mean either rose garden or nation of roses.

"What are you reading?"

I snapped the book shut. The sudden sound of Leif's voice scared me. I had fallen into Sa'di's words without noticing who had taken the seat next to mine. The train had made at least two stops. Had he been there that whole time? He must have left Sepehr behind right after I did.

"Sa'di?" He peered over at the cover. "I studied his work at university, back in Germany. People forget that he was one of the funniest poets of all time. A real enduring humor. Poetry doesn't have to be serious and sad all the time, in my view. He was making fun of the ignorance of kings, and we still laugh with him, what, eight centuries later? Different kind of royalty now, but still the same humor. Can I take a look? I've never seen one written in the original Farsi."

He extended his palm, and it lay there in front of us, flat and unimpressive. Outside, the train was traveling over a body of water. We were still a long way from the city. I don't know why I second-guessed myself. I should've moved to a vacant seat. I was protective over the book, over Payam. Still, I let him touch it. He pressed its spine and gazed inside.

"Good taste," he said, handing it back. The book was warmer in my hands than before.

"Can you say, how do you know about my case file?"

A new group of passengers entered the train as the doors opened. Leif waited for them to find their space along the side, holding onto the silver bars that ran over our heads. "I hope you don't mind, it's part of my job to screen for"—he lowered his volume to say—"other LGBT people," before raising his voice as normal again. "Anyone who might need our support."

"I don't need any help from you. I don't want your pity."

He laughed, maybe entertained by me, maybe thinking I was joking. "It's really not like that. Give us a chance. It's a free dinner once a week. No commitment, no contracts or anything else. There are lots of other queer refugees there. It's a community." I could not understand the appeal of spending a night with other people in mirrored situations. What help were these strangers if they only compounded the grief and loneliness? The frustration inside my chest was a knot. It tightened without my consent. "Don't you want to feel less alone?" he went on. "Istanbul is so big, but it's hard to find real people here, people you can trust. Is that your experience, too?"

"I will keep reading my book now."

"As you wish." He smiled and took his own book from his backpack, written by someone called Marguerite Duras. We read together in silence, but I couldn't focus my eyes on the text. All I could do was feel the heat emanating from Leif's slender body next to mine.

THAT NIGHT, AFTER I LEFT work, my ears ringing with the sound of the dishwashing hose, the front of my shirt soaked in soggy bread and water, I had several missed calls from Sepehr.

"What the fuck, man?" he said. "That guy Leif has big money. I can smell it on him."

"Did you guys enjoy the rest of your meal?" I asked, waiting for the lie.

Even over the phone, I could hear Sepehr snigger. He thought I was jealous. "Yeah, we hung out for a while. I think I could fuck him, if I wanted. He looks like a total bottom, don't you think? All skinny and shit. Those ones always surprise you. They take dick like warriors."

I forced out a laugh. On İstiklal, the major artery of central Istanbul, musicians lined the edges of the street, rallying crowds with circus stunts and compliments. It was hard to hear Sepehr over the sound of drumbeats on plastic buckets. Other instruments joined the melee. The performers told the same jokes each night because the tourists always changed. "Go for it, Sepehr. He's not the one for me." Schaesta Ama used to say that pink skin belonged only on pigs, those foul creatures they farmed and ate in dirty countries. Pink, the color of haram.

"I will, believe me. You can't stop me. I told him I'd bring you to his dinner thing. I need your support. Friday night, eh, you and me?"

"I'm working all weekend and I—"

"Mansur," he said. His tone was sober now, my name loaded with vehemence and spite. "I've done a lot for you since you arrived in Istanbul." A pause. "Do I ask for much? No. I don't think I do. Leif wants you to come to the dinner. I said you would. Don't be an asshole."

I fished some change out of my pocket and handed it to a child with a keloid along his left cheek collecting donations at the rim of the crowd. Then I continued walking. A part of me hated that I had already made my decision to go, even before Sepehr called. Just once, just to see it myself, if only to validate my suspicion of the pink-skinned man and his dubious charity. I sighed loudly so Sepehr could hear it. This was enough for him to consider a victory.

DELBAR

JUNE 2015
Istanbul, Turkey

MY SPINE ARCHED INTO CLIMAX AS THE AFTERNOON CALL TO PRAYER reached its resonant conclusion. Five times a day the muezzin bellowed his invitation for local worshippers to kneel down and pray. Initially, the call made me red in the face. I'd withdraw my hand from between my legs and turn over, flattening my erection until it disappeared.

But, within a month, I discovered that the azan could uplift arousal if I leaned into it. The muezzin's first long thrust of Allah's name was a breathless moan ravaged by desire. I pictured his wet lips cupping the microphone bulb, projecting his supple voice into the vicinity of the minaret, his tender cadence impaling the spirits of believers, swelling whole minutes with the embrace of divinity.

When I emerged from the atrium, I listened to a voicemail that Yosra had left. The AC was broken in her office, she said, and she was leaving campus early. Did we want to meet her for ice cream at the park near the iskelesi? That way, I could catch the ferry directly to PeaceMeals.

The girls didn't need much convincing.

Yosra's apartment was connected to the city proper by several metro lines, a seemingly endless stream of buses from an adjoining six-lane highway, and farthest away, the ferry down in Üsküdar. It was a strangely remote parcel of Istanbul for a woman like Yosra to settle in, too far inland from the pier to attract even the most aimless of tourists on day trips.

The three of us stepped out onto the street, Nafas and Darya on either side of me. Campaign flags were strung up between the eaves, blanketing the cloudless sky in color. Since Yosra had mentioned it, I was seeing them everywhere. Festoons covered shop names and street signs, and full banners framed the entrances to busier roads, printed with the staunch faces of the men running for office. I felt them leering down on everyone, breathing hard against our necks.

"Are all these campaign signs just for the election?"

Darya nodded. "It's coming up next week—"

"Most of the flags have been up for months," Nafas interjected, pressing her sticky palm against mine. "And they go up and down the streets in these loud trucks all day and night."

"What do you mean the trucks are loud?"

Darya sucked her teeth. "She means, like, they have loudspeakers in the back of the trucks, and they drive all around playing these loud recorded campaign speeches talking about how the future of the country is in danger if you vote wrong."

I took Darya by the hand as well and we crossed an intersection to where yellow cabs were parked bumper to bumper. An elderly woman was the only person present; she fanned herself on a plastic chair and greeted the girls while avoiding my gaze altogether. I scoped for the familiar features of the cab drivers back home—their toucan noses, toothy grins, and trains of patchy neck hair—men who resembled my own father and uncles, who still went hunting for waning clientele decades after they'd taken to peddling taxis as a temporary gig back in the eighties.

BETWEEN THE GIANT GULLS DIVING for crumbs of simit, the ocean thrashing the barricade, and the families clustered together, the mood of near catharsis at the seaside park was palpable. Nafas sprinted ahead. She stopped at each pellet gun balloon stand to look back and check if I'd pay for it, and upon seeing me shake my head, proceeded on to the next.

It wasn't that I didn't have the money. Yosra had insisted I accept a weekly allowance for the costs associated with my upkeep and taking care of the girls. More so, I felt the old sting from a childhood of financial restraint, of Qandul pressing her index finger to her lips and ballooning her eyeballs while the Avon sales rep knocked twice on the front door.

I called Nafas over as Darya and I reclined beneath a cypress tree. The breeze from the Bosphorus was dense with salt, and the air was tinged sweet by roasting chestnuts nearby. Darya reached into her tote bag, branded with the royal blue insignia of her mother's university, and withdrew a dog-eared novel with a steam train blazing across the cover.

"Now wait," I said, rubbing my chin teasingly, "is the train going to the Orient when the murder happens or is the train murdered because it is Oriental? Where is the Orient anyway?"

Darya screwed her face up at me. "A train can't get murdered. The train is called the Orient Express. I've already read it twice before. Agatha Christie is my favorite author."

"Oh, yeah? What do you like about her?"

"Her books always have suspense. You can never guess who did it."

Mystery novels had never appealed to me. I found them deceptive, all that trickery to throw readers off the trail. Wasn't real life cryptic enough? "They don't feel a bit stuffy to you?"

She reflected for a moment, and her forehead wrinkled. "No," she said at last. "Reading isn't stuffy to me. It's everything else that feels stuffy."

I laughed and together we watched a large barge gradually spin on the water to square its side to the port. For all their wonders, it was the privacy of books that made them safe, a cozy haven no one else could touch. Wasn't that why so many troubled children ended up inside their pages?

Darya continued. "There are these crossover characters in her stories, so it's like they have these secret tunnels connecting them and you never know when they're gonna pop up."

"That's cool," I said, scanning the faces for Nafas. Young women held the pulpy remnants of fruit juice in takeout cups. Strollers sloshed infants.

Lighter flames passed from one puckered set of lips to another. The longer I looked, the more my heart raced. There was no sign of her.

"Wait here," I told Darya, and she ignored me, her head craned toward the book. I strode over to the paved boulevard, sweat pooling under my arms. How could I have lost sight of Nafas, my only responsibility? She could be anywhere, abducted by any number of sinister kidnappers. I thought of Yosra, her horror upon learning I'd lost her daughter. I'd never be forgiven for something so egregious. She'd ship me back to America. I'd be forced to face Qandul again.

A vivid flash of my mother lying flaccid in her hospital bed struck me. My head lightened, and I grew dizzy at the soul-crushing return of Pheroza's messages. *Was it worth it?*

"Delbar, look here," a voice shouted from somewhere in the sky. I turned toward the sound, shading my eyes, and to my immense relief, there was Nafas, dangling upside down from a large rope structure in the very center of the playground. She was surrounded by other children, and they exchanged cheers and laughter from their various positions straddling the web formation beneath taut elbows and knees. I was thankful she didn't resist when I demanded she get down.

"Babe, what the fuck, you scared the shit out of me," I said when she finally rejoined me, limber-limbed and oblivious. "Why'd you run off like that?"

"You swore. You're not allowed to do that. And they're my friends."

"What do you mean, friends? How do you know them?"

Nafas rolled her eyes. "It's the playground. That's where you make friends, dummy. Is my mom here yet? I only came down for ice cream."

The vein in my neck steadied, and I considered that I might have overreacted. Still, Qandul had never allowed me or Pheroza to wander away in public like that. Strangers were not to be trusted, especially in America, where molesters and serial killers and cults hid behind every corner.

I looked back over to where Darya was reading under the cypress tree, and spotted Yosra's luminescent hair gleaming beside her, nestled among the baby carriers and the squirming faces like some kind of Gentileschi tableau. Yosra was addressing a man seated cross-legged on the grass, while Darya read against her sternum. Nafas ran ahead toward them.

By the time I caught up, Nafas wasn't done updating her mother. "And I got all the way to the top"—Yosra brushed the strands of wild hair tumbling over her face. Still huffing, I pressed my open palms to the base of my spine—"And one of the boys said he didn't think I could do it."

"Well, you sure showed him, huh?"

Nafas nodded and gazed out at the sea contentedly, soaking in the affirmation. There was a bristly stillness in the air, and I was keenly aware I was the only one standing, until finally, Yosra seemed to remember that she hadn't introduced the man smiling mildly up at me.

His name was Viyan. I shook his hand and observed the years of indulgence collected as a ring of excess weight above his hips, though he looked no older than forty. A mane of gray hair extended from his beard to his chest. Beside him, a mobility crutch rested on his briefcase.

"Yosra tells me you're volunteering at Leif's organization. How wonderful. He's been an ally to us for several years now. You know, having an international humanitarian body represented among our ranks lends us a lot of credibility. In a way, it makes it harder to ignore our efforts and intimidate us, which is important with the current goings-on, let me tell you."

Viyan winked cheerfully and only then did I recognize where I'd seen him before, at the same organizing meeting on campus where I'd first met Leif. The piercings in his right ear immediately signaled something of his sexuality, or at least his alternative political disposition.

"I was hoping you two could meet," said Yosra, swirling a cube of sugar into her paper teacup. "Viyan is a master of Kurdish literature. One of the most renowned scholars in the whole department, if you ask me. How many books have you published now, Viyan bey?"

The guy blushed and shook his head. He fingered the handle of his crutch somberly, as though it held some secret he'd labored for years to uncover. This version of the man was quite different to the one I remembered from campus, where he'd been livid, beating his crutch in the air and interrupting other speakers to protest. "What's the use of pouring a lifetime into books that only collect dust in the library now? I know I must leave the old poets and the memoirists of the city alone, but, şey, whether I like it or not, fate has doomed me to my passions."

Yosra's head was bent to one side, enamored. I was less compelled. Viyan caught me in an accidental expression of disdain. "And you, you're young, do you still read the classics?"

I mulled over the question, scratching the back of my heel while I hovered awkwardly over them. "I like to read about other queer people, if that makes sense. The further back in history I go, the more it feels sort of barren. I guess that's why I don't read older stuff."

Viyan thrummed within his mouth. "All of it is there if you know where to look," he said. "Why don't you come by my office sometime? I can lend you a few books in translation, photocopies of old stories. You'll find homoeroticism didn't suddenly appear this century."

The two of them laughed. A look of nervous anticipation edged onto Yosra's face and then quickly lifted again. I said I would come collect the stories, all the while orbiting this eerie suspicion of something unsaid in our midst, another conversation they were waiting to resume.

Nafas was poking at Yosra's abdomen, aching for her attention without using any words to say so. Yosra sucked her teeth. She reached into her handbag and removed a crisp 20 lira note. "Go get whatever you want, okay? Delbar, will you take them? We'll be here."

This was enough to sever Darya's focus from the page. Together, they bounded off in the direction of the port. Darya chased after her younger sister, who clutched the note tight.

I hung back for a moment within earshot. This unannounced visitor, the girls' unquestioned comfort with him, my own inexplicable sense of outsiderness. The whole setup was weird.

"As I was saying, the levee must break," Viyan began in a hush, leaning over toward Yosra, "Tayyip wants to keep up the pretense of Muslim fraternity like he's the true defender of Islam. Meanwhile, he sends oil and steel to Israel, and weapons for ISIS to use on the Kurds."

I'd seen the president's middle name written down, but I'd never heard it spoken aloud before, and especially not with the contempt Viyan inflected into the word.

Yosra hummed in approval. "You can't have it both ways."

"They're saying forty protesters dead now. Of course, it barely makes the news because they're Kurds. And look, all these politicians in the east who sold out the armed resistance movement, even they were arrested or brutalized by the police. Cowardice couldn't save them."

"It'll only get worse if he receives a mandate," she concurred, "with the situation in Kobanî, and what is happening in Suruç and Diyarbakır." Yosra was speaking too softly for me to understand.

I had no idea what they were talking about. And yet, it wasn't so unusual for me to feel that way. The entire country was a field of unknown names and political references. Yosra probably wasn't in a secret relationship with Viyan. She was just paranoid. But about what?

When we returned, Yosra was alone, her back against the trunk, with only her shoes in the sun.

"Thanks for bringing them out today, dear," she said, both of us wincing as Nafas's ice cream dripped onto her wrists and clothes. "Did you get a chance to see the neighborhood a bit?"

"No trouble at all. Yeah, we walked around. It's kind of a weird place for you to live."

She offered me a mint from a rectangular tin she snapped open. "It used to be famous for furniture stores. People traveled from all over the world and shipped these Versace knockoff four poster beds to their homes. There are still a few shops like that left over, actually."

"The good deals on furniture drew you in?"

An amused expression spread open her face. The mint, a lesser sphere now, rested on her gums. "One of the few things Omar and I agreed on was wanting to live on the Asian side, away from the craziness. It's more similar to Afghanistan. It reminds me of what it could have been like if things had gone differently there. A parallel universe or something."

My curiosity was piqued. "Do they really have that much in common?"

She sighed, and then, slowly, she answered, turning away. "In some cultural ways, yes. It's family-oriented here. I hated how obsessed with materialism everyone was in America. Like the people who live on the European side here, for instance. If they're Turks they have one eye on the West, and if they're expats they're all drunk on the wonders of the East."

"That guy Leif is a bit like that, don't you think?" I said. "Rescuing the refugees from their isolation, bringing peace to the Middle East or whatever. A bit savior-like, isn't it?"

Yosra caught her laughter in the form of a cough. "Don't condemn him just yet. He's one of the better ones here. Are you sure you don't want me to come with you to his dinner tonight?"

"I'd prefer to go alone," I insisted, rubbing my nose. "How do you know him anyway?"

"We met as part of that coalition on campus you attended. We're part of the committee that mobilizes around the Kurdish struggle. The Turks don't recognize the Kurds as a distinct people. They call them mountain Turks." Yosra picked fibers from the fabric of the purple shirt I'd chosen. "The idea was to form a cultural front but it's, ah. We're having some growing pains. Leif's more active than me. That's the price of having a family. You'll discover that someday."

I poked my tongue at her. I'd met plenty of white people like Leif in the District, the kind of liberal who moved to the nation's capital with lofty change on their minds. The sex app grids were populated with non-profit workers, start-up staff, and government bureaucrats who claimed to be anti-racist while renting exorbitantly priced luxury condos where housing projects once stood. I examined my aunty as the sun began to dip. Her fair skin made her translucent in the light.

"Do people mistake you for white here? I'm curious how your condition, the albinism I mean, how it influences people's behavior toward you. Or whether it does."

She took a strand of hair into her fingers. "Of course it does. How you look has everything to do with how you're treated. Here and in America, it was the same. They want you in their schools. They want to take your photo. Then when they find out who you are, that you're Muslim, and especially if you sympathize with outcasts, believe me, that changes real fast." We shared a brief and macabre laugh, then she continued. "You know, I used to dye my hair when I was a kid. The other girls in my neighborhood would make so much fun of me it drove me to tears. I made your mother buy me henna and I'd soak my head for hours until it browned. Maybe that's how I relate to your sexuality. I understand what it's like to live against the grain."

I blushed and looked down into my lap, wondering what must have transpired in the sixteen years between Qandul and Yosra to have teased the two sisters so vastly apart.

TWO HOURS LATER, I DISEMBARKED the ferry on the other side of the Bosphorus, a short walk from PeaceMeals. It was my first time on the European side. The buildings were taller here, old couples in khakis ambled by with professional cameras dangling from their necks, and the presence of beggars was more pronounced. Otherwise, Turkish men still stood proud over newspaper-lined platters of stuffed mussels, or else grilling fish over hot coals.

I had to be careful to stay on course. Navigating alone, I was learning that the streets of the city snaked across one another and bent in on themselves, creating trapdoors around corners. I'd scrawled the directions on Leif's business card and, according to my notes, the venue wasn't much farther, but I was hopelessly lost. Yet I resisted phoning Yosra.

I crossed the road and searched in vain for a street sign. Locals reveled in helping foreigners, but with bronze skin, dark hair, and a slab of ore for a nose, I could pass for a Turk, which meant that people mistook my ignorance for incompetence. The maladjustment girdled my chest, this sudden proximity of everything a person might need without any knowledge of how to actually access it.

A tall man working a döner spit peered over at me as I scoured the walls for the right door. I circled the same three buildings several times before eventually giving in and asking him for help.

"Bu . . . nerede?" I asked. Long hairs covered his bare scalp. He stared up at me, then down at the address on the card, until finally he raised his eyebrow at the shop front across the street: a breakfast café shuttered for the evening. I muttered my thanks and, redfaced, I skittered over to the shop, meekly turning back when the handle refused to budge.

"Yanında," he kept repeating. "Yanında."

At last, I realized the man was directing me to an unmarked residential door on the side of the building, between the breakfast bar and the next store, lined with rusted flaps marked one, two, and three. My ears flushed warm. I pulled open the door and planted my back against its heavy frame as it jolted shut behind me. Voices drifted down from upstairs, and instinctively I dug my nose into my collar to check whether I reeked. My breaths were coming in quick, and I struggled to wrench off my boots, the leather clinging to my ankles, sticky with sweat.

I considered calling a cab and returning to the apartment. I grabbed my boots—which were black and bulky compared with the seven pairs of three-striped sneakers and light sandals by the stairs—and sat down on the lowest step to lace them back on. I clearly didn't belong here.

"I thought I heard the door." I paused my retying and swiveled my neck to see the familiar figure of Leif in the flimsy glow of a single bulb at the top of the stairs. "Come on up," he said. The moment for retreat had passed. I was too late. Tentatively, I slid my shoes off for a second time and began the climb, careful to rinse the apprehension from my face.

Leif hugged me, and the firm grooves of his chest rubbed against mine. Effortlessly, he guided me by the small of my back through the narrow corridor toward a partly ajar door.

"Is the whole building yours?" I shrugged my sweater off, only to spread it over my forearm to balance my nerves. The sound of laughter grew closer.

"Sort of. I work from the office downstairs, and we have a neighbor upstairs too. Old pervert, totally harmless. He might try to hit on a cute young guy like you, but he normally keeps to himself," he said with a wink, then gestured to the room ahead, his teeth white and prim.

The smell of cooked garlic and animal fat hit me suddenly. A long table anchored the room, and eight or so people crowded its perimeter. Almost every seat was filled, with a handful of people cross-legged on a vinyl mat on the floor. The walls were covered in faded paint stained yellow in parts, and a stack of boxes was piled along the sides, partly blocking three rectangular windows facing out onto the street below. The starchy tablecloth was set with a puzzle of half-emptied wineglasses, face-down phones, and ornate dishes carrying fig quarters. I caught myself staring and then glanced down at the streaks and scuffs of the floorboards, swallowing my spit.

"This is Delbar," I heard Leif announce. The full chorus of warm faces stopped midsentence and offered a syncopated chorus of garbled greetings. "He's from America," Leif added.

I winced, though the alternative—to introduce me as Afghan in this context of refugees—would only generate confusion. Leif took my sweater, and I shuffled forward, half smiling. "America," someone repeated in an overly affected voice. The speaker was a woman at the center of the table, whose high cheekbones shone scarlet in the orange light of several plastic candles. Even at first glance, I noticed that everyone there bowed to this speaker as a centrifugal force. "Has the empire started sending us their refugees too? That's just what we need." She said something else after, which I couldn't make out, and the rest of the voices broke into a chuckle.

"İyi ol," chided Leif. "Don't mind her. She's like that with everyone. We're all friendly here, I promise." I was ushered to another door and, behind me, the conversation resumed. Leif smiled at me. "There used to be a quick turnover with UNHCR interviews, but ja. Lately the process has slowed down. Some of our clients have been in limbo here for years. Waiting indefinitely."

"Oh w-wow."

"Ja, they're lucky to have us. There are no other funded services for queer refugees in this country." He tapped my shoulder lightly, as though we were in on some secret. "Mansur's in the kitchen, go meet him. He's also Afghan." I considered his voice for a moment, its curt and noble inflections, the oblong motions it made as it traveled over his vowels.

Inside, the cramped kitchen was a cocoon of welcome aromas: crushed coriander, cumin's earthiness, the fresh fluff of basmati rice. Two covered pots simmered on the stove, the oven light was on, and a wineglass rested on the bench, beside a man whose broad shoulders obscured whatever else his hands were busy preparing.

It didn't seem like the guy heard me enter over the cooking, or perhaps he'd chosen to ignore the arrival of company. I decided to address him by the name Leif had used.

"Mansur."

He shook slightly—a motion barely discernible if I hadn't already been watching precisely where the smooth loam-brown skin of his neck coarsened into hair—and directed his furrowed eyebrows toward me. Beyond the athleticism of his form and the mettle of his brow bone, an acute softness emanated from his eyes, which seemed to devour me the longer I stared into them.

"Yes? What's the problem?"

"S-sorry to intrude," I said. A room full of strangers was a nightmare, and yet this man—my compatriot—unnerved me far more. "There's no problem. The white guy, Leif, he told me to find you. I'm supposed to help out with the PeaceMeals thing. Are you the cook?" The grimace on his face didn't ease. Was my tone dismissive? Was *cook* demeaning?

He looked me up and down before replying. "Who are you?"

I wasn't sure how to answer. My pits grew tight. He was just asking a question, but I squirmed. It felt like an accusation, a demand for me to justify what right I had to be there.

Maybe it wasn't just the question that upset me but the fucked-up beauty of the man posing it. He was dizzying to behold. I found myself indulging in the heavy pour of his body, looking up and then away, and then back again, the way one gawks after alcohol has done away with insecurity.

I said I was Afghan, too, and only then did I finally witness his chest slacken. In that brief and quiet moment, an uncanny and inevitable closeness seized my throat, this sudden conviction that he and I were stuck in an elevator together, forged by circumstances beyond our control. We had only just met, and yet I didn't need to grant him access to anything. He was already one of my own. Then, almost as soon as the epiphany of a shared future appeared, it was gone again.

"Tamam. Come, help me to take these dishes out. We will have to carry everyone home on our backs if they keep drinking on empty stomachs."

He emptied the contents of the large silver pot into a ceramic dish and instructed me to do the same with the smaller one. Verdant steam billowed into my face. The qorma was creamy brown, and a film of oil swirled at the surface like caterpillar smoke, droplets speckling my shirt. The last time I'd eaten this qorma was at Qandul's during Eid. No, no, it did no good to reminisce.

When we reentered the dining room, Leif was standing at the head of the table, rapping the rim of a tall glass to rouse the group. Despite his best efforts, the two women sitting directly in front of him, one of whom I recognized as the one who'd been ribbing me earlier, kept their focus and laughter on each other. In them, I saw my own aunties, and their dismissiveness of any man bold enough to make a foolish bid for their attention. As soon as Mansur and I placed the dishes down and the plates began to fill, the voices eased off into the scraping of silverware.

Leif began again, and I was struck by the formality of his sermon, the mention of the German philanthropic trust that funded these weekly dinners, and the good work they did to keep refugees alive. "At risk" was such a threatening adjective to label a person to their face, yet no one seemed mad. If anything, the guests were bored with the whole ordeal.

Standing awkwardly against the wall beside Mansur, I began a closer inspection of the individuals keeping their eyes down amid the conclusion of Leif's speech. The group was mostly men. The two women were fair and dark skinned, though only one of them was Black, and everyone else was some mix of phenotypes from Asia and North Africa. A warm touch grazed my arm, gently stirring me, and I caught Mansur's glistening eyes as he gestured to the end of the table for me to take the empty chair there. "Go. Have something to eat, no?" he whispered.

"I've eaten already," I lied. "It's not for people like me anyway—" I stopped myself, watching a curious expression flower on Mansur's face.

"But you, you made all of this, aren't you going to eat?" He shrugged and disappeared into the kitchen. Beyond the din of fake candlelight, I felt the swarm of my own alienation. Mansur's return to the kitchen certainly wasn't an invitation, and yet Leif hadn't acknowledged me at all since my arrival, and the rest of the group was preoccupied with one another.

Fearing attention as much as I longed for it, I sprang off the wall and followed Mansur into the kitchen, where I found him lifting the flame of a single match to the end of the cigarette that dangled from his bottom lip. I still balked at the idea of smoking inside. Decades of effective anti-nicotine advertising in America had clearly left an impression.

He sucked in deep, then exhaled, a trail of smoke wafting from his lips. He asked me what I had meant, and I panicked, racking my brain for whatever imbecilic thing I might've revealed.

"People like me, you said." He gestured at me, the cigarette loose between his fingers, "What did you mean, this dinner isn't for people like me?" He sank onto the counter behind him, his half glass of wine at an incline in his hand, waiting for me to respond.

I shifted my weight.

"I just meant because I came here from America, not from"—I wrung my hands before continuing—"wherever else people here are from, or trying to get away from."

"No one here wanted to leave their home. We were forced, do you understand that?"

Blood rushed to the front of my face, and I fumbled to correct myself.

"Of course. Sorry, that's not what I meant," I said.

Mansur smiled, collecting the utensils—a peeler, a glass citrus reamer, and a thin plastic sheet covered in vegetable scraps—to bring them to the sink. Part of him enjoyed picking me apart, the way crows hover over walnut shells that shatter under tires. "You said Afghan," he replied, draining his wine and reaching for the bottle of merlot by the stove. "Do you drink?"

Muslims asked each other this to gauge how devout they were. There was one wineglass on the rack, and I extended it to the lip of the bottle's angular neck, but before I could answer in full, the doorway swung open. I heard the cluck of a disapproving tongue on the roof of a mouth.

"Ay, Baba," the voice said in Farsi, belonging to the fair-skinned woman. "Why do you abandon us, huh?" I'd picked up fragments from years of Saturday morning Farsi school at the Mustafa masjid, albeit with a different refinement, this being the leeward dialect of Iranians, shaped smoother but cut, nevertheless, of the same cloth. It sounded of poetry, of home.

"Anahita, I'm cleaning up. I'll be out again soon—"

"You do this every week. Always you're busy or it's speak later, jegarem," the woman responded, cuffing the word *jegar*, an incomplete translation of *liver*, that storehouse of all emotion, with the possessive suffix to render the term affectionately. She withdrew an unopened bottle of clear liquor from the freezer, a brand I didn't recognize, and planted a kiss above Mansur's stubbled jaw.

Then she spotted me. Though she'd passed me to enter in the first place, now she had an opportunity to really size me up. This time, however, without the audience, now that it was just us compressed within the muted closeness of the kitchen, there was no scorn to her voice. Quite the opposite. She smiled at me and asked, "And you, baby? Tell me your name again?"

"Delbar," I replied, glad suddenly for the lightness the wine was endowing me with. It felt like this was the first correct thing I'd said all night, and both Mansur and this woman he called Anahita seemed to step forward or at least tilt their gaits toward me.

"That's a Persian name, normally for girls," said Anahita. "Are you—?"

Mansur cut her off. "He said he is American."

"My parents are Afghan," I retorted, noting something defensive in my voice, before the jilted English between us gave way to a more seamless, but still patchy, Farsi.

"Ah, darling, we're hamzaban, then," said Anahita. Of one tongue. "Come sit. Tell me your story, over rakı. And don't believe anything this hermit tells you. He's handsome, yes, but he's bad news." She shook the bottle up at me, meaningfully skirting over Mansur, though of course she could feel his cross-armed glare upon her as she sauntered away.

I hesitated before deciding to stay with Mansur. He didn't seem to register my staying or leaving, but I felt myself relax. We were no more than strangers, and yet I felt the tense comfort of his presence, the subtle ways he held secure my fledgling Farsi and persisted with it.

I reached across the bench for the grilled olives, and when my finger slipped on the texture, I realized I was holding my breath, and he was too. The small gesture lasted so long I was almost out of air. How else to explain this strange, strained burden if not mutual attraction?

His gaze burned through me. "I noticed you speak with both the Afghan and the Iranian dialect," I said at last, puncturing the silence.

"And yours is with an American accent. Did you know that?" Mansur untucked a hand from his armpit and gazed at me over the half moon of the wineglass that rested against his chin.

"Oh," I said. No one had ever told me that. All the Farsi I'd ever spoken had been in America with other Afghans of the diaspora. "Are there many people like us in Istanbul?"

"Like us?" Mansur smirked. "I don't know, the city is full of secrets. They can't even tell you the real population." He paused, and while he mulled over the question, a fear that I might've overreached came over me. Then, slower this time, he spoke once more. "People like us are everywhere. No matter what, that is true."

Like the Palestinians and the Vietnamese, Afghans could be found on every corner of habitable land on Earth. *Afghanistan is every anti-colonial struggle in one*, Qandul once said to me when I was a child, carrying my sleep-limp body to bed from the back seat of the car. She liked to keep our forlorn discussions rooted in history. That way, I might attribute the loneliness of my childhood to the Durand Line and the cruel borders it carved between families.

Mansur's voice surrendered nothing of the violence he'd experienced.

In fact, he brushed over the condition of his exile with dogged resolve. I sensed the thoughtful deliberation in his voice, as if he was often in situations where he was forced to pick and choose what to divulge.

"I've never met another Afghan kuni before," I said.

Mansur frowned, his lip contorted. "What did you say? Who taught you that word?"

"I said *kuni*. I mean, people like us. Queers."

He exhaled deeply. "That word is very bad. We use *hamjensgarā*."

I should've known that kuni was derogatory from its translation as *of the ass*. My cousins would use the term to poke fun at my mannerisms and Qandul used it, too, when she angered, launching her spatula at the television as some corrupt Afghan minister explained the need for yet another American military base. I examined the new term, considering each of its parts, which I had never heard conjoined as one. "Same-kinded?"

Mansur nodded and finished his glass. Having only family to speak Farsi with meant the language held a sense of duty, and a strange back-footedness, that I was glad to shake off.

From as early as I could remember, I'd dreamed of meeting another Afghan like me, and now here he was at last, a fellow mutant or a lover from a former life. With Mansur, my shortcomings made me feel rudderless. The emotion of finally finding a double was, in practice, giddying.

"So, wait, how long have you been coming to PeaceMeals? Do you cook every time?" I felt exposed. I had shown too much too soon.

He raked food scraps from the bench into the crevice of his palm and dropped them in the trash. Then he filled the silence. "I am almost two years in Istanbul. One year as the chef."

The sound of footsteps and the scraping of chairs got louder from the other room, and Leif appeared, bringing the first of the greased plates back into the kitchen.

Mansur shuffled away from the sink to let him stack the dishes. Then Leif turned to me. "Normally, our PeaceMeals volunteers help facilitate conversations with the clients. To improve their English, so things don't become dry out there, okay? It's not work if you're hiding in here."

"Oh." I blushed instantly, four eyes like spotlights upon me. "Sorry, I didn't know that."

"Talking to Mansur doesn't count. As you can see, he's already been Westernized." Leif's mouth was cocked to one side as if recalling some running inside joke, though from Mansur's stone-faced expression, it didn't look like he was particularly enthusiastic about it.

I trailed Leif into the dining room, which was newly deserted of its occupants. He seemed smaller with everyone gone, as though the guests had taken the bulk of him with them.

As he showed me how to pack up, Leif explained the duties expected of me for future dinners. Most important was that I help Mansur make and serve dinner, clean up, and steer people toward the right resources for further support. I interrupted Leif when he mentioned this.

"How am I supposed to know what people need?"

He held the edge of the stained tablecloth scrunched up in his palm, trying precariously to pull it toward his body while there were still several stray objects weighing it down. "What these people really need is someone to talk to, someone who'll listen. That's all. The function of PeaceMeals is to build bridges by breaking bread. All the other stuff I can help with, so direct them to me when they ask for specifics. Otherwise, if you have time during the week, you can come into the office, and I can walk you through the case management system."

This breaking-bread line must be the slogan. I'd heard it a few times. Leif had no idea what my days consisted of, and that besides taking care of the girls, my time was largely bereft of any clear organizing principle. Thankfully, Yosra hadn't ruined my anonymity. Following the instruction, I folded the chairs and added them to the stack.

"The other thing we'll need you to do next week is take photos during the meal." Leif gestured to a DSLR strap slung around the top rung of his chair. "Natural group shots, close-ups, you get it. It's a requirement of our funders. I only get paid if I send regular updates of everyone smiling. The clients have been warned not to look into the lens."

I hovered by the kitchen, listening intently to the shifting floorboards as Mansur washed up in the next room. When Leif glanced at me to check I was listening, I nodded along. Part of me was aggrieved, as though this tour were only a distraction from the true course of my night.

The rest of the pack-down was seamless, and twenty minutes later, the three of us emerged onto the street. The breeze from the Bosphorus was chilling. I wasn't sure what relationship the two men had, or what to expect after the formal responsibilities of the night had ceased, where colleagues might head out to a bar for a drink. Privately, I wondered if Mansur was walking in the same direction to the ferry. Leif intervened before my thoughts could meander any further.

"Thanks for your help tonight. You'll get used to all the new information." Leif turned to Mansur, raised his eyebrows, and shrugged. He was communicating something oblique. "We should probably head home, it's getting late. You didn't feed Lazuli yet, did you, Mansur?"

Mansur slanted his chin to the side, the least suitably dressed among us, though he didn't seem the slightest bit affected by the biting cold of the night. He pulled a cigarette from his soft packet of Camels, one of the few brands in Turkey without cautionary graphics.

"The group seems really nice."

Leif snapped shut the buckle on his briefcase, a worn brown leather unit that was tight against his hip. "They are. We're one big family."

"Do you live close by?" asked Mansur between a drag, his eyes set fiercely upon me.

I glanced down at my watch, which still displayed the time zone of a longitude many miles away. "No, I'm staying with my aunt, Yosra. She lives on the Asian side. I should go, too. I've got to get to Karaköy to catch the last ferry."

We said our goodbyes, two quick kisses for Leif and, intuitively, three for Mansur, the way I'd learned growing up. I turned at the end of the street and watched them wander away, not arm in arm, but with shoulders knocking together. I couldn't help myself. Reckless possibilities flooded my mind, foolish thoughts really. Were the two men housemates or lovers?

Open or monogamous? Leif had spoken with conviction about Mansur, but so had Anahita in the kitchen.

Whatever the case, I knew then that I wished to be a gentle cleavage in their binding, for there to be enough room in the something of them for me to loosen a stitch.

MANSUR

SEPTEMBER 2014
Istanbul, Turkey

MY MONEY WAS GONE.

A rage boiled so hot inside me I grew scared of what I might do, who I might become. Enough injustice can forge a monster out of any man.

It was eight months of living in the dorm. I'd been keeping my pay from the cafeteria, as well as a second job as a cleaner, in the pillow sleeve of my bunk bed. I was saving to send home a nice chunk since Western Union fees were high and the exchange rate with the hawala system was not good either. I wanted to be proud of what I sent, to let Mādar and Elaha relax for once, or even enjoy themselves.

On Fridays after work, I would sneak the envelope into the cubicle of the dormitory toilet and lock the door behind me. I purposefully didn't display cash or store my money in the sleeve while there were other people around because it attracted attention I didn't want. The toilet also bought me a few minutes alone. In a shared environment it was a relief to have something private.

When I found 300 liras were missing, I thought maybe I had miscounted. I added it up again, and again, but I kept coming up short. I could hear my dorm mates laughing in the common area and grew furious with each one of them. A shuffle of feet by the door meant that someone was waiting for the cubicle, but for once, I dismissed my desire to accommodate. Did I place some of the cash in a different location? Or was it spent on some expense that I'd forgotten? It wasn't like me to be careless with my money. On the lid of the toilet, I held my face in my hands until a fist banged hard against the door, startling me. I waited ten seconds, then I stacked the notes in the pillow sleeve and folded the sleeve into my bag. Now, even my privacy needed protection.

I video-called Payam from under the thin sheet of my bunk, and in a soft voice I told him what happened. "It's nothing big enough to worry about, eshqam. Are you losing sleep over only three hundred liras? If it's so urgent, I'll transfer you to replace it. I don't like to see you like this."

It was impossible for me to accept any more money from him. Still, part of me felt lighter at a gesture of such kindness. Sometimes it was difficult for me to believe Payam was real, that he really cared about me. We had spent so little time together in Iran, not even twenty-four hours. There was nothing to stop him from making an excuse or deleting my number. And yet here he was, day after day, asking about my work, wondering if I had eaten, how I slept. These were the same things Mādar asked me when we talked. What other language could explain this but love?

On the screen, Payam's narrow face glowed with artificial light. Behind him were thick books on shelves and framed papers on the wall. His lips were padded pink and red. The muscles in his mouth puckered as he spoke, rippling under his soft skin, exhaling music like the folded bellows of a harmonium. He was right. What was lost could be replaced.

I found a new hiding place for my money after that. Nothing could be stowed in the dorm except in the little office by the stairs where the landlord sometimes sat. I considered buying a safe, and then I decided that doing so would invite scrutiny. *What does Mansur have in there,* someone might conspire. *It must be valuable if he's locking it up.*

In the end, I stored my money on the slats under the mattress where it couldn't fall out. I hid it there while I washed my sheets. Someone would need to go looking to find it. They would have to climb the frame and lift the mattress. Other people would notice the thief wasn't where they were supposed to be. The landlord told me when I first arrived, if I stole or broke something in the dormitory there was no forgiveness. He would put me out on the street instantly. I didn't want anyone kicked out, I only wanted what was taken from me to be returned. No explanation necessary.

Law in the dorm was divided into territories. A few men had total control over the windows and the television settings, and the rest of us didn't have any. Those with the power decided if and when music played, and how loud it was. If I decorated the window by someone else's bed or switched the ceiling fan off, it would make a problem for me. I respected the unspoken order, and I had hoped others would respect it also.

Over the next month, I checked the money only when I added to it. I didn't want to seem unwell by changing my sheets more than once a week. Maybe I had imagined the theft. Maybe my fear was causing me to mistake friends for enemies. The men were no different than me, after all. They understood how hard we worked. There were a lot of poor immigrants in Istanbul and not so many jobs to support us. This thinking helped to ease me out of my restlessness.

My social life was almost nonexistent. Sepehr bugged me to return with him to the refugee dinner, but the first one made me uncomfortable, all the eyes on me, the flash. It reminded me of the cruel games that street kids played in Iran when they caught mice. Sepehr had gotten very drunk and I'd had to escort him home. After that, I made excuses for why I couldn't go. I was sick or tired from work, for example, or my mother had been injured at the factory. That detail wasn't even untrue, except the bad news from home wasn't so much an exception as a rule.

"He thinks you're avoiding him, Mansur," Payam said after a lull during one of our phone calls. There was a sadness in his voice. "I haven't seen Sepehr since our days at university. Such memorable times we had together. I was happy that you two had made such good friends."

My breath grew shallow. It was not my intention to disrupt the happiness of Payam. Far from it. I owed him something incalculable. Yes,

Sepehr had behaved improperly at the last dinner—slurring his words and acting on me with hunger—but it was also unkind to completely dismiss him. Maybe I was being unreasonable. There were some things I had to get used to in a new country, people I didn't know, events that felt sharp and confronting at first. In truth, I had barely tried.

"It is my tendency to isolate when something feels threatening," I said to Payam. I was suddenly self-conscious that somebody in another bunk might overhear me. I looked at the eight other two-story beds. It seemed like most of the men were already asleep or elsewhere.

Payam laughed a little and glanced over the top of the screen at something I couldn't see. The silver of his earring winked in the light of the lamp. "He's a good guy. And he's lonely too. It's not good for you to be alone all the time. You can't spend all your life working, can you?"

I wanted to tell him I wasn't alone. I hadn't felt isolation since the moment we'd met.

"Does poetry bring you light?" he'd whispered in the taxi outside the train terminal. It was one of the last things he said to me, and if I can recall, his breath tasted of sweet clove cigarettes.

I'd said yes, it did exactly that. What I meant was that the light of his eyes were my navigational stars. His dimples were more profound than anything I had ever read. After so long without a man to touch, his soft fingers on my knee, the temple of his forehead against mine, that was my joy. I longed for nothing more. He'd pressed a book of Forugh Farrokhzad's poetry into my hands, and it traveled with me, like a collar, to each new place I rested my head.

The words never gave me the radiance Payam had described, but in reading them I felt closer to him and everything else I'd left behind. With time, that, too, faded. Farsi hurt to see now. It made the language, and my distance from it, more real. Sometimes, I turned to the short note Payam had scribbled on the inside cover. Part of me worried his words would lose strength if I returned to them too often, the way even Mādar's pungent espand had lifted from my Levi's jacket.

...

SEPEHR WASN'T SURPRISED WHEN I asked to join him at the next refugee dinner. He understood that his words to Payam had an effect. I didn't like getting baited, much less that he'd succeeded.

Still, he picked me up at the lokanta after my shift. I told him I needed to make a stop at my home. It was habit now to go back to the dormitory and hide my pay immediately. I earned the least of anyone who worked at the cafeteria, even less than the Turk who did the same job as me, but it was my livelihood. The owners liked to hire Afghans and Syrians because they could take advantage of us. A snake will eat anything that can fit inside its mouth.

"You stink like food waste, man, come on." Sepehr pulled his nose and then slapped me on the back. He was laughing, so I noticed that it was a joke. "You didn't have a change of clothes in that bag, damn? There's always cute guys at these things. I need you to help me out."

My backpack grew heavier. When I worked on the roads, dust and dirt left a mark, but those substances came off easily. Grease and cooking oil were different. The smell stuck to the skin. It got inside the clothes I worked in. I told Sepehr to wait out front, and when I came back down in fresh clothes, I asked why he needed my help with men. "Weren't you trying for the German guy to fall in love with you?"

Sepehr stopped to howl. A group of tourists almost ran into him. I made the impression with my face that I was sorry, and they went around. "Love? Mansur, don't be an idiot. Yeah, I tried to fuck him, but man, he was so professional. Every time I touched him, he moved away. European guys are so stuck up. I think it makes his head big, everyone here wanting him because he's white, you know? He just sits there and watches us get drunk. It's weird, don't you think?"

"When I was there, you were the only one who was too drunk."

He rolled his eyes and pushed me into some people walking in our direction. I apologized to them too. I was going to remind him how he had vomited on the wheels of the pilav vendor who'd yelled and yelled while I hauled him into the cab, but I thought of Payam and held my tongue. We crossed Tarlabaşı boulevard, and a few minutes later, the café appeared. I was again surprised by how much could change in just a few streets. There were many Africans and Romani and transsexuals in the neighborhood where I lived, and almost none to be seen here.

Inside, Sepehr went directly for the rakı. He poured one tall glass, and from the side of my eye, I watched him finish the whole thing while I was still getting the name of the woman seated next to me. She wore dark red on her lips and spoke with a posh Tehrani accent.

"Ay, Baba, what are you, the police? All these questions. My god. Are you working for him?" She pointed her nose at the head of the table. I looked up and caught Leif's gaze by accident. He smiled, and I turned to the Iranian next to me with renewed seriousness.

I felt taken aback by her suspicion. I looked down at my dark, unmarked jeans and shirt. No one could think I had any authority. "No, sorry," I said. The chair wouldn't slide back. "I'm just asking where in Tehran you grew up. I know the city. I spent many years there. Most of my life, actually, until I came here. My mother and sister are there still."

"Baby, I'm trying to enjoy myself. Enough with this talk of your family."

"Aren't we supposed to share? Isn't that what he wants us to do?"

"You don't need to make everyone happy. I came because my caseworker said it would help me get to Europe. Will you tell your boyfriend to pass the bottle, ay?" She waved her hand until the rakı got passed down. Across from the plate of fruit, Sepehr squinted his eyes at me, and I feared he had overheard this woman's rude joke, that he was drawing the wrong conclusions from limited information. "Are you not feeding him? He shows up every week and scoffs everything."

I had to laugh a little. We could speak in Farsi and know that most of the other guests would not understand. This woman, who told me her name was Anahita, knew Sepehr was Iranian, and yet she didn't temper her volume at all. She didn't care that his ears were in range. "He's not my boyfriend. My boyfriend is still in Iran. He lives in the north. Sepehr is just a friend." I lowered my voice. "Or actually, the friend of my boyfriend."

"Surrounded by Iranians. Lucky you, baby. Or my apologies, it depends. Those men will ruin your life, so be careful. Anyway, you're Afghan. It's not so different, no matter what they say."

It was unusual to hear this from an Iranian. They were the ones who loved to make a big deal about us and them. I was starting to like her. To the side of her face was the German guy again, addressing the Black woman next to him while staring down the table in our direction.

Anahita took a handful of cherries and flicked them into her mouth, spitting the pits into her fist and littering them on the tablecloth. The servers, three women with round faces and white hats, tried to avoid the spattering of pits around Anahita's plate, laying down platters of roasted dill weed chicken and slimy green rice soup. "Do you love him?" she asked.

I nodded. I was in love. My heart was decided. Nothing I'd known before could compare.

"Aw, baby," she took my chin between her fingers and pinched it. "I feel bad for you. Your boyfriend probably loves it in Tehran. You said he lives in the north, so he's got the money. It's not such a bad life as a rich gay boy. Don't expect him to move to this shithole for you."

A wave of nausea ran down the back of my throat. I emptied my glass of water and beckoned to one of the women in the white hats for a refill. Anahita was not nice, but at least I could trust her to tell me how she felt instead of saying one thing and meaning another.

I was relieved at the end of the night when Sepehr caught eyes with the handsome Somali guy he'd been talking to all night. They were going out as a group to a bar for further drinking. If he ended up angering another pilav vendor, he would be someone else's problem. I wished everyone a quick goodbye. I hated to make a big thing out of splintering away.

"Are you sure you don't want to come?" came a voice from behind me. It was Leif. He had crossed the whole dining room to follow me into the corridor. "It'll be fun."

Even without the camera going, I could feel his blue gaze like a flash on me, filled with expectation now that it was just us two.

"I work in the morning, thanks," I said. "It was a good time here."

"I usually buy a few rounds of drinks for everyone, if that's what's stopping you."

He stayed at the top of the stairs while I made my way down, one step at a time, tilting my body sideways to avoid showing him my back. "No, no. I'm not a big drinker."

"I like that. And listen, next time we can talk about your case. It's important to give yourself the best chance at asylum as possible. You don't want to be stuck here forever, right?"

I thanked him again. I did not explain that just thinking about relocating to some other country was a biting ant on my skin. Learning another language and street names, adjusting to new customs, building trust at such a slow pace. All the same, if Leif could find my name among the immigration cases, then he was powerful. Keeping this relationship was a smart thing to do.

That night, when I removed the mattress to check on my pay, the envelope of my savings wasn't there. All 2,000 liras in cash, every single kuruş, gone. It was no mistake. No one had accidentally climbed up my bunk and lifted the entire bed. It didn't fall out of an open window. Whoever took my money was a thief, *the* thief. I went to the locked cubicle and sat there for many minutes staring at the door until I was calm enough to speak. My anger tasted like metal.

I STARTED TO SAVE UP again, but it was hard not to surrender completely to despair. I apologized to Mādar when she called. I told her soon I would be able to send money. Only it was taking longer than expected. They were understanding. I couldn't divulge the whole truth.

I was never a heavy sleeper, but I started to sleep even less, and the veil was weaker when I did. I grew paranoid of everyone in the dormitory. When I woke up first, I walked up and down the bunks on the tips of my toes. Of course, I didn't find the money lying around, it was probably already spent. No one had a flashy watch or new electronics, but maybe the thief was smart enough to conceal my money some other way. I didn't have the nerve to ask anyone. How could I accuse someone I lived with of stealing? Everyone would only deny it.

I started to bring any money I saved with me to work. I folded it tight and kept it in my pocket, even when I slept. It made a difference for a time. I made a modest transfer at a hawaladar off İstiklal; not as much as I wanted, but Mādar was grateful. She sent a photograph of Elaha's new shoes. They were Nike and white. The image didn't make me happy. I couldn't ignore how many more shoes she could have bought, all the textbooks and stationery and elation. Useful, precious things she didn't have because I had trusted people who didn't deserve my trust.

On average, fifteen other people shared the dorm. It could be any one of them stealing my money, or it could be the landlord. Maybe he was mad that, since the first month, I had paid him in cash. No, it wasn't that. Many of my dorm mates did not have jobs or couldn't keep them. Some used drugs that made them stop caring what they did for money. Many ended up paying rent the alternate way. The landlord didn't think enough about me to punish me like that. I was not special.

There was a Kurd named Barzan who resided on the next bunk. He didn't drink or do drugs, and he was respectful and quiet when he woke to pray. I trusted him more than anyone else there.

Early in the morning were the silent times in the dormitory. Barzan liked to play a simple card game by himself. He would lay out the cards into little rows while he sat cross-legged on the top bunk. Because the bunks were spaced close together, it was likely he had overheard some of my conversations with Payam, and maybe I even kept him awake sometimes. Yet he never said anything about it. He knew that, living the way we did, any small pleasure could save a life.

A few days after I discovered my money had disappeared for the second time, after the anger had settled on my chest and the ferric taste in my cheeks had dulled, I formed a plan to identify the thief. I woke at dawn, performed wudu, and tapped Barzan on the knee, which was hanging off the side of his mattress. I was careful not to disturb the man snoring loudly beneath him, who had finally surrendered to sleep after three days awake. I didn't say anything specific. Actually, I didn't speak at all. I made a gesture with my hand of a cigarette. He understood.

Outside, I told Barzan what was happening. I didn't realize how much the situation was affecting me until I recounted it aloud. A man rolling up the garage door to open his electronics store peered over his shoulder as I started to cry. There were no trees in this neighborhood. Nothing to hide behind. It was all narrow lanes and dumpsters and old slouching buildings verging on collapse.

Barzan was silent for a moment, eyes closed, thinking. He pressed his thumb on the nails of his other hand. Then he said he had an idea about the culprit. "Do you know Yusef, the Saudi guy? I see him by your bed sometimes. When you are at work, I mean, when there is no reason for him to be on our side of the dormitory. He is drinking a lot, otherwise I would have . . ."

Barzan did not finish. His sentence got smaller in his mouth until there was nothing left. I knew it was because he didn't want to speak ill of anybody without proof. That was the way of the devout. That was why I could trust him. The truly religious never hurt anyone. Their god opened them to the world. I believed what Barzan suspected. I had no idea that Yusef had ever visited my bunk. Now I had someone to hate, someone to watch. This made it more difficult.

I started to lose even more sleep. My ears learned to listen for his voice, his accent. His late-night schedule. The glass bottles clinking by his bed, the long hours by the television. He was someone with power in the dorm. He commanded it with his booming voice. I envisioned a revenge, and then I couldn't act on it. Not because I was so religious, but for fear of the consequences. It wasn't just me I worried for. I carried Mādar and Elaha with me always.

The big problem was that Yusef was a bodybuilder. He worked out every day. He drank creatine powder and used other supplements. I discovered this by observing Yusef and listening to the other guys speak behind his back. I could not confront him with my fists. I would lose. I was sure to lose. Then where would I go? How would I live in the same dormitory after I had accused Yusef of theft? He wore a gold chain around his neck with the pendant of Allah's name on it. If he had an idea about my private life, he would consider it a perversion. Payam gave me another idea. He said I should try him with kindness instead.

I wrote a letter to Yusef on some notebook paper. I explained my struggle, how poor my family was, that I was saving for my little sister's private schooling in Iran. We were both men trying to survive this city, united under the same deen. I didn't accuse him. I hoped writing down these personal details would be enough. Payam insisted that if Yusef only knew me, he would empathize and return what he had taken. I put the note on my bed when I went to work. I had hope. Not enough hope to leave my money there again, but some. A little hope is not a bad thing.

It was a forty-minute walk from my dishwashing job to the dormitory. I was light on my feet because my manager had given me encouragement for my quick speed. It was good to feel secure in a place for once, even if the lokanta work was grueling on my arms and shoulders. When I arrived at the bottom of the building, Barzan was waiting for me on the steps, seated like a monk. His eye was red and blue and purple in color. Somehow, I knew exactly what had happened as soon as I saw him there. Barzan said I was lucky I wasn't home when Yusef came snooping and saw the note addressed to him. He had only just left. There wasn't much time.

Upstairs, my clothes were flung out of my bag, hanging on bunk poles like flags and strewn over the floor. Some of my shirts were ripped in the middle. My charger was gone. Pages from books were torn in half. Books Payam had sent me, books I had written in and spoken with him about, books I could not easily replace at any local shop. With the exception of the Farrokhzad poems, which by chance I had taken with me to work that day, everything else was ruined. I was so angry that long black shapes stretched across my vision. What could I do? Other men were in the dormitory too. If one of them saw me trash Yusef's bags, then what would happen? I went over to the group drinking Efes by the television, watching a Premiere League game. I was speechless. They could barely look me in the eye, and none of them cared to say a thing, though at least one of them must've seen the incident as it took place.

"You have to leave," said Barzan from my rear. His skin had turned pale white. "He said if you're still here when he comes back, he will hurt me more. He knows we are friends."

Inside my head I was panicking. It was the middle of September. I had two weeks left of the rent I'd paid for. If I wanted the remainder back, it would cost me. Everything had cost me. And where would I go next? When I left Iran with the smuggler, I prayed to never be so unstable again.

A home was a lot to ask for, yes, but surely I could expect a bed I'd paid for. The keen knife of shame struck my chest. I wanted so badly to have something more concrete to show for all these months of work. It wasn't just a brief adjustment anymore. This was my life.

I pressed my pocket and felt the bundle of cash I'd been saving. This time it was not as dire as last time. I had options now, padding. For a moment, I considered calling Leif. I had attended his dinners a few times with Sepehr, but I could not get excited for them the way Sepehr did. The forced smiles for the photographer and the fancy speech Leif gave at the head of the table. I did appreciate that he was looking into my case. He said he would be a reference for me. But Leif's organization would take time, paperwork. I needed an immediate option.

I was grateful when Sepehr picked up on the third call.

Before I left, I thanked Barzan and offered him some money. He refused, averting his eyes. I felt a heaviness that the bruises on his face were my fault. Maybe he blamed me. He'd earned all of Allah's love with his virtue, and it still couldn't protect him from the warring fists of a man.

For sleep, Sepehr laid a sheet on a cushioned seat at the end of his bed. He lived in Cihangir, a central neighborhood ten minutes on foot from the lokanta. The only rule was that I had to leave before his workday on the PC in the corner began. I was fine with that. My second job cleaning under-the-table in Fatih meant that I left early in the mornings anyway. I could stay there until I found somewhere more permanent. Or if another housemate moved out. I had avoided living with Sepehr because he did not respond well to rejection.

Yet it was a good arrangement for a while. I helped with rent and tidying, and it bought me time. Sometimes at night Sepehr would wake me, his breath hot with whiskey, and send me down to the living room while he had sex. During this time, I spoke on WhatsApp with Payam, who was working long hours at his grandfather's oil company now that his master's studies were complete. Payam liked the work he was doing. He would visit Istanbul soon, he said, as soon as his grandfather allowed him to take time off. Nothing was as valuable as talking to him after a long day. He said he was happy his old friend could help me out of a bad situation. Nine months had passed since that endless night on the roundabout and the chord between us was still there, still strong.

"Khaile poshtet deq shodom," he said as goodbye.

It didn't feel strange that most of the time I'd known Payam we'd been apart. When I said I missed him, too, I meant it facing forward, not just facing our past. The infatuation of love made me believe a reunion between us was fated, despite the odds.

I'd wait for Sepehr's guest to come down the stairs, usually no more than thirty minutes or one hour, and then I would reenter the room and go to sleep, Googoosh's "Behesht" playing in my head.

After a month like this, things changed. An Azeri guy started staying some nights with Sepehr. His housemates didn't care that I slept on the couch. I didn't snore. I brewed tea for them if we were in the kitchen together. Except one of them had a dog, big and creamy white and constantly shedding fur. I didn't know which one exactly because I never saw anyone walk the dog or take care of her. She would come sleep next to me on the couch for warmth. That was fine except for the fleas. All night long, she chased her tail and chewed the bones of her legs.

"Gonāh dārah," I told Sepehr. Any living creature deserved to be treated with dignity. He didn't notice or care. He didn't have a god to answer to. It was not my place to say something.

Then the Azeri guy stopped staying over. Sepehr said they broke up because Sepehr was cheating. He was not ashamed of cheating; he was only sad he got caught. I waited a few days while he sulked and then I asked if I could come back to sleep. It was hard to see open rooms because I worked most days and nights. None of the options were as close as Sepehr's apartment and he paid little in rent, half of which was fine for me to afford. The first night I returned to the long seat at the end of his bed, he came home drunk. His eyes were red and yellow in the dark.

"Look at you, Mansur, you're shivering down there." He was kneeling beside me, rubbing from my shoulder to my chest. "Why don't you come up to the bed, eh? It's better next to me."

I was delirious with sleep. It was almost 3 a.m. and my body ached. "Begzār, Sepehr, stop playing around, I'm tired." I rolled onto my side.

Sometimes in my sleep, I grew hard without knowing. In my dream life maybe I was somewhere else, finally free to be with the man I loved. Sepehr saw my erection and massaged the shaft through my thin pajama pants. "But you want it, I can see you want it. Aren't you going to use this?" His acidic breath was so close to my face. It reminded me of the chemical fires we would burn in big oil drums back home to get rid of our waste.

I stumbled with him to the bed. He was right that I had been cold with only a sheet. I consoled myself in this way. Nothing about what happened next felt good to me, the compress of his hairless body, his unsteady moans when the lotion on my dick pressed into his hole's first ring, my pants hooked around one foot. Sepehr climbed on top of me. His spit entered my mouth, his two fingers too. There was no eye contact. It was hard to see anything. And then it was done.

In the morning, I pulled the heavy blanket up to my chin, felt the soft against my neck. It was clear my shoulders needed rest. I had been working double shifts on most days and waking up many times at night to scratch my bitten ankles for relief. It took a moment to understand why I was so comfortable. Sepehr had left me alone in bed. The sound of the shower came from the hallway. Instantly, I reached for the bottom of the mattress. Nothing. I looked to one side, then to the other. Sepehr's red underwear and mine were on the floor. His Diesel jeans, the fleece jacket he wore. I fell to my knees and grabbed my pajama pants, which had fallen underneath the frame. My hands trembled until I found them. Thankfully, the small clips of cash I kept inside the pockets were still there. No one had stolen them. I sat on my calves and exhaled, shaking.

Sepehr was still in the bathroom when I left. I had learned to move with haste. I tried not to think about him as I rode the tramway to Fatih, yet he stayed with me. I would have to keep sleeping with him if I lived in his room. Maybe not every night, but whenever he wanted it, any time he was unsuccessful finding a quick fuck at the bars or online. Hadn't I known this before? I hated myself for giving in. I should have gotten up when he grabbed me, raised my voice more.

In my head that day, the mop in hand and the stench of bleach burning my nose, I considered talking to Leif again. There was a chance he could find alternative accommodation for me. I could go see him at the office on my one day off, when there was no pressure to perform in front of the Friday guests. He might be mad that I had ignored his invitations to the events, as well as the other messages he'd sent about meeting for dinner and drinks. It was possible he would not want me back in the group at all, but if he did, I had to try. I needed a way out.

DELBAR

JUNE 2015
Istanbul, Turkey

THAT'S HOW I REMEMBER US, FIVE ROSY-CHEEKED MATCHSTICKS PRANCING toward the bar after PeaceMeals, bellies aflame with possibility, the virgin night lapping our necks like the fragrance of perfume. Streetlights hurled catwalks at our feet, cobblestones vibrated with intensity, and patrons spilled out of every shop in sight, their blouses unbuttoned, mouths agape.

An Eritrean lesbian beside me named Poppy giggled and erupted in hiccups, covering her purple pink lips with her hand. To her side, Anahita's red heels formed the arrowhead of the V formation; she shooed the silver flask toward me, as if to say, *what's mine is yours*, and I drank greedily from it. Leif strode next to her, glassy-eyed and shoulders loosened up for once, and at the far end of the after-dinner posse was Mansur, finally relieved of his duties in the kitchen.

Anahita had portioned hefty shots for the guests that night, and barely anyone ate. Instead, the Moog organs and synths of Turkish disco blasted from a portable speaker in the corner, causing the windowpanes to throb. Election results were in, and the ruling conservative party had failed to achieve a parliamentary majority, a brief but meaningful rupture in the president's armor. It meant another election or a coalition government, but regardless, the result put a stay on his power. Even the guests who didn't drink alcohol accepted a shot. Perhaps their applications would gain traction; they'd be in London or Toronto by year's end.

We trudged up a litany of stairs, passing several other packed bars, until we reached a closed door with a butterfly embalmed in glass for a handle. At the threshold, a woman with a shaved scalp and a piercing in one eyebrow tipped her head at us and smiled. The bar had low ceilings, the funk of smoke and liquor-soaked wood, and empty neon-lit fish tanks lining the far wall. A warrior princess drag queen with fatty tissue swirling out of her breastplate was working the room, and Leif bowed theatrically when she squeezed his ass on our way to an empty booth. Poppy stopped to greet some goths at the next table over and gestured for us to go ahead.

Anahita caught my awe in a wry smirk and flicked her nose at the queen, now jiggling her chest at a group of enthralled dykes. Leif left to order, and the conversation reverted to Farsi. "Maybe he's right. Maybe nothing bad will happen. Why go?" Anahita clasped Mansur's hand over the table. "Who do I need to show off for that I don't show off for already?"

Mansur sucked his teeth. "I'm not saying go be reckless," he said, releasing her hands. "But he does a lot for us, no? We can just take the photo, show we were there, and leave. It's evidence for our caseworkers. If he says it's good for our situation, shouldn't we think about it?"

"I have thought about it. Why take the risk? Anyway, I'm a straight woman. I don't eat pussy. What business do I have at a pride march?"

"What, are you going to stay home and drink tea with Poppy while we go have fun?"

Anahita slithered her arms around my neck, hanging them over my clavicles. "See how he treats me, Delbar? He doesn't listen to a single word I say. He does whatever he wants. Just like every other man in history." Tugged toward her and meeting Mansur's crafty expression with my own, I understood then that being the subject of Anahita's ridicule was an elusive prize. "I'm glad there's at least one Afghan with us now who isn't afraid to show a woman some affection."

"Why would there be a risk from going to a pride march?"

The weight on my shoulders lifted, and Mansur's furrowed eyes flashed at Anahita for a moment, a brief discontent animating his face before he replied, "Leif says nothing bad will happen to us. These marches go on without any trouble every year—"

"We don't need more of a target on our heads," Anahita interrupted.

"He lost the election, though?" I flattened my posture against the backrest. "We're not throwing molotovs or anything. It's just a march. Surely we don't have anything to hide."

"Well, he didn't lose the election," Mansur corrected me. He cleared his throat, his hooded eyelids narrowing on me. "He just didn't win it either. There is a difference."

"Did you go to lots of these gay parades in America, then?" said Anahita, confirming in her mind what she already thought.

Something grazed the edge of my knee under the table and stayed there for a moment, stark and purposeful, until I scooped my legs tight under my seat. I was too tipsy to make sense of it.

My vision wobbled. Between the wine and the flask, how many drinks had I consumed? "Yeah, I've been to pride marches before, when I was in college," I said, swallowing the lie. The garish corporate branding and the fear of getting spotted by a taxi-driving uncle had always kept me away from the actual parade. "Like, obviously the police and the companies using us for marketing are shitty, but you can ignore all that. It's just a fun party if you have a good crew. Come on, you'll enjoy it."

Pouting, Anahita shook her head and lifted her chin in the air. I could tell she enjoyed getting hounded, having her mere attendance be the topic of our debate. Who could blame her?

"What about police?" Leif asked, sliding four tall glasses filled with a nacreous substance across the table. He had overheard a word I hadn't known how to say in Farsi. It felt like an intrusion. Leif shimmied to Mansur's side and looked at me in anticipation of a response.

"I was just saying how America acts like the world police," I said, and then, when the pause seemed too loaded to ignore, I continued. "With this double standard even they don't follow. Protecting private property and profit and access to resources. They don't give a fuck about us."

Leif had a bemused, almost patronizing expression perched upon his smile. "It always confused me how anyone was shocked by what happened on 9/11. They had it coming, didn't they?"

I downed a mouthful of rakı and felt the cavern of my near-empty stomach. "There's a difference between a government and its people," I said, trying not to sound defensive. I saw a flicker of something across Leif's face—a momentary faltering, gone as soon as it came.

"Anyway," Leif segued. "Did you hear the news today? They're saying Obama is getting ready to make gay marriage legal. Across all the states in America. It's a big deal."

I heard a scoff to my right. "So what? A Black president and still they bomb Afghanistan, Libya, Somalia," said Anahita, biting her expressed tongue over her lips. "I'm meant to think they're humane because gay couples can sign a contract? They're Americans, violence is in their nature." She added the quip in Farsi and, across the table, Mansur's chin wrinkled.

I gulped down more sickly aniseed, nursing what I was coming to understand as resentment toward Leif's authority. Either way, it didn't feel like my victory to celebrate. Mansur leaned over the table, so close I could smell liquor on his breath. "She's right. They only use our land to train soldiers. The more bombs they drop, the richer they get. America and Afghanistan, they have the same problem. You can't unite a fake country. You can't lead that. The borders aren't real." Mansur's focused attention unraveled me. Acid reflux blistered my throat with tiny fires.

Before long, Poppy and two new trans girls joined our table, and we all squished in around the same booth. Anahita mentioned that she knew the girls from work, though when I asked her where she worked, she rebuffed me, her hair whipping my face as it swished back and forth.

Leif was busy with the new girls, and Mansur listened over his shoulder, never so much as glancing at me, though his knee had returned to its dock against mine, both of us hoisted together invisibly. It wasn't an accident. It couldn't be. Each time I readjusted, he found me again. The bar had packed out now, roiling with voices, drag, and beats.

Accumulated smoke made the air thick and wet. I climbed out of the corner, seemingly the only one made nauseous by the sordid atmosphere, though everyone at the table was also foreign to Istanbul. Only upon reaching the stairs, and gripping the rail for balance, did I hear my name.

Poppy's arms swaddled me, steering me down the steps. With my vision swimming, I gave in, grateful to be guided. I tried to thank her but I heard the slur of my words and winced, concentrating just to keep track of my sentences. Outside was no better; platters piled high with fish bones and slimy shells bled out of gaudy French doors. Two men serenaded a tourist family on accordion and guitar. I planted my ass on the cement lip of a jewelry store.

Poppy squatted in front of me and tried to catch a hold of my wayward pupils. "You were losing color up there," she said. "Are you feeling okay?"

"Yes," I said at last, her round face a red-brown Newton's cradle.

She withdrew a packet of tissues and handed me one, and at some stage I understood that I was crying or, rather, that my tears were visible.

An unanswered text message from Pheroza was searing a giant hole inside my pocket. When Poppy went to go fetch some water, I pulled out my phone and reread the last line.

Qandul wants to know when you're going to apologize.

No compassion, no kindness, only this cutting reminder that my American loose ends were still there. The message had felt so otherworldly when I first received it at dinner, so wrought with forces and passions located squarely in the past, that I'd ignored her without thinking twice.

Despair engulfed me now. My thread to Qandul and my former life was cut. It could never be salvaged, not in one piece at least, not without forfeiting my integrity, shivering tail between my legs. I'd been thrust into this new chapter without my mother's power, however conditional that power had always been. Madly, I grieved its absence.

IT WAS NOON BY THE time I woke up. Once again, I was in an unfamiliar place, cushions shoved under my sore hips and an empty water bottle beside my head. The dank basement where I'd passed out offered no clue as to my whereabouts. My phone was buzzing with the latest missed call from Yosra. All I could muster when I answered at last was an assurance that I was *fine*, though my head sloshed with heavy stones.

Muted light filtered in from a row of windows across the top of the wall. Only passing ankles, shoes, and trouser hems showed. A single bed was set by the wall near where I slept, and the other furniture was crammed like Tetris blocks. On my way to pee, I tripped on a tabby cat, and when I came out, a second cat had claimed my spot on the couch.

This must be the apartment Anahita shared with Poppy and Poppy's Turkish partner. It unsettled me that three grown adults could live in a shoebox of this size, with the derelict sink exposed in the corner, a tower of suitcases and crates stacked high, and almost no free floor space. I rubbed my face, mortified at how wretched I felt.

Then, the front door flung open, and one lurching instant later, Anahita was lording over me. The paisley satin scarf tied around her neck made her look like a surged-up Audrey Hepburn.

"The bitch just freaked out over nothing. One minute she's holding the scissors by my ears, complaining about her husband, and the next minute the blood is gone from her face, like she's seen a djinn."

"Who did? Huh?" I cast my eyes over the room in search of water. "What happened?"

"What did she want me to do with it?" She pulsed her hand along her Adam's apple and flicked it out in front of her. "Am I supposed to wrap a burqa over my neck, so she feels better? If I could hide the stupid thing, I would. Ugly bitch. I'm more woman than she is. I bet her husband sees me at work. God, even the trendy parts of this city are so behind."

She was flitting around the room, disorienting me as she got onto her knees and then mounted the single bed to palm around a set of shelves, clearly looking for something specific.

I felt compelled to say I was sorry. "So, you didn't get your hair done?"

"Of course she did my hair. That's why I went, isn't it? I told her I'd break her windows. I said I'd curse her to hell. Still, she refuses. The audacity, can you imagine? She tells me she's *Muslim*, she can't *do* it. What do I care about her stupid religion? Finally, I say I'll pay double, triple, and she accepts. If I waited for every person to treat me well the way I deserve, I'd be waiting a damn long time."

I managed a half-hearted laugh. My stomach grumbled.

"My god, azizam, get off your ass. What, are you waiting for me to carry you onto the island? Everyone's at the terminal waiting for us." Finally, she discovered what she was looking for—a large weekend bag made of sturdy canvas—and proceeded to pack things into it.

My neck was so stiff I couldn't keep up with her movements. "Island?"

"Poppy's making us go to the Princes' Islands for her birthday. We never get out of the city, apparently. I can't think of one good thing in the wilderness we can't get here. I said I'd come get you after my appointment." She pressed my stuff into my chest and swatted me to the door.

I swallowed the taste of bile and followed her until we reached street level, where a monsoon of greasy faces seesawed around me.

She hooked my elbow and guided me across six lanes of traffic, narrowly avoiding the vehicles blaring their horns at us. "So, listen. I ask this hairdresser to let me buy some product. They always have a fancy hair spray to sell you. As soon as the bitch struts into the back, I grab my handbag, and I run out of there as fast as I can. All the other girls were screaming. *Thief! Thief! Catch her! She's getting away!* You've never seen someone run so fast." She cackled spitefully, and I joined her, closing my eyes in search of headache relief. "In these heels too."

I felt the return of a familiar sensation, something like teetering on the razor-sharp edge of an inside joke, the sheer momentum of craving to be within Anahita's fiercely guarded graces.

Despite her insistence on our lateness, Anahita made us stop at a fabric store. She pulled a bolt of obsidian sequins out of a bin and openly remarked on how hideous it was, ignoring the attendant within earshot. Somehow, stopping actually made me feel worse. Under the dusty fan, the hangover and the rancid sweat from last night were rapidly catching up to me. "Anahita, I appreciate the invite, but I think I need to go home and rest. I'm not feeling good. Let the others know—"

"Don't be stupid. Poppy says you promised her. Of course you're coming." The attendant looked suspicious now, lingering awkwardly at our rear with her hands behind her back.

My cheeks grew warm. Like goose bumps, Anahita thrilled and disarmed me, inducing the feeling of nakedness. "I said I'm not feeling well."

"So sure of things you have no idea about. That's how I know you're an egg. Anyway, come quick. We're only stopping for a minute."

The back of my shirt was stuck to my spine. Dazed, I chewed on her casual declaration that I was an egg, or latently trans. She wasn't the first to allude to it, but she was the first to name it outright. Normally, older trans women at bars just gave me this knowing, almost pitying, look. While it was true that I'd been suicidal when puberty started decorating my body with the trappings of masculinity, since then I'd grown almost fond of my boyhood. Call it Stockholm syndrome.

I went to speak, but Anahita had moved on. "I sew for work. These girls get engaged, but they're too fat for their mother's wedding dress, or they saw something in a magazine, but they can't afford a designer. Then they need me. What they pay is laughable." She finally noticed the attendant spying over our shoulders and rolled her eyes. "But I do it."

"I thought you said men visit you at work, the hairdresser's husband or something?"

She observed me from the tip of her nose, dismantling my face into an assemblage of features. "What, you think a girl like me doesn't have more than one job? I make do where I can."

Though it chafed to receive, Anahita was sharing herself with me. I wanted to share myself with her too. "I worked at a drag bar in America," I said, swallowing my saliva. The guts of the store smelled of vinegar and cellophane. "A lot of the girls there sewed their own dresses."

She spun her neck toward me and apprehended me in a caustic expression, as if I'd finally earned her interest. "What, you never sewed an outfit on your own? Are you rich or something?"

Her eyes bored into me. I searched for the right words. "I'm not rich, I'm just new to drag."

"Anyway, rich or not, you're richer than me." She knocked my hand away from a bolt of gutter-green ruched fabric. "My god, they don't teach taste in America, do they? Better you pay me, and I'll sew you a dress. Turn you from whatever this is"—she looked me up and down—"into a pretty girl. I'm well connected, you know. I could even get you a slot to perform your little drag routine."

This time it was my gaze trailing Anahita as she navigated between the displays and out of the store. Hadn't I spent my breaks backstage, marveling at how the boys transformed into queens, how they blocked their thick eyebrows until they vanished from view? It felt nourishing to receive even the offer of kindness from Anahita, some inner sanctum she and I shared, no matter how temporary. The way she spoke straddled the fine boundary between degradation and caretaking. It reminded me of Qandul.

When I joined her on the street, a lit cigarette sprouted from her slender knuckles. "What happened to you last night? What a disaster. Too lovesick for Mansur, was that it?"

My throat tightened into a fist. Was it so obvious? Fuck. "He is so hot," I admitted. "I didn't realize Afghans could be out like that."

Anahita's grip on my biceps loosened, and she threw her head back to laugh. "Out? That's not what I would call it, darling. All the Persian boys are at least half gay, and don't believe them, they *all* take it in the butt."

I smiled. Iranians had this peculiar habit of recalling the old Persian empire to describe themselves. Certain stately Afghans did it too, insisting they were actually from Khorasan. Qandul used to say it was a foolish attempt to harken back to former glory. They were ashamed of the ayatollah and Karzai, how our once-great people had fragmented into disarray.

She went on. "Germany just approved his refugee status, so he'll be in Europe in no time. Lucky bastard. I don't know why he wants to keep it a secret, pretending like he might stay." Her tone felt deliberately textured. "It's a shame he's with Leif. Although I hear they do threesomes."

I took several deep breaths. No one could force me to relinquish my desires; they were mine and mine alone. In any case, it wasn't terribly shocking that he was coupled. The signs were always there. Why else would Mansur be living with Leif and making dinner for his clients?

We reached the ferry right as the workers were raising the metal plank and, once we'd boarded, I spotted Poppy and Mansur on the upper deck. I was nervous to see Mansur. He was always so composed, and I was acutely aware of my unwashed body. I took the seat beside him, and the conversation stalled to a halt, my dread rendering me speechless.

"Happy birthday, Poppy," I said, my best attempt to break the silence.

A ring of laughter encircled us, and I blushed.

"I wasn't sure you'd remember anything from last night. You were passed out, crying in my lap before I hauled you into a cab," said Poppy, fondling an orange bead in her locs. "It took all of my strength to get you home. I could barely make sense of you. Something about—"

I eked out a pathetic chortle. "It's okay. We don't need to revisit whatever was said. I guess I lost track of things toward the end. But yeah. Thank you for taking care of me."

"A true mess, darling," said Anahita. "Haven't you ever had a drink before?" She plucked a glass of tea from a server and patted my knuckles.

"I couldn't stomach it. That rakı stuff is strong."

I glanced at Mansur. Had I embarrassed myself? It was hard to tell whether his laughter was in jest or genuinely disparaging.

"Let him be. It's a rite of passage," he said, and my whole body relaxed. Something more friendly was inflected when he spoke English. "In Iran, we made that stuff in secret, in bathtubs. It's even stronger than rakı." I wolfed down the leftover börek Poppy offered me.

"You used to make rakı back home?" I asked between mouthfuls.

"No, not that. Pure alcohol. The taste was very bad. It would lock people in sleep for days if they had too much, acting like animals."

Anahita slapped Mansur's shoulder. "Baby, don't give the boy the wrong impression of Iran," she said, watching me with a slight contortion to her face, "We drink tastefully in the north. Cocktails and everything. Don't believe those southern boys. They're vermin."

Before my delayed nervous system had the sense to act, Poppy stepped in. "I'm glad you feel better this morning. You had us worried. We didn't know who to call or where to send you."

"Ach so, you made it," came Leif's voice behind me. He placed a hand on my shoulder, as if testing something, before lifting it a moment later. Involuntarily, I tightened up, registering who was behind me from the expressions across the table. "Gorgeous day for a trip to the Islands."

Canny gulls dived for simit crumbs at the bow of the boat, and only then, in that brief sliver of collective silence, while I gazed out at the sapphire horizon, did I finally accept that I would need to be sick. I ran to the side and the contents of my stomach came unstuck in the spray.

THE FERRY LET US OFF at a town no bigger than a few streets in radius and, after making a brief stop to buy strawberries and cigarettes, the five of us hiked up a large hill at the island's center until we reached a cloudy field of pine trees overlooking the Sea of Marmara.

Anahita and Mansur fanned out in search of a restroom while Leif directed us onward where, he insisted, a clearing lay in wait. He gathered broken pieces of plastic chairs and election adverts and deposited the debris behind the shrubs. Then, he set up a tripod and installed his video camera on it. Poppy rolled her eyes gingerly toward me, and I tucked my smile in the folds of my neck. It seemed the reporting guidelines of the organization extended to our social activities, too.

I held one end of the rug, and we weighted the corners with provisions: the wine bottle, a thermos, the cases of fruit, and a box made of light-colored wood. When Leif clambered back up the slope, the grass peppered with stones and wildflowers except for the patch Poppy had chosen, his fists were strung up on his hips, and he was beaming. He joined Poppy and me on the blanket and the three of us reclined there, absorbing the landscape, whiffing the salty air like poppers.

In the distance, a knob of earth broke the surface of the water. "Somewhere in that expanse is Greece," said Leif. "Europe, where everyone is trying to get to. Seems so close now, doesn't it?"

Poppy lifted her thumb and pressed it onto the distant sea. "It's strange to look at the West. I always think of it as a concept, but then it's right there," she ventured, taking his bait, although he quickly segued into a history lesson about the Ottoman crusades and Constantinople.

At the edge of my vision, I noticed that Poppy's elbows hugged her ribs, and her fingers were slowly combing her collarbone. She'd been checking her phone on and off all afternoon. "What's wrong?" I asked. "You seem kind of distracted for your birthday."

"Oh, nothing," she said, averting her eyes and shaking her head, already dismissing herself. "It's just Deniz. I wish they'd been able to come today. They would've loved it up here."

"She—I mean, they, they're working, even on a Saturday?"

Poppy hummed, raised her head to answer further, and then sighed. The vastness of nature, and of circumstances beyond our control, endowed her sigh with tranquility.

Soon enough, Anahita ambled back over with Mansur a few feet behind her. She caught my eyes and flopped down beside me, planting her head on my chest. A moment later, Mansur joined us as well, rolling onto the corner of the blanket to reach for the green thermos of tea.

Leif didn't miss a beat. "Why were you gone so long?" he asked. The question was plainly intended for Mansur, his tone barbed.

Mansur relished the final sip and screwed the cap on slowly. I thought I saw a flicker of irritation across his face, but he responded calmly, his attention fixed on the sea. "It took us some time to find a suitable bathroom for Anahita. Her butt is very selective, don't you know?"

Anahita burst out laughing and shifted off me and onto her back. "Leave the children out of it, please," she said, slipping back into Farsi.

Dismal sunrays glowed behind a thick swipe of descending cloud cover. Poppy grabbed the square box from the corner of the blanket and pulled Anahita up for a round of bocce.

I was left on the rug with Mansur and Leif, who was now erect and staring coldly across me. I knew the women were playing to avoid this tension, but I was simply too curious to join them. It took a great deal of self-restraint to not pan my gaze back and forth between the pair.

At last, Leif spoke up. "You promised you'd stop getting high," he said, his earnestness tempered with suspicion. "If someone catches you with even the smallest amount of weed or hashish, it will jeopardize your case. You'll never get to leave this place."

"I prefer not to talk about it right now," said Mansur.

"Don't deflect, Mansur. Anyone can see that you're stoned."

Mansur coughed, stretched his arms, and placed them as a pillow behind his head. When he responded, he did so casually. "It was too windy to light the joint out here."

"Don't make me feel like I'm the crazy one," said Leif. He pounced to his feet, glowering down at us, resentment coloring the sharp angle of his jaw. I could sense a history of previous conversations, of appeasements, of both men biting their tongues because I was in the crossfire, and yet Leif's composure—his matte shirt pressed neat like black butcher paper and hair cropped to the scalp above his ears—betrayed none of this. He marched off into the field of pine.

I sighed, pouring myself wine, then offering the bottle to Mansur.

He smiled and shook his head, surrendering a lungful of air. "He's just taking a walk." He rubbed a blade of grass between his fingers, his shoulders hiked up to his ears. "It's not always like that. Me and him."

It was clear from what I'd seen that something insidious brewed beneath the surface, shaving at his resolve, though I wasn't sure if he'd confess it. "Why's he so worried about your case?"

Mansur paused for a moment, using his thumb to flip the shreds of green crumbs and dirt into the field in front of us. "Leif was a big reason I got residency in Germany. He's in a rush to leave. He says now is the time to do it. Before the situation gets bad. Or in case it gets worse."

Selfishly, I didn't want him to go anywhere. "But you're not sure?"

He turned to me, perhaps surprised that I was questioning him further. "I worry about moving, yes. If I pack everything up and move all the way to Berlin, then I have only that, only him. You understand? Everything will have to begin again, starting from our relationship."

"I think you should be free to smoke a joint with a friend, it's not that serious." For my own sanity, I had to ask. "Do you really love him?"

He hummed, chewed on a thought, and then dismissed it, "I loved a man once, back in Iran. I'd been with other men, sexually I mean. But he was my first love. I always thought that we could've made it work if I wasn't forced to leave, but now I don't know anymore. I'm not sure if we would've." He stopped to steady his mouth. "What I mean is, there are more important things than love. I stopped expecting my relationship with Leif to feel the same way my first one did."

Since the moment I first met Mansur, I'd been inundated by everything he represented. Wiping sparkly eye shadow off the cabinet, I'd glance outside and see ruby-pink carnations jutting their necks out in twos. Jet-black curls appeared between the pages of my Bolaño novel and, some mornings, a faint letter *M* even darkened the grains of my toast.

In the dying light, Poppy and Anahita packed up the bocce balls and strapped them into the wooden box, pecking at each other's ribs and screeching like companion parakeets.

Now, the man from my fantasies was beginning to splinter apart, and in his place was someone real: spread out mere inches away from me, fondling an ivory wildflower, gazing up at the same forked branches I was staring into, touching me without any point of contact.

MANSUR

SEPTEMBER 2014
Istanbul, Turkey

IN MY MIND, THERE WERE TWO CHOICES A PERSON COULD MAKE AFTER betrayal: resent the cruel world that caused you pain or move with grace, so no one else would have to suffer the way you suffered. Her lungs, her husband, her home, Mādar had many reasons to harden, but she didn't. My whole life I never heard her yell at us.

When I was new to Iran, and before I learned how to fight back, I would return from school some days with cuts and bruises all over. If Mādar was home, she'd take my neck by the crook of her elbow and hold me against her chest, cradling me there until the anger was gone, soothing my sobs with the same story she'd heard when she was a child.

Once there was a brood of hatchlings born in the lush mountains of Takhar. Lizards, hawks, and snakes attempted to eat the eggs, but mother bird kept them safe under her watchful eye. When the time came, each bird grew feathers and departed the nest except for the baby bird, still bald and losing faith in flight. Mother bird insisted nothing was wrong with him. His time would come, she cooed, if he only waited long enough. Privately, her heart shattered for her child. She traveled night and day to bring the grubbiest worms and sweetest seeds to the nest, but it wasn't enough to lift her baby's mood. He yearned to join the other birds that twirled in the emerald valley below.

Mādar would boil water in a big tub and add spices and herbs from the market until the whole flat filled with the potent smell of her love. Then, with a wet cloth placed on my injuries, she'd continue her story.

One by one, while the baby was asleep, the mother plucked out her own feathers and hid them in the lining of the nest. Not once did the baby notice the bare patch on his mother's neck and belly. He was too busy pining over the birds and butterflies who visited the neighboring branches. He dreamed of joining them, and he marveled at how the sun sparkled on the blues and greens of their wings. At dawn one morning, his mother shook him awake and there beside him were the very feathers he longed for, arranged in size and design for the different parts of his body. A miracle! He trilled ecstatically. Mother bird dug the feathers into the supple dark skin he'd feared he was doomed to endure forever, and finally, at dusk, hopping onto a nearby perch with fresh levity, he admired his plumage. It was the best moment of his life, and without delay he launched into the sky and flew as fast as he could, inhaling a feast of insects.

Mādar's hand on my forehead often slipped as her words sauntered off into drowsiness, but I never let her rest without finishing the story.

Weeks later, after drinking deeply from creeks and scaling mighty snow-capped peaks, the baby bird returned home and found his mother withering away. She'd never left the nest. She couldn't fly anymore. He saw the swollen surface of her featherless skin and understood the sacrifice she'd made for him. Before she died, she whispered to him. She had no regrets. She'd do it again a thousand times.

With age, the story had accrued the bitter flavor of wisdom. That bird was Mādar. She'd protected her heart, and her children, from what the ugly world had done to her. Yes, the damage showed in other places—her wispy skin and fingers marked with calluses as rough as bark—but her heart she kept safe. Schaesta Ama had taken a different path. Unlike Mādar, whose stories painted fanciful worlds, who dreamed large so she could forget, Schaesta Ama fixated on every moment where someone had done her wrong. When Mirwais from downstairs had friends over, sometimes the musk of hashish or opium rose between floors, and the moment she smelled anything, she demanded Elaha go down and put an end to it.

If a friend was late or showed not enough eagerness to say good things about her lāndi palau, she remembered, and it deepened her indignation. "Ungrateful whore," she would say as they descended the clay stairs, snarling at their heels from the door. "That's the last time I toil in the kitchen for them, or for anyone else. You all think I'm an endless supply, so you take, take, take. Is it ever enough, or will you wring me dry?"

With Mādar at work so much, Elaha and I learned to stay quiet, when to look down at our feet, and when to respond. Schaesta Ama could spend hours berating us or her dead husband for leaving her in this squalor, and she'd go on and on about the gall of Iranian superiority, all the ways the country was to blame for her—and, by extension, our—situation. Sometimes it was early in the morning when she finished these diatribes and, by then, the hate had only further hardened her heart. You could see it in her scowl, the pain of her joints, her impatience.

I never wanted to become like Schaesta Ama, yet my memory was also my curse. The anger at what Yusef had stolen from me put fire inside my veins and, daily, I grew furious from remembering. The more Sepehr came for me at night, and the more I relented, the more I felt Yusef was to blame. I had been fine in the dormitory. It was the cheap option, and it made sense for my situation. I didn't need much and, most important, I didn't owe anyone anything there. All that changed when I moved in with Sepehr. Suddenly, there was a debt over my head, which felt different to the debt I owed Payam. I thought of Leif, but, again, I couldn't do it. I refused to become someone else's charity. It was easier to point to Yusef as the root of the problem.

So, I began waiting for Yusef across the street from the dormitory before my morning shift. He stayed up late, so he never left home very early in the day. I recognized the other men who would come and go, too, including Barzan, but I made sure that none of them ever saw me.

After the shutters of the electronics store went up and the old lady had stacked the fruit and vegetables on her cart, Yusef would finally emerge. He wore earphones, track pants short over his ankles, and either a white singlet or a black one. I followed from a distance, observing his daily route. He would stop for a protein shake, and then crossing the causeway, he'd disappear inside an industrial warehouse gym. I would sit at the edge of a shaded courtyard nearby with the mangy street dogs until it was time to go to work, and then the next day, I'd come back again.

Soon, my thoughts of Yusef had grown monstrous. He plagued me as I bleached urine from the floor, and he was there when I dried each dish at the lokanta. I knew I should be using my mornings to look at room listings, but I couldn't help it. Heavy bags formed around my eyes, and my anger alone fueled me, as it had always done for Schaesta Ama. The shake he drank, his gym, all of it was paid for with *my* money.

One morning, as I was leaving Sepehr's home in Cihangir, I saw a small knife on the counter and instinctively picked it up. I fingered the blade in my pocket, nodding to the old lady and the electronics salesman as if nothing was different. Right on time, Yusef walked out into a light rain, and hunched against the doorway, I pictured the scene play out like a serial. His singlet wasn't thick. It wouldn't protect him much, not if I was quick. I could glide the fang right under his shoulder, where his back muscles bulged like qaymāq. He wouldn't die, but he would suffer and bleed. My money would be there, all of it, or maybe even more than before. In the shock, I could get away.

My breath started to get heavy. Raindrops slapped my eyelids, jolting me awake. The moment was here. I could take my money back from the thief. Mādar and Elaha would be grateful. I would make them happy, prove that my decision to leave was not selfish after all, that I was working hard in Istanbul and making sacrifices to give them both a better life.

The streets were narrow. Open-mouthed plastic bags, diapers, and dog shit idled by the dumpsters. A growl strummed my throat. I was only a few meters behind Yusef and rapidly closing in. The rain had cleared the pedestrians. I wrapped my fist around the handle, tightening and relaxing my grip, anticipating the resistance of his muscles, the smooth entry of the motion, like shoveling wet dirt. I lightened my step. I focused on the groove in his back where I would land, and then I choked. I released the knife and it fell to the ground. The world stopped and so did I, panting while the beastly shape continued forward without me.

The feeling in my body was something religious. I thought back to the first time at the masjid with my father. Baba had always held that I was too young to join him—*stay out with the neighborhood boys,* he'd say, *once you stop chasing hares you never restart*—but finally, after begging him for weeks and weeks, he'd agreed to take me with him. I didn't know any of the Arabic words the imam spoke, or even what the movements of namāz were for, but the hollowness of the space, the impact of the sound, the power of all those people praying together, it transformed me. I felt the electricity on the inside of my bones. There was no language for it.

Who could say if it was Allah who intervened that morning in Tarlabaşı, since I never grew into a man who believed with my entire heart. Schaesta Ama and Mādar used to thank Allah for every little good deed and then blame themselves or each other when things didn't go as planned. My teachers pushed the same belief, but in my mind, that seemed wrong. A just god would have let Elaha go to school; she'd never done any wrong her whole life. A just god wouldn't have killed my father at the border when he had a young wife and children who needed him. If someone like Yusef could call himself religious, I didn't want any part of it.

I had just over an hour before my cleaning shift began. There was no hunger left in me, no regret. With the rageful vengeance at bay, the swell of my heartbreak took shape.

The gaps between Payam's messages had grown longer. He was online, then offline, and then online again. He was seeing my name on his phone and ignoring it. At the start of my time in Istanbul, he would respond immediately when he wasn't at work or asleep, but the messages had become sparser. I tried not to panic, but his tone had become icy as well. I knew why. Sepehr, who was a jealous and spiteful man. Sepehr, who had never known true love because his heart was too small to nurture it. I was sure he'd said something, planting seeds of doubt by insinuating that, because we fucked and slept in one room, there was something going on.

I didn't want to tell Payam the truth, and Sepehr would never admit the sex was unwanted, so Payam probably thought it was mutual. If I alleged that it wasn't, Sepehr would just say I was lying. After all, why would Payam believe me over his old friend? This was a new feeling; I had never questioned my closeness to the man I loved before, and his loyalty to me.

Turning onto the street where they held the refugee dinners, I knew in my heart what I had to do. Leif had left me text messages and missed calls. I wasn't good with my responses, but if he could help in some way, I had to ask. I passed the stairs and made toward the office door.

He was typing on a computer when I knocked, wearing a pair of glasses that made him look scientific. He spun his chair, opening his legs. It was the first time I was the one to surprise him and, after blinking a few times, he cleared the files he was working on and invited me inside.

The nerves went loose in my fists. I rolled the chair toward the door, and then I sat. Instead of fussing about why I hadn't returned to his dinners or called him back, I spoke very frankly about what I needed: a new place to live, support with my paperwork. "It's okay if you can't help," I stammered, casting my eyes at the tan-colored folders on his desk, where photographs of people like me were clipped to each file. The closest one was a young woman with a purpled eye. Her expression exposed an eternal sadness. "I only wanted to see if there was some chance."

It felt impossible to look at him while his eyes were trained on mine, but I forced myself to meet his gaze, man to man, the way my father had taught me. "You know, it may surprise you, Mansur, but I started my career as an accountant. Years ago. I loved it, making sense of people's lives." I tried to push my chair back farther, but the wheel was caught on the rug. He continued, "The great thing about numbers is that you can make them fit together perfectly. If there's a problem, you can find it and get rid of it. The numbers want to be resolved. You understand?"

I realized, as I scanned the walls, that there were no windows anywhere in the office. "We're not like numbers, if that's what you're saying."

He laughed, then closed the folder with the woman's face as if sensing my curiosity. "Not at all. The opposite. Sometimes in this work, I've found that problems have a way of hiding themselves, and the bigger the problem, the more pressure there is to stay hidden." All the folders went into his backpack along with his silver laptop. "I've helped many people over the years and, in my experience, the people with the greatest need are often the least likely to ask for help."

Hugging the backpack in his lap, he stopped for a moment, his eyelids pinched. "Come to the café next door with me, will you? Let's talk about what we can do to advance your case."

I couldn't deny the relief swarming inside of me. The sense of security he commanded was intoxicating. I told him I had to go to work soon, that I wasn't hungry, but he only smiled. It wouldn't take long, he said, and it was so stuffy in the office. I found myself agreeing.

When the food arrived, there was two of everything, including a separate pan of fried sausage and egg. "What is all of this? I only asked for tea."

"All these months you've lived here, your Turkish is still no good?"

My face grew red. I sipped my tea and burned my tongue. Foreigners were all around us here. The café was outfitted in the modern style; the design lacked in objects and was cold to touch. I told him I didn't have time or money to take language classes. "Anyway, I don't have friends here. Everyone I am friendly with is in Iran, or else back in Afghanistan."

He dipped some cucumber in honey and then hummed. "What about your friend Sepehr? He's come to a few of the dinners. He says you're living with him now."

Instantly, my eyes dropped. The torn half of a wormlike pastry felt leaden in my fingers. To our side, an orange cat was licking a piece of cheese offered by a neighboring table, her fur silky-smooth and long.

"It is not a good situation for me there. I need a new place to live."

The woman from the café came to see if we were done. I had only a few minutes left and, in my head, I was calculating whether I could afford the cost of the platter and the tea. Leif had his elbows on the table, and he put his chin on his hands before he started to speak again.

"Listen, Mansur, I am in a position to assist you. I can make changes to your file, if you let me, so you don't have to travel so far for your appointments. Pair you with a better caseworker. Write the support letter for your application, to give you the best chance of getting out of this country sooner rather than later." He sat back. "But only if that interests you."

My heart was racing now. If he offered me a way to Europe tomorrow, would I go? Was I ready to pick up and leave again? The woman brought the bill in an ornate incense container. I reached for it, and he brushed my hand away.

"Why would you do all of that for me?"

His expression was sincere. I wanted to believe he meant well, that his kindness would not come with a cost. Still, I found it hard to accept. My mind refused him entry.

"It's part of my job. I have a professional network. The system is unfair and slow, but at least I know how it works."

From Yusef to Sepehr, so many people in Istanbul were putting blocks in front of me. Now I was finally meeting someone who could make it easier for me to move forward not back. So why was I resisting him? Had I grown so used to this condition that I was obstructing my own path?

"I have a spare room in my apartment in Beşiktaş," he said, slowly, as if enticing a fox. "The person who was renting it moved out suddenly, and I'd like to replace him as soon as possible." Leif's eye beckoned me to return. The moment felt very hot. "I don't need an answer right now or anything. Just think about it. You'll want to come see it first, I imagine."

I didn't need to do any of that. All my days I spent thinking, debating, regretting. About lost money, Mādar, my sister alone with Schaesta Ama in Iran. It was enough thinking and enough waiting. I wanted to wash my hands clean of the dirt. Right then, I told Leif I would take it.

LEIF INSISTED ON HELPING ME move out. I warned him I didn't have much to pack, yet he was still surprised by how little I owned. I only bought items I needed, I told him, if something tore that couldn't be sewn back, for example. Sepehr and the dog trailed as I checked the kitchen, the bathroom, the foot of his bed. I was hoping he wouldn't talk about us. To put words to it felt like the graver disrespect. I feared how he would twist the story of my leaving to Payam in his favor. In this way, leaving felt like a risk, like I was forfeiting the link to Payam. But I couldn't stay, either, and I wouldn't have what I longed for, even if I did.

While Leif waited in the taxi, I accepted Sepehr's hug when he walked me to the door. He held his gray beret over the middle of his belt. I thanked him for whatever he had done for me. Beside him, the unwashed dog stood at his heels, chewing on her leg like it was wax candy.

"We had fun, eh?" Sepehr winked at me as I strapped on my backpack. "You'll come visit, azizam, yes?" It was not a surprise that he was playing dumb, especially with Leif close by.

I never wanted to see Sepehr again or be anybody else's footstool. Standing there at the door to be polite, I felt insects crawling on my skin. Maybe it was easier to blame Yusef for my fate. At least I had never truly known him. Sepehr was my first friend in Turkey. I arrived expecting more from this country. Instead, I learned that there were Yusefs everywhere.

In the taxi, I put my bag in the seat next to mine, even as Leif offered to move it to the trunk. It was habit to keep my valuables in my sight.

I'd spent many nights in the back of a truck clutching my bag when I was traveling across the eastern part of Turkey by myself. The memory of sharing a car with Payam that final morning had not disappeared, though the finer details of his features were indeed fading in my mind. Parts of his face were growing harder to recall. Only the silver-jeweled earring was still preserved, such that every silver-eared man I saw was Payam, under the right light and a generous angle.

"Everything okay back there?" Leif swiveled back to me from the passenger seat, his expression harboring genuine concern. I felt bad for not sharing what was on my mind with him. Even after everything with Sepehr, I still didn't want to tarnish his name.

"Yes, I am glad to be leaving."

Outside the window was a large palace with tall walls that kept going and going. Leif's orange-yellow hair next to the gold on the passing building made him seem less assured, more human. For a moment, I had a glimpse of a different future I never imagined for myself before.

Both of us were silent for a time. Then he spoke to the driver in Turkish. "I want to show you something special," he said, turning back to me. "Will you be late for work if we detour?"

"It's two hours before I start."

He grinned in a shy way and then returned his eyes to the window where the ocean was visible for a moment, before the driver sped away from it. "You know, the first time I came to Istanbul, I was a child. It was with my parents and my sister."

I noticed Leif's hands for the first time. They were small and thin, the skin around the knuckles more wrinkled and rougher than I expected it to be. "Are they living in Germany still?"

He saw that I was looking at his hand and withdrew it from the center console. "My father died when I was young, and my mother is sick. She's been in and out of chemotherapy for the last few years." We stopped in traffic. I didn't want to ask more than was appropriate. "We are always on edge in case the cancer comes back. Gwen, my sister, she wants me to be present, but it's difficult. My mother is not an easy woman, especially now. You understand?"

I nodded. It hurt to think of Mādar in pain. "It is hard to be far away."

"Genau," he sighed. "Maybe that's why I want a family of my own. One day, I mean. To set right the wrong. Is it so bad to imagine that?" He swept away ash from the driver's cigarette.

I couldn't think of anything my parents had done wrong. Like the featherless mother bird, all the decisions they made for us were difficult but necessary. "It's not bad to imagine," I replied.

My lips grew dry, and my eyes landed on Leif's smooth jaw in the rearview mirror. He was kind to me. He was checking on me during PeaceMeals, commenting if my plate was empty or under filled. I was not so foolish to think he acted that way with everyone at the dinners.

Still, I accepted his treatment. Maybe he sensed the hesitation in me, my distrust. He wanted to prove himself and, after all, it was possible I had misjudged him. I didn't want to become suspicious like Schaesta Ama, always hunting for the worst in people, sniffing out treason where there was none. I wanted to stay open no matter how I'd been treated.

When we arrived, the place was some kind of public park. At the gate, there were families, but more than families, I noticed that all the adults formed pairs. Men and women of all ages, holding hands, scooping up licks of each other's ice cream cones with their tongues. Leif saw me looking.

"You know, in Germany it's normal for men to hold hands. It's not like here where two men being affectionate would cause trouble."

I drew my gaze down. "My father held the hands of his friends, back in Afghanistan. It is normal there too." I remembered chasing cousins around the stilted legs of men who'd massage the shoulders of their former classmates, linking elbows to take walks in view of their wives and children. Affection was no secret.

Leif flicked the back of his teeth. "Not like that, Mansur, you know what I mean." He thought I was joking. "Gay people. They're everywhere in Germany, especially in Berlin where I'm from. They kiss in public. They do a lot more, too, depending on the club you're in." He gave a short, solitary laugh. "No one cares there. No one says anything."

I don't know why he was bragging about his country. There was more money to be made in Europe, yes, but I had my own plan separate to his. First I wanted to bring my family here, pay the lawyers to do the process properly, have them travel comfortably on one plane, and welcome them in a home of my own. Whatever I had now wasn't anything yet.

I pictured Mādar and Elaha here in Emirgan Park. The bursting colors were astonishing. Thousands of tulips grew in waves of red and purple and yellow and pink. Vendors sold tulip balloons and tulip candy. There were birds made of flowers and sculptures shaved in green. Even the bins were tulip shaped! I had never seen anything like it. Leif explained that this cultural festival happened every year. I wished that I could enjoy myself fully, but here was my mind again, imagining Payam's face as we read poetry aloud on the sunlit grass; his defiant pose for my camera, demanding to know how it was fair that I allowed him no photos of me.

At the bottom of the park was a pond where a plump duck snapped the wagging tail of another. A chai wallah offered tea, and we sat on a bench to drink it. Quiet came over us, but it didn't feel uncomfortable. Actually, it was beautiful to sit there watching the slow creep of shadows across the water. Then I felt Leif look directly at me, his body shifting on the bench. “Mansur.” His jaw was stuck in an unnatural posture, and his lips were split open. “You know I’m transgender, right? I lived as a girl when I was small. You knew that, yes?”

I tried to take a long time with the tea in my mouth. Most of the trans people I had known back in Iran were girls like Anahita; they walked around in high heels in the lower-class parts of the city, near where we used to live. Or bacha posh in Afghanistan, where a poor family would dress up their girl as a boy because it was easier. Some chose to stay that way forever. What I wanted to say was difficult in English. I didn’t intend to show surprise. Mostly I felt relief. It was maybe a sign that yes, I had judged Leif too quickly, without knowing all the facts. So I nodded and said, “Of course. You are not a girl anymore. You’re a man, that’s how I see you.”

Leif seemed okay with my answer. His fingers that had been clamped onto the edge of the bench loosened, and he brought them slowly back onto his knee. I had passed the test. I think maybe he was expecting it to go some other way. “I don’t need to make a big deal about it.”

My face was warm from the sun. “Nothing is different.”

In the corner of my eye, a suppressed smile fanned across his face, etching thin, deep lines on his cheeks and forehead. I waited until he’d adjusted his gaze to tell him it was time for work.

I was wrong about nothing being different, or I hadn’t understood yet what was changing. My attitude to Leif was transforming. My eyes were landing lighter on the pink-white of his skin and the pastry tone of his hair. How he didn’t smoke cigarettes and dressed always in layers of black. This way that he was so sensitive and yet so ill at ease, slight in stature and still shouldering the whole operation of PeaceMeals, all these clients and their case files and their complicated histories.

Among so many Turks with similar features, Leif was a freak in this city. I’d never considered what we had in common before. Maybe he saw the freak in me too.

DELBAR

JUNE 2015
Istanbul, Turkey

THE MORNING OF THE PRIDE MARCH, YOSRA WAS UP EARLY. I HEARD HER shuffle into the kitchen, the sound of her scratchy slippers a near-constant presence in the apartment.

"How'd you sleep, bachem?" The breakfast bench seemed to swamp her. She sipped her tea and spoke in a hush that suited the half light.

From her cherry-red thermos, she poured me a glass beside her own, the loose green leaves swirling to the bottom with the sediment of ground saffron and cardamom. Her eyelids were swollen. All week she'd been out working late, sending home messages to order takeout for the girls and limit their screen time. Once, while explaining why she was on hold with a lawyer in Masan and a Kurmanji translator, she remembered an email and then, after a few minutes, looked up, wide eyed to see that I was still standing in front of her.

"A mosquito was stuck in my room," I replied, swishing the tea in my mouth. A photo of Yosra and the girls was affixed to the fridge with a star-shaped magnet, scissored awkwardly so a hairy forearm was draped over Yosra's neck. Next to it, a sticky note tallied the number of times Qandul had called asking after me, which now reached double digits.

Her eyes flickered behind my head. "Did you open the balcony door?"

I bit my lip and swore under my breath. Wincing, I pressed my palm to my jaw as she continued, "I can't defend you from everything, bachem. You'll have to learn to protect yourself eventually." She picked particles off her pajamas, a small pile of lint amassing on the bench.

"I'm perfectly capable of defending myself from Qandul, if that's what you're referring to. I'm just not going to apologize for being gay or wanting to do drag or whatever."

Yosra looked up from the pile, her mouth parted. "I never asked you to apologize for that."

"Then what are you asking me for?" I was aware the volume of my voice had increased. The sun had risen slightly, too, and the lamp in the corner was quickly becoming obsolete.

She swept the pajama fluff into her palm and disposed of it. Then she collected a jar of nuts from the pantry and calmly resumed her seat. "Delbar, you are your own person. I respect that. However, I can't keep answering Qandul's calls on your behalf and attesting to your well-being. If you'd like me to mediate a conversation between the two of you—"

"I don't want to talk to Qandul."

There was a rustle from the hallway, and Yosra glanced to my rear again. "Well," she said. "Running from your problems is not going to work either, is it? Your mother has always cared too much what people think, but in the end, she loves you, and she wants what's best for you."

"Don't you remember how Qandul treated you and Omar when you decided to move the family to Turkey?" Yosra recoiled, lengthening her neck. "She was irate with you."

She rolled an almond back and forth between her fingers, its brown flakes shedding on her pajamas. I went on, gaining ground, "You should've heard her. All the ways you let us down; how stupid it was of you. The shit she's saying about me now is the same shit she said about you and Omar when you left. You're only on her good side if you agree with her."

I felt a shadow in my periphery, and Darya floated across the tiles toward her mother, who snapped her tongue and embraced her. "Listen,

Delbar," she said, her voice now stifled behind a throng of unruly black hair. "I'm not your enemy. You wouldn't be here if that weren't the case."

A groan emerged from Yosra's arms. "What did Khāla say about you?"

Yosra leered at the cabinet, the look loaded less with disapproval than frustration at the interruption. "Eat some apple and I'll tell you, okay?" She turned back to me. "Call your mother, Delbar, if only to tell her how you feel." Yosra pulled Darya onto her lap. "Bachem, the rest of the family was not happy with us leaving America. They thought we were turning our backs on paradise. If we'd listened, we'd still be at the same shopping malls wearing the same useless brand-name clothes. They never understood why we wanted something different for you."

A moment later, Nafas appeared, and Yosra began the arduous daily ritual of attempting to feed the girls a nutritious diet, a responsibility I largely neglected when I looked after them.

I washed our dishes, but before I left, Yosra stopped me at the door, a fresh glass of tea in hand, resuming her placid demeanor from earlier. "Be careful out there today, okay? There is freedom to assemble and march here, but you never know with the police. They don't distinguish between peaceful marches and riots. It's all the same to them." I sensed the fear in her voice, or the fear disguised as concern. She fidgeted with the ends of her hair. "I'm worried it could escalate."

It was unusual for Yosra to caution me. Wasn't she the one nudging me to get out into the world? "A bunch of queer people will march down İstiklal, what's the worst that can happen? The cops are dickheads everywhere. Anyway, everyone has a camera phone nowadays, they can't just do what they want. Leif says this pride march has happened every year without any problem. There's nothing to worry about."

"Yes, but it's not like America. The police in Turkey, they don't like the LGBT. There are no laws to protect you here. You need to be aware of that." She blew softly into her glass. "And the march doesn't usually coincide with Ramadan. We can't predict what that'll mean to them."

I shrugged. Sure, a part of me feared escalation. But I had spent so long in stealth in D.C. Now that I had a do-over, I refused to cower. "If the police are fasting, won't they have less energy to come after us?" I quipped, meeting her pleading eyes with steeled determination. "Either way, the police hate us in America too." I softened, sensing Yosra's seriousness. "I'll avoid them, whatever the case. You don't need to worry. Really."

Yosra exhaled. "Just remember, they look at you, and they don't see your American papers. They don't hear your accent. They see a Turk. A gay Turk disobeying the custom in Turkey. It matters."

I laughed, if only to ward off any unease. Here was a woman who'd fled Afghanistan after her school was bombed, who'd fought to get scholarships and internships and had shoved her foot in every door, who'd taken her family into and then out of America. Why was she so anxious about a few ratbag queers waving rainbow flags down the city's central artery?

"I'm going to take care." I swung a tote bag with a change of clothes over my shoulder. "I promise."

I MET MANSUR IN A café a few blocks from the march. When we'd planned to meet, he'd spoken in the *we* voice, so when I saw him seated alone at a two-top, I grew lightheaded. Before him were little plates of olives, cold meats, and cheeses. I signaled to the lady by the register for tea and, after exchanging kisses with Mansur, a formality and an indulgence, I took my seat.

"Mansur, tut-tut. Where's your party attire? Not even a bit of glitter."

The crook of his mouth shifted a smidge. "That's why we invited you, no? I would hate to steal the spotlight from you and Anahita."

Mansur relayed that Leif was in some protracted fight with his sister, which meant that he'd be delayed, and without him there, intimacy grew between us like vines. Knowing Mansur was coupled made other forms of being together possible. It was a pleasure to slip more readily into Farsi around him, too, especially now that my confidence and skill were improving.

He leaned forward over the table. "When she comes back to serve us, speak only in English with me, okay? It's better for her to think we don't fast because we're not Muslim."

I nodded and bit into the last sigara börek on the table. The authenticity of my faith had never troubled me the way it did the other children of diaspora, those members of the Muslim student associations, for instance, who compensated for some perceived infidelity with extreme displays of fastidiousness. I figured if I was chill with Allah, He'd be chill with me.

"Do you ever fast?" I asked.

"When I feel like it," he said. "Not today, as you can see."

The pips of olives and dates were left behind on our plates. Like me, he took an unorthodox approach to the scripture, which endeared me to him.

Mansur lowered his voice when the worker cleared the table. "In all religions, people are choosing what they do. Only in Islam do people want you to be so pure. Not only other Muslims either. Always a Kafir wants to check if you're *really* a believer. If you're practicing."

In imperceptible increments, he was warming to me, and with the slow sense of the mulch shifting beneath our feet came new kinds of stories, of his elderly mother in Tehran, his life there as a teenager pressing up against the limits on the shadow class of migrant workers.

"What is that? On your ear?" He peered at me slack jawed, as if I were shape-shifting in front of him, the whites of his eyes spreading around the shell of dark brown at the center.

I followed his gaze to my ear, and my finger reached a piercing I remembered only when it throbbed against the cartilage. I grinned. "You like it?" A cold silence fell, which seemed like an extreme response to a practice of piercing I'd learned was quite common across genders in Turkey. "Nafas picked it out for me the other day in Moda."

"Why did you get that there? Who told you to do it?"

Of course, it was only a matter of time before the protective older Afghan thing began. He was trying to wrangle me into mentorship to divert the chemistry between us. I straightened my spine and continued, defensively, "I think it's cute. Nafas says silver looks good on me, so if you don't like it or agree with it or whatever, you can keep your opinion to yourself."

"Sorry, it's just a surprise." The silence waxed into a strange awkwardness.

When the check arrived, I snatched it, and after noticing what I was doing, Mansur's nostrils flared. He reached over to pry it from my chest and his hand landed on my wrist. My heart skipped. I relished how his fingers dug into my skin and lingered there for a moment.

"I'm older, I should be the one to pay," he said with a sly grin, slowly retracting his hands. A heat emanated from the parts of my chest he'd touched when I withdrew the check. "I won't let you do that again."

His threat made me pregnant with lust. Insinuation coated every moment between us, and while it was mostly my own doing, the playfulness was too charged for me to take full credit.

Walking over to Gezi Park, where we'd agreed to meet Anahita, I saw the first rainbow flag and a familiar node of exhilaration bubbled inside me. I told Mansur about a time early in college when my dorm mate had taken me to the regional base of Occupy Wall Street in McPherson Square, where marquees and tents housed activists who ran teach-ins several times a day, including one session where a speaker had set fire to a rainbow flag and then stomped it out with her boot. The flag was dead, the speaker had said, corporatism had evacuated its radical history.

The memory left an acid aftertaste. At the time, I had cheered on the act of renegade immolation. I wanted nothing to do with the brand sponsorships and white faggotry. It was cool to take a stand against the institutionalization of pride and, by default, I rejected the construct of the closet. Now, as more rainbow stripes appeared in the distance, interspersed with Kurdish and Armenian flags, as well as placards scrawled in bold, I felt so distant from that disavowal. Here was a movement I had a stake in, fugitive and intransigent. This rainbow belonged to no one.

When we reached Anahita, she jabbed a black boa into my sternum.

"Ow," I said, half smiling. I hadn't expected the boa's invisible spine to actually be sharp.

"This one's hopeless with time," she said, pointing the boa at Mansur but keeping her eye on me. "You? I still had hope for you. So, I am learning that trusting you was a bad idea, was it? You had me looking like a cheap whore standing here by the park waiting for you by myself."

I handed her a creased paper deck of Camels, a habit I'd now fully picked up. Playing along while Mansur offered his lighter, I said, "Wait, I thought you *were* a sex worker?"

She sucked her teeth. "Do you want me to smack you or what? I don't need everyone in the city to know how I make my money, do I? Anyway, I'm an *escort*. There's a difference."

"You're right. We won't leave you behind again."

She looked breathtaking in a red leather miniskirt. Her burgundy hair fell in dazzling fronds against her neck, and her face, arms, and legs were immaculately hairless, performing womanhood better than most cis women. I'd never seen her bare so much skin before.

As we walked across the plaza toward the crowd, we passed shoppers who pierced us with side-eyes. Instinctively, I lowered the orange mesh crop top I'd changed into over my abdomen.

Mansur gestured to the narrow green expanse behind us, his cigarette dangling from his lips. "When I first arrived, that park was all blocked off. The police had just killed a dozen people there. Thousands arrested, thousands injured. And for what? For trying to protest the government razing trees to build a shopping mall. Can you imagine?"

"Wow, that many?" A chill spread over my neck. "I never heard."

"Will you two shut up about the police?" Anahita interrupted. We entered Taksim Meydanı and she scrutinized the prevalence of cross-dressing as costume, her nose pointed up. "All my drinks tonight are on you fags for making me join you here." Her handbag trembled when it wasn't snug against her hips. "And you know I don't drink beer."

I shared none of Anahita's scorn. It warmed my heart to see home-dyed hair the color of mermaids, painted toes inside gladiator sandals, unapologetic body hair, and makeshift bandanas double tied in knots. The march hadn't even begun, and the nervous glee was already palpable.

At the same time, it was remarkable how many attendees looked nondescript, perhaps safeguarding the option to reenter society should the need arise off the cuff. I could clearly see why. A trough of law enforcement surrounded the crowd. The red-and-white Turkish flags ogled over us and, underneath them, government trucks were parked in front of the dessert shop and the Ottoman Palace hotel. Taciturn men in military-grade riot gear stood nearby, shoulder to shoulder.

"Check out the pigs," I whispered to Mansur, and in the intensifying push and pull of queers, I failed to notice any recoil in his expression. A bead of sweat trickled down my spine.

At last, there was movement. Whistles overlaid the vigorous zaghroutas. A staunch hijabi with yellow feathers for eyebrows jostled into me, then squeezed my arm forgivingly. Chants of "alışın buradayız" and "dönmeyiz" spread like wildfire, which I couldn't translate except for the suffix *-iz*, tagged onto Turkish verbs to shift the pronoun to *we*.

The march trudged down İstiklal, and as others drifted to the flanks, the three of us soon surged from the tail end to the front, galvanizing us. Mansur's brown skin radiated light, his eyes boyish and crisp, and even Anahita seemed moored. Our elbows were entwined, and I felt the might of our collective power, this sudden earnest conviction that we could bend any metal as long as we remained united and organized.

Hearing the commotion, residents flung open windows and stepped onto wrought-iron balconies to wave. Some had procured rainbow flags or shirts with rainbow hearts printed on the front. Onlookers filmed us, some more approving than others, but each nevertheless apprehended by the spectacle of our movement. The busiest commercial nucleus in Istanbul had spread its voluptuous legs for us, and at that very moment, nothing could temper the return of the streets to the people.

A banner usurped our place at the front, one side in Turkish and the other in Arabic, and suddenly the march was on all sides of us again, emerging from every inch of space, my limbs extending and my senses traveling wide, as if I were touching and feeling at multiple vectors. A clerk stood dumbfounded on the steps outside his shoe shop. I mistook his shaking head for derision, and it was at that precise moment that the first round of bullets resounded in the air.

Gasps convulsed into screams. Footsteps pounded the tops of my shoes. Rubber bullets rebounded at predatorial speed; I couldn't be sure of their origin or if they were warning shots. Did it matter?

I wanted to bolt away at supersonic speed, but the grip of Anahita's arm around mine only tightened. A bearded drag queen beside me didn't bat a sultry green eyelash, and, seeing Mansur's determination to continue, I swallowed my nerves, training my eyes forward as well. Then, a new line of police unfolded a hundred yards ahead, slithering into a barrier to block our path, assault rifles drawn across their chests. A woman shrieked and, as if triggered by the bloodcurdling sound, a new pelt of gunfire began ricocheting off the buildings, raining down on us.

Suddenly, as smoke cannisters tumbled into our midst, our cohesion disbanded. The crowd tore apart as the air turned sour and viscous, and my eyes began to burn. Stray marchers sprinted in countless directions, each trying to find an alley the police hadn't cordoned off yet.

Mansur, Anahita, and I darted down a side street with no particular aim except to stay together, blinking our sodden eyes, though it did nothing to counter the sting. There were mouthfuls of pink-dyed hair, a thin rainbow flag shielding a face, and then Mansur's arm foisted into me. I realized too late the escape route we'd chosen was a dead end.

Ahead of us, the bearded queen held firm as a column of water surged out of a police truck at the mouth of the street. The water cannon shot a silvered fist into her shoulder, forcing her back before she regained ground, stepping around the stream as though dismissing a minor disturbance. Her whole body was drenched, and the spaghetti strap of her dress hung loose at the hilt of her arm. Then the cannon, ruthless and deliberate, adjusted its aim, and the queen collapsed onto her knees. She caught my panicking eye, a silent plea compressed in her look.

The screams were kinetic. Bodies lined the street, and the sneering police, from their vantage point around the truck, seemed delighted to have us watch. My legs jellied, and just as Mansur ribboned my arms to draw us to safety, Anahita tore away, her howl chilling and bold.

It happened in the interstice between sunken breaths. Anahita reached the bearded queen and used her back to block the pummel. She cocooned the queen, and they stayed like that—huddled together—for an impossible second. The water indented the groove of her glistening back. Then, from the sidelines, other protestors sprang to her aid. Following their lead, I began to move and, palm to palm with Mansur, I yanked him toward Anahita. It seemed we were going to get there in time, strengthen their embrace, and overpower the cannon with the volume of our collective resistance.

Except the police were moving toward Anahita too. Helmets down, they descended on the supporters, swatting us away like fruit flies, using batons and fiberglass shields to send queers of every gender whirling through the air. A rubber bullet hit Mansur, and he fell, writhing.

Through the skirmish, I caught sight of Anahita. Wet hair clung to her boa, and the sunlight made her gleam. She seemed fine, at least for now. The break in the water cannon had given her a chance to guide the bearded queen to a stoop with the injured and the scared, but just as she shifted the queen's weight off her shoulder, a policeman beelined for her. Mansur flinched in pain, and a searing flash of guilt ran through me as I turned to see Anahita thrashing at the policeman's grip.

Hooking my elbows under his arms, I dragged Mansur around the corner and sat there with him as our chests heaved in sync, loose tears streaming down my cheeks. We were still in the crossfire, except I was shackled to the spot, holding Mansur while he clutched me in return. Wailing groups called out for a doctor, for Allah, and other hugging couples clenched their eyelids shut, praying for the nightmare to end. A skull had been cracked, noses gushed crimson, the name Noor was repeated like a dirge.

"Are you okay? Are you hurt?"

Mansur nodded. I didn't know which question he was answering. One of his hands was stethoscoped against his femur, and the other cupped his right knee. I laid my palm softly onto the ridges of his knuckles. "I have to go check on Anahita. Stay here, I'll be right back."

Again, his anguished nod gave rise to more despair in me than relief.

By the time I rounded the corner, the standoff had dissolved. The police, having crushed the march, were retreating. No one from the ranks of protestors was brave or foolish enough to protest any further, not when the quell had been so ruthless, the damage so vast. Several members of the march were having their eyes flushed out, but most had clearly found a way to get out. Like the brooding eyes of alligators, thick dark bullets covered in polymer were swimming in pools of water on the uneven cobblestone. I scanned the groaning faces left behind for Anahita.

My eyes landed on the bearded queen thumbing furiously through her phone. She recoiled as I squatted beside her. Part of me wanted to comfort her, to do what Anahita had tried to do, but it wouldn't be welcome. I strung together clumsy questions about her health, and she answered them warily until I said Anahita's name, after which her whole demeanor flipped. She sank her nails into my forearm, pointing to the cops and speaking Turkish in rapid fire.

In pieces, I came to understand that the cops had taken Anahita for daring to defend her, an arrest designed to send a message. Seeing the horror of recognition finally crease my face, the queen sped up again and lost me. I had understood enough. I turned toward the armored men. The opportunity to recover Anahita was now or never.

My American accent could be leveraged, I thought, sorting my options as I slowly approached the row of police. My presence might shame them into giving her up. Surely they wouldn't want foreign media to find out they had laid siege to a peaceful march and assaulted its protestors? I practiced my word choice, rattling through my limited lexicon, but even this script fell away when I recognized the police officer who'd peeled away to ambush Anahita. The riot gear made most of them indistinguishable. Many had taken their helmets off, but this one was different. His scowl hardened his face like a wrenched sponge left out to dry.

"Affedersin," I said, annoyed my fledgling voice was still wedged deep inside my chest. He turned around and grated his top lip. "Please return Anahita. She is my friend. She is innocent." Privately, I prayed the word *ma'sūm*, which translates to "innocent" or "faultless" in Farsi, had, at some point, traveled across the mountains of central Asia to Turkey.

"Defol." I had no idea what he meant but it sounded unfriendly.

"I can pay you, lütfen. How many liras do you want?"

The officer snickered. He was joined by another, and more were walking over now, exchanging jokes. Then, mistaking amusement for concern, I switched to English. "I'm American," I said. "CNN. NBC. You don't want them to hear about this. You'll lose your job."

They laughed harder. The original officer stepped forward, detecting my insolence. "Defol serseri." He slammed my collarbone with the butt of his gun, and the impact flung me back.

I was terrified and outnumbered, stranded in this foreign city and cornered by my own fumbled attempt at intimidation. Increasingly aware that my window of influence was closing and that I was in the crosshairs of danger, I grasped for another option, the last one I had left.

"Please, sir, it's Ramadan. The Holy Month. Have mercy on a fellow Muslim brother and my friend, a sister. We are devout."

Something toppled my vision, and before I could take stock, my jaw made contact with the pavement. Hunched in fetal position, I weathered blows to my legs and ribs. A steel-capped boot landed between my ass cheeks, and I cried out in agony. The few remnants of protestors encircled me, much closer than they sounded, shouting down the officers.

At last, a lug of spit splattered by my face, and several others hit my neck, shoulders, and ears. "Allah'ın ismini asla boş yere almayın."

I couldn't decipher what the officer said. Yet his venom registered loud and clear. Even after I scrambled to my feet and stumbled back to Mansur, the policeman's voice remained engraved in my mind. He, the gatekeeper of the streets, the city, the religion. Anahita, handcuffed inside a police van, bloodied and alone, on her way to jail.

As soon as we passed the police barricades near the Galata end of İstiklal, Mansur phoned Leif. I only heard the end of the call, because I was on the phone too, reassuring Yosra that I was safe, but it was clear enough that Mansur's tone with Leif was stern. It reeked of disappointment. He had a point. Where the fuck had Leif been, while we were in the thick of it? I felt a corset tighten around my waist, except it was the suffocating knowledge that I, too, had taken part in convincing Anahita to attend. My limbs hung from my joints like deadweights.

Mansur put away his phone and pursed his lips. "Leif says he is sorry. By the time he arrived, he was stuck at the back of the march. He is going to the police station now for Anahita."

Privately, I was grateful for the opportunity to prolong this moment of just us two. I craved shelter. I longed to be safe and dry. I knew that it would be better for me to go home to Yosra and the girls, where I could bathe and be doted on, but I didn't want to meet Yosra's righteous eyes or have anyone finger the bruises already blooming on my skin. Lethargy was a law of gravity by that point, and still my hunger for this man overpowered every other desire I had. No longer did it feel sensible, or even possible, to contain my impulse to be close to him. Waiting for the dolmuş, I held on to Mansur's elbow for balance and warmth, and soon my hand had raked down his forearm, my fingers interlacing his. I didn't let go and he didn't ask me to.

MANSUR AND LEIF SHARED A penthouse a few windy streets away from the bustle. I would never dare hold hands with a man in public in America, but I refused to release Mansur. No doubt the sight of us striding home in a sideways embrace—beaten, bloody, still damp—attracted glares, but I was too numb to pay them any mind.

I didn't know where, or how, to sit when the heavy black door of the apartment slid closed behind me. Everything hurt. There were folders stacked on the couch and table and, after a pause, I dropped my soaked tote bag on the floor instead. Each time I'd imagined Mansur's home before, it was our shared apartment he lived in, and nothing like the place as it really stood.

The muffled sound of a shower started, and Mansur appeared in the doorway. We stared at each other from across the room. His mouth opened briefly, then closed again. The expression on his face was unreadable. He disappeared down the hall and, instinctively I followed behind him. The door to the bathroom was partly ajar, and when I creaked it open, Mansur was gingerly undressing, facing away from me, his back muscles corrugated like an expression of joy.

Only a square of light shone through a small window in the corner, nestled between the pale orange tiles of the shower. His shirt fell to the floor and, topless, he was utterly without shame and seemingly unsurprised to see me. His chest, stomach, ribs, and upper arms were speckled with tattoos, smaller ones emerging in the openings left by the large. I must have missed them when we'd been inches apart on the island, or else they were placed to be deliberately hidden under clothes.

I sat on the rim of the bathtub beside him. He wet a hand towel and wiped the edge of my mouth, folded it over, and then pressed it against my swollen eye. With Anahita under arrest and so many of us injured, it felt frivolous to receive this tenderness, and yet I relished the sensation, leaned into it even, though the pain increased tenfold when I did. Opening his chest to face me, his knee brushed against mine, the same knee that had found mine under the table at the bar that night. Our lips were only a whisker apart. Yearning kept my gaze on his pinched eyes and jaw.

I threaded my hand from my knee to his, and even after he inhaled sharply, I left it there, holding a distant part of him in me despite, or because, he resisted. "Does it hurt?" I asked.

Mansur's arm dropped slowly from my eye. He traced a line down my face, neck, and chest, until it paused, cloth in hand, at the base of my pelvis. I felt bare skin against my rump, and my shirt hem lifting over my back. I refrained from getting any closer to him.

It had been a long time since I'd listened to a silence like that. He pressed his mouth against my shoulder and the muscle that connected it to my neck, where his lips went next. My heart raced so fast I worried he could hear it. Something about the slowness caught me off guard, and though tension whorled inside my chest, I slackened.

He stood uneasily. Even stationary, it was clear that the weight of his body rested doubly on his left side, that he was swallowing the hurt he felt. I unclasped his belt and, careful to avoid the welts left from the impact of the rubber bullets, I tugged the worn denim of his jeans down below his waist. Rinsed of fear, I found the first of his bruises brewing at eye level. Curly strands of hair surrounded the impact. I expressed my voice between planted kisses, aware of the thin gap between my lips and his underwear. The moment wasn't only sexual. There were other kinds of proximity between us. Up close, he smelled of varnish and stalactites.

I took his bruise into my mouth and drew him to me, such that his knee bent into the rapid beating of my chest. Mid-kiss, I looked up and our eyes met. He steadied himself with a hand on the towel rack to his side, and then, at last, he gave himself to me. I knew then, for him and me, there was no turning back. The farther down I drew his jeans, the more inked skin I saw. His thighs were covered in tattoos. Above his knee was an unbroken chain of Farsi beside a Persian miniature of predators dancing. I marveled at each tattoo and bruise and kissed them individually. Between his ankle and heel, the double-bladed sword of the Zulfiqar emerged from a bed of fire and roses, a design popular among Shia Muslims. Everything I needed to know I knew already. Everyone I needed was right here. I peeled away his sock and took his toes into my mouth.

He stepped out of his jeans and then helped me out of mine. My face swayed dangerously close to his. Whenever I thought he might escalate, sink his hands in me and pull me into him, the momentum shifted. I was on the back foot with Mansur, as I had always been.

I wanted badly to face what I craved between his legs, and yet I was signatory to a silent agreement. Neither of us turned on the lights, and when I joined him in the shower, I used his elbow for balance. Slowly, he spun me to face the faucet, a ritual of footwork as careful as untying a knot, and rubbed me under soft open palms, lathering with soap the patches of my skin marked by violence. I sighed into his touch when he reached the small of my lumbar, but I held back to match his restraint. It was the most sensual I'd felt in a long time, maybe ever.

He kissed the turrets of my spine, the saucer of my neck, and the fresh bulge of my pierced ear, his hardness rubbing gently into the narrow crevice of my wounded buttocks.

Then, without notice, Mansur stepped out. I couldn't be sure how long we'd been in there, but my fingers were pickled soft. I was flush, having been taken to the tip of the gangplank. A towel was folded on the edge of the sink and, by the time I was dry, I heard movement in the kitchen. I stumbled into him in the hallway. Now fully dressed, he was holding a tray with a teapot and two cups. He averted his gaze.

"We should check on the others. Maybe there is news. Leif could be on his way home soon."

I was shaken by his tone. Inexplicably, I felt more naked now than moments before, and a deep throb emanated from my gut, of something incomplete, unresolved, some promise left open.

Outside on the terrace, the late afternoon greeted me in its terse grip. Seagulls circled low like the blades of a ceiling fan, and the streets bleated from seven stories below. Several neighboring masjids announced the azan, and it took a minute to realize that the sound was for Asr prayer, and not Dhuhr. Many more hours must have passed since we'd left the march than I'd realized.

It hurt to sit. Stiffness ached from the most tender parts of my body. I blew on my tea while Mansur paced. A dial tone played on the speaker of his cell phone. I was no longer his focus.

"Leif and I keep missing each other's calls," he said, frustrated.

I hummed, then took a sip of tea and swallowed. No, I couldn't ignore what was blatant within me, within us, anymore. "Are we going to talk about what just happened back there?"

Mansur glared at me and slowly shook his head. He sat at the head of the table and cleared his throat. "Leif will be home soon. He's been at the station trying to free Anahita."

"You didn't answer my question." Something about the utter devastation shadowing the day overrode my tendency for avoidance. Our time was short. I couldn't pretend we hadn't just been so intensely vulnerable, locked in the total embrace of two bodies, mere minutes ago.

The teacup hovered over his lips. His eyebrow sagged and his voice sharpened. "Nothing happened, and nothing can happen. Leif and I have rules. We only play together. Have you no shame asking about these things right now? Anahita is arrested, do you understand that?"

Mansur's reproach startled me. Instantly, the charge in my belly dissipated. I retracted my tongue from massaging the back of my teeth.

"If the police put anything on her record, it will end her asylum case. They are always looking for reasons to reject our applications. Any small mark is enough; it could ruin her forever."

My heart skipped a beat. Anahita was the one who'd resisted going to the march. It seemed unfathomable that she'd be the only one to suffer real consequences for it. A weight bore down on my chest as the fallout began to cohere. The client files Leif was always curating, to showcase that these refugees were an asset to any new country and not a threat the way straight migrants were always implied to be; of course a documented arrest would thwart that. "Wait, what does that mean? Leif is there, isn't he? Surely he won't let anything bad happen to her."

Mansur lit a cigarette and offered me one. His fingers shook as he extended the pack toward me, our fingertips briefly skimming in the exchange. "I don't know what he'll be able to do. Anything could happen. The police are unpredictable. They dislike people like us."

I bit the gummy tissue on my lower lip to distract from the silence.

Mansur dipped a cube of sugar into his tea and sucked on it. "Life was not easy in Iran or Afghanistan, and still, I wanted to stay. Can you believe that? Not just for my lover, or for my mother"—he dragged on his cigarette and drowned the smoke in tea—"but because it's our land. Our plants, our birds, our history, our language. You understand? It was not perfect there and it is not perfect here either. I just . . . I don't want to die floating outside of the place where I live."

I pulled my legs up to the chair and hugged them. The damp towel around my shoulders wouldn't sustain me for much longer, not with night already descending on the rooftops. "Isn't that our fate, to be foreign? How can you want to go back somewhere you're not welcome?"

He scanned the rooftops and laughed grimly, though I got the impression that he was laughing not at me, but at the cruelty of circumstance. The neighbors were beginning to switch their lights on. "You don't ask permission to belong to your home. If the taps are leaking or your clothes are covered in dust, something is wrong with the house. It must be repaired. Delbarem, a hundred empires have come and tried to fix Afghanistan. A hundred false gods. The Mughals and the British and the Soviets and the Taliban and the Americans. No one will fix our country but us."

I sat for a moment and thought, not for the first time in my life, of the strange nation of Afghanistan, our strange nation, shaped with unscrupulous borders to resemble a jagged hand, and which so many other hands of varying creed and motive had attempted to claim as their own.

Mansur had tagged the possessive diminutive onto the end of my name. Where an English speaker might call someone *my love* or *my brother*, the equivalent term in Farsi and Turkish abridged the two words into one. To show affection for another involved a breathless unification.

"You still haven't let go of the idea that you'll go back someday?"

Mansur's expression was riddled with daggers, all of them pointing inward. I watched him swallow and blink consecutively. Then he rose to his feet. He'd left a change of clothes on the couch for me, he said, next to the contents of my pockets, which I'd hastily deposited on the floor.

Shivering, I changed into the clothes, and no sooner had I finished, the front door swung open, and Leif staggered inside. He was stunned to see me, though I imagined his reaction was an accumulation of the day's blows. When he hugged me, I smelled the spice of his cologne.

"Why are all the lights off? Are you okay? Where is Mansur?"

I gestured to the terrace and Leif sprang forward. Light illuminated Mansur before Leif could reach him, and alone inside, clutching the damp tote bag that held my original outfit and a waterlogged copy of *The Master and Margarita,* I watched the two men embrace, trying and failing to locate any hesitation in Mansur. Their hold was infused with passion, and its reciprocity plummeted onto the surface of my mind like a single drop of vinegar.

MANSUR

DECEMBER 2014
Istanbul, Turkey

THE OCEAN WAS AN ALIEN THING WHEN I WAS GROWING UP. A FRIEND might take the bus to the crystal lakes inland and, in the city, there were creeks where people fished and washed clothes by hand. But you couldn't disappear in that water, not the way the Turks inhabited the Bosphorus. Here, even in the winter, naked boys were swimming around the ferry terminals and many of the tall buildings dropped directly into the sea, as if the depths were guarding more floors below.

Back then, refugees were still crossing on inflatable boats all the time, sold the idea of a borderless Europe. I chose not to go that route. I shuddered to think that water could swallow that many dark-haired people only for their cries to carry no farther than the white tip of the waves. My only concept for something more enormous was Allah, the source and demise of life.

So I avoided the water whenever I could. Leif did laps at his gym, and Anahita knew a guy who could sneak her into a hotel pool for free, but I told them it was not possible for me to join them. I didn't ever say the whole reason why. I knew it was foolish to be afraid of this everyday substance. It didn't have teeth or poison glands, and yet I couldn't help my body's reaction. Just to think of lowering myself inside where it was invisible and deep made my throat close up.

It was strange to now be living in this apartment in Beşiktaş where the ocean was right there, down the hill and past some other buildings, so close you could reach out from the balcony and touch it. In the first days after I moved in, especially when Leif was out at work and it was just me at home, I would see a little bit of the blue in the corner of my eye and a feeling of dread would rush down along my spine. Mādar was in shock when I showed her the place over Skype. Even though she had never seen the ocean before, somehow she didn't share my fear of it.

"Look at you, pàyghāmbarakam, didn't I know you were destined for great things? Isn't that what I always said was coming in the future to you?" Mādar's sweet face glowed onscreen. Gray whisps showed at the top of her forehead, and she quickly tucked them under her headscarf.

I brought the phone close to my face. "Mādar, I've told you before, please don't call me your little prophet. It's not appropriate. You know you'll nazar me with grand proclamations like that."

"But you are, bachem. Believe your mother." She shook her chin and raised it. "See, who else could end up living on a top floor with such a fancy balcony as that? It's been only a year. So much space you have there, my god, and for just two people? You know, it's because your mother has been praying for you all these years. I keep my faith no matter what. I say your name on my jāy-e namāz every time. None of these blessings are for nothing, bachem. It's our reward."

I dismissed her comment. In the short video calls we had every Friday, there was no use in staying with disagreements. To Mādar, the mark of a year since I'd left Iran was something to celebrate. For me, it held great pain. I wanted to persist in what connected us instead. "And how are you, Mādar? What is new with the factory? Where is Elaha?"

"A hundred years an Afghan could work in Tehran and never earn enough to afford an apartment like that. No one would sell it to you even if, by some miracle, you had the money. Even the factory owner doesn't make so much that he can buy an ocean view, not here where there is no ocean to look at. Believe me, bachem, it's the work of Allah."

The internet service wasn't so good on the balcony, so I came inside. The white Persian cat that Leif called Lazuli was lounging in the sun on the couch. I took a seat on the other side of the couch farthest away from him. The creature's cold blue eyes made me nervous. "Mādar, did you hear me? I asked about your work, how you are doing."

She smacked her lips. "Nothing here ever changes for the better, bachem, you know that. The boss has me training the new women. No one else knows how to restart the machine when it catches on the stitching. Of course, the pay stays the same. He says we're lucky to have jobs."

"Find new work, Mādar. You think you're too old but you're not."

Her gaze took on a serene air. I knew what it meant. She was now off thinking about something else. "Some of the women sneak cuts of textiles in their bags to take home, can you believe it? I pretend I don't see anything. The owner would have them killed if he found out."

The cat was on his feet. He stretched and then prowled along the couch toward me, swabbing my arm with his wet nose when I attempted to stop him from pouncing onto my lap.

Now that I was inside without any glare from the sun, I could see the background of Mādar's screen properly. The dark brown of Schaesta Ama's headboard framed the outline of her head. "Where is Schaesta Ama if you are laying in her bed, Mādar?"

Mādar inhaled and looked off to the side. I could see her tongue trace circles on the inside of her cheek, which she bit down on sometimes when she was exhausted or stressed. "Mansur, bachem, it's nothing for you to worry about. You're so busy with your new life—"

"What happened, Mādar? Don't lie to me. You know I don't like it when you keep things hidden. Where has she gone?"

An expression of anguish was written on the wrinkles of Mādar's cheeks while she searched for the words. "Ah, pàyghāmbarakam, I didn't mean for you to find out like this. Your aunty, she had a fall. Her knees gave out on the stairs. It was very sudden, we're still in the forty days."

Her fingers covered her mouth, as if just speaking the truth scalded her lips. Even this woman who gave Mādar such grief, who had tormented her for years for having come all the way to Iran and allowing Baba to die on the way, still elicited grace from her. I hadn't thought twice about why she was wearing her headscarf inside.

I gave the condolences customary for those close to somebody after they passed away. If I were still living in the attic flat with them, others would be giving the same condolences to me. "Mādar, why didn't you tell me? It was only last week we spoke, you said nothing of this."

"What good does it do, bachem? Can you help organize the khatem, the jenāzah? Will you stir the daeg for me? It is only more grief for you to hold. Aren't I your mother, after all? I want to protect you any way I can. You've done enough. No. I refuse to sully our calls with bad news. I won't do it. I could tell you all the bad news in the world. I could speak until there is no voice in me left. Until the power generator shuts off and restarts. See, what would that change?"

I felt deceived, but the truth was that I made no effort to ask after Schaesta Ama during my weekly video calls to Iran, and even on the occasion where she was a presence in the conversation, she was critical of how little money I sent. It was her voice in my head that taunted me for getting robbed and assaulted. A part of me was glad she was gone, and the other part felt a gulf of guilt for daring to think that way.

At least Mādar and Elaha had their own rooms now. All her life, Elaha was forced to make do with the least. Girls were expected to suffer, to portion less and prune their dreams down. For my immigration file, I had medical notes that documented what I'd seen, why my freedoms were curtailed in Afghanistan and Iran, and the emotional effect it had on me, or my *post trauma*, as Leif called it. All of this was a humanity that Elaha did not receive. My sister had no doctor to chronicle her stress. There was no United Nations worker pressing her to detail the stages of smuggling.

The sound of a door closing came from somewhere offscreen, and a bag was dropped onto a chair. My eyes lit up when Elaha's long face appeared beside Mādar's. Unlike me, who was dark and round like Mādar, Elaha had inherited her strong jaw and light eyes from our Baba.

"Is that it? Is that the new place? Mādar says it's like heaven." Elaha wanted a virtual tour all for herself, so I pushed Lazuli off my lap. She marveled at the cat, the boisterous plants, and the view of the Bosphorus from the balcony. "I can't wait to visit you there someday, if I can."

Neither of us said anything for a moment after that. We both wanted a visit to be immanent, without any safe way to make it happen.

"Are you still seeing the tutor? Where have you been all day?"

Even inside, there was a noticeable delay. I sensed my questions were landing wrong. I didn't want to come across judgmental or pressuring. The phone changed hands, which shook the screen in a way that made my head ache. "Elaha is so busy these days. She's working an apprenticeship with Mirwais, the tailor downstairs. You remember him?"

I nodded. Of course I remembered.

"He's been so kind to us since Schaesta Ama passed. God bless her. He says Elaha has a natural talent with her fingers. Would you believe? He's happy with her progress. It's a good living, stable and honest work. She'll need those skills as a wife and mother."

Instinctively, I balked. "She's much too young for that, Mādar, don't intimidate the poor girl with such concerns before her time has come. Let her make her own decisions, let her be free."

Mādar adjusted her headscarf and pursed her lips. "She's not a little girl anymore, bachem. A fourteen-year-old girl is almost a woman."

I listened to the rest of Mādar's updates in a daze. She spoke of the neighborhood, the repairs to the roads no one ever thought would get done, her friends from the market who'd been helping out more, how she saved time on the labor-intensive dishes by cooking with them. What I was feeling was grief, not for Elaha who was alive and well and purposeful with work. The grief at the floor of my heart was a grief for the woman I still dreamed Elaha might yet become, if she only had half the opportunities she deserved for the intelligence she possessed.

Here I was with none of her smarts, having never taken to study, luxuriating with a cat that Leif spent hundreds of liras to keep clean and fed and entertained. The distance made it so the changes in Mādar and Elaha could induce whiplash. When Mādar's gray hairs turned white and the fat drained from Elaha's cheeks, I noticed. These changes stayed with me for days, weeks sometimes. It was time we would never make up.

After the call, I sprawled out in the sunlight of the guest bedroom, which was now my bedroom, as Leif reminded me. It didn't look so different because I didn't have many things, but he was right. I paid for the room, it was mine. Feathers were stitched inside the soft blanket, the shelves gleamed, and a row of books was arranged neatly on the desk. Leif kept his spiritual tools in here too: scenic decks of arcane cards and brass bowls that vibrated when he meditated. I politely declined to participate, but I appreciated that he believed in something. The room's previous occupant must've been crazy to leave a space like this.

LEIF ASKED ME CASUALLY IN the kitchen earlier that week if I planned to come to the next PeaceMeals. "Just to confirm numbers," he said.

I startled when he walked in. I hadn't realized that he was home. Like his cat, he moved in absolute silence. Still, living together meant unplanned conversations. That was part of the dynamic. My mouth was full of buttery halva, so it took me a second to respond.

"I'm sorry you didn't enjoy PeaceMeals last time," he went on. "It's not for everyone, and it's more formal than I'd like, but I try my best. Ach so, there's only so much I can control."

I took a deep breath. The table wobbled, and I laid my foot on its beam to steady it. "No, it's not that. It is a good event. The people who come are nice, the environment is nice as well. It's only, I don't like being at the center, having a big group all looking at me. That part makes me uncomfortable. It's just my personality. I'm the one who is sorry."

Leif made a humming sound inside his throat. "That's understandable," he said. I thought it was resolved. Then he spoke again. "Is it also that you're worried about seeing Sepehr there?"

This question was a shock. It was true that I didn't want to see Sepehr. I didn't want to smell the stench of alcohol on his breath again or be reminded of his existence. Leif had arrived at that conclusion on his own.

"You should know, then, that I asked Sepehr to stop attending. You've only mentioned a little about your living arrangement, but my sense was that he was taking advantage of you. If that's the case, then it's not safe to have him there among vulnerable people. I have a responsibility to my clients, you understand. He doesn't share our values."

The sesame paste of the halva got stuck in my throat. I gulped down my tea and stared at the tile grout. "Did you tell him why? Does he think I told you something?" My heart started beating fast. I could not understand why I wanted to protect Sepehr, even after everything.

Leif squinted over the rim of his tiny espresso cup. "I didn't mention specifics. But he's not stupid. He might be able to figure it out. Why, are you still in communication with him?"

I shook my head. It was kind of Leif to deny Sepehr from PeaceMeals on my behalf. I felt a need to say thanks. Then, without thinking, I agreed to try his dinners again. I'd be there Friday, I promised.

"I'm really glad to hear that, Mansur," he said, showing his porcelain teeth when he smiled. He placed his empty espresso cup in the dishwasher. "I think you're making the right decision."

As soon as Leif left the kitchen, all I could think of was Payam's silence. My messages to him now went completely unanswered. I wanted to show him the apartment, the first place I'd lived since Iran that felt like a real home. The silence made sense now. What kind of lies were spreading about why I'd moved out so suddenly? Sepehr would be happy to create a rift between us. He was the kind of person who felt his own loneliness less when others were alone like him.

...

THAT NIGHT AT PEACEMEALS, I was the first to arrive. I waited there at the long table, adjusting the weight in my feet. Dread hung over me just thinking of the guests who would soon be walking up the stairs. Instead, it was Leif who came up, red in the face with anger. He asked if I had seen the caterers. I knew I was there alone, and still I looked around in case I had missed someone. The table was without a cloth or any food. The chairs were stacked together at the side.

I hadn't asked why it was still like this because Leif was busy on the phone when I got there. I kept my eyes on the floor. He was making strange growling sounds. Deep breaths and scowls. In the corner, I could see him pacing the landing. I wished I had not come early. I should've waited nearby. I brought my knees together and my shoulders to my chest.

"Fuck, Mansur, what are we going to do?" He marched to the table and slammed his phone down on the surface. The sound jerked me back. "The caterers double-booked. They're not going to get here in time. They have no food for us. Imagine the incompetence." He stormed to the window to scan the street below, rubbing the back of his head. "It's a disaster. The clients will be here any minute expecting dinner. The funding requires we provide them with a hot meal. What are we going to do? Send people home hungry? That makes us look terrible. God damn it."

The feeling was a spider on my neck. I was aware that Leif was including me in this situation. I went to the window beside him. No one I recognized was out there on the street. "Is it possible to order food? Maybe we can have a restaurant make something to eat for the group instead. It is a busy area here. There are options. You have plenty of time, no?"

Leif shook his head. He covered his face. I had the sense that I was a fool for trying to find a solution he hadn't considered. Downstairs, a door opened. Both of us looked at each other and then away. "No, no, no. The clients come for a home-cooked meal. That's what we advertise. For funding. They can get restaurant food anytime. That's not what this is."

"Okay," I replied. I heard the groan of footsteps on stairs, and a murmuring from the hall. "I can make something. There is a kitchen, I know how to make the food the other women cook for us. Not the same, but similar. I only have to get some materials. It won't take too long. I can leave now. If that's okay?" My desire to flee before anyone else arrived was strong, but there was another desire in me too. Something I hadn't felt before. I wanted to put Leif out of pain, to end his worry. This event I used to avoid like illness. A part of me now wished for it to succeed.

As Leif greeted the new arrival, a short man in a tracksuit, I noticed the tension bunched in his shoulders. I was sensitive to it somehow. He mouthed the word *yes* and that was all I needed to know. I was out of the building in less than a minute, Leif's bank card in my pocket, the evening blowing cold air onto my chest. I had something to do now. A role. I could avoid sitting around the table and speaking about things I would rather keep private. All the shops in the area were very expensive but, for the first time in my life, I didn't care. I even stopped for tulumba.

I spent that whole night in the kitchen. I played Mahwash on my phone while I mixed the raw kofta meat in chopped cilantro and prepared the salad with chickpeas and parsley. The door between me and the dining room made me more relaxed and, when I heard Leif say goodbye to the final guests, I was already behind him, stacking the last of the dishes to take them away for cleaning.

"You should've let me thank you in front of the group," I heard him say from closer than expected. It almost made me drop the empty bottle of rakı, even if what he said wasn't loud or even so surprising. I understood from the wrinkles on his hands and around his neck that it was a long time since he had been young, yet there was something still so boyish about his voice. "I felt bad that they were all complimenting the meal and I couldn't even direct them to go praise the chef."

So he had listened to me in the end. He understood that I was not joking about my allergy to attention. "It wasn't so much. I hope no one is left hungry. It was getting late or I would have prepared more. Kàlah pācha takes a long time for the lamb head to stew." I cupped my hand at the edge of the table and wiped the crumbs, rice, and pips into it.

"Why don't you cook for us more often? We can take you on as our caterer, pay for ingredients and for your labor, of course." Leif was returning the chairs together. He spoke before and after the crunch of the stacking. "Only if that interests you, I mean. I know you're working two jobs at the moment. You're busy. But, if it helps, we can pay you double whatever you're making as a cleaner. They're exploiting you because you're a migrant worker. You can rest assured that we don't operate that way." He paused, opened his mouth, and looked at me from across the table. "As long as you promise you won't doublebook and cancel last minute."

I laughed. I couldn't resist. It was a good feeling to hear him make jokes when it was only a few hours ago that he was inflamed with rage. The decision was not hard to make. I already knew how to make many traditional Afghan dishes: the effort it took to stir qorma sabzi and fry the bānjān and pinch the tips of the mantu dough. Because Mādar worked such long hours, Schaesta Ama used to bark commands for dinner from bed. She taught me cheaper ways to cook and, when the tahdegi wasn't crispy enough or if I undersalted a dish, she rarely held her tongue. In the end, she improved my culinary skill a lot. The fondness of those memories was unexpected. That was the advantage of time passing, and of Schaesta Ama being gone forever. I hoped she was finally at peace now. Home was never more comfortable than it was in my head.

"We make a good team, you know," Leif said as we left the building that night, both of us heading to the same apartment in Beşiktaş. "It's not everyone I can work with, or live with for that matter."

It was true that Leif's rules were strict. He didn't tolerate the toilet lid left up. The shower glass had to be wiped clean after use. The floors were never to show a hint of dirt or dust and, on the rare occasions I would stay out late, he'd comment for days after about how he'd lost sleep over it.

Yet I quickly learned his schedule and how to respect the order. That was my nature. I wasn't going to be a thorn to him after the kindness he'd shown. His messages started to contain fewer instructions. Instead, it was a photo of a decanter in a shop window or the backgammon board he'd had delivered when he discovered I could play. He would ask if I was planning on eating dinner at home because he was ordering from the steak house in Etiler or the fancy pink fish from the mall in Levent. I soon grew accustomed to this behavior. I started to appreciate it and made plans around when Leif would be home and available to talk. It was nice sometimes to know that a person was expecting you. Since Payam wasn't responding anymore, it helped me to feel less lonely that someone in Istanbul was aware if I lived or died, was late on the train or at work.

Once I started to get paid from PeaceMeals, being there stopped to feel so much like work. I was recognizing the guests, and they were recognizing me. Most of them didn't ask about my past, and I did the same. Instead, they wanted to talk about the cricket, or the skyrocketing price of meat, or some problem they were having with their housing.

The Iranian girl Anahita was coming regularly as well. She could be a model for *Vogue*, that's what I told her, and sharp as a knife, she responded that I'd better remain a man, because I'd make an ugly woman. This crude humor of hers made me laugh. She would dip her finger in my qorma and criticize it openly, and if we joined her at the bar after dinner, she would make fun of me for always leaving when Leif did. "Like an old couple," she would say, and tap on my head with her long red nail. "Are you stupid? Missing all the fun parts of love, and for what?"

ONE NIGHT, AT THE END of winter, I was listening to a radio broadcast from Afghanistan when the electricity went out. It was the evening of Nowruz, and for hours, a hard rain was pounding the windows. I had prepared the seven customary items for the platter, using spinach since I hadn't grown any sprouts in advance. The only coloring in the house was a food dye that gave the egg a pale appearance, and I ended up using biscuits shaped like fish instead of a goldfish. The changes weren't so important. Mādar always said it was the symbolism of each item that made the impact, a vow that we were prepared to usher in a new chapter after the equinox.

At the center of the silver tray was *The Divān of Ḥāfez*, which I would open to a random page and read aloud when Leif returned home from the gym. The radio announced that it was the one-year anniversary of the shooting at the Serena Hotel, located in the part of Kabul known to host diplomats and foreigners. The Taliban had taken responsibility for the attack. The shooters were poor, orphaned, uneducated, and desperate for an enemy. After hiding out for hours, they emerged and killed nine people with handguns. Before the segment could continue, the radio shut off, along with the lights, the fridge, and the heater. This was a common issue back in Iran, especially during the summer months when usage was up. I tried to reset the switches, but it wasn't working. From the balcony, I could see that other apartment buildings on the street were also without power.

In the stairwell, some of the neighbors' doors were opened. The light from their torches and phones climbed the dark walls, casting strange shadows out of shoe racks and trash bags. An old lady who lived on the floor downstairs called up when she saw me peering down. I had helped this same woman carry her grocery items up the stairs before. She was pear shaped and covered in varicose veins.

"Not to worry, young man," she said. Her lips were pulled up around her mouth. Even in the dark, I could see her yellow teeth and the occasional gaps between them. "Let me tell you, I've lived here long enough to expect this to happen. They can fix the country all they want, it's no use, believe me. The wires will rot, the power will fail, the politicians will lie. That's the only constant, even with all the change. I'm a hundred years old, şey. Imagine all that I've seen."

I thanked the woman for her wisdom. I told her I would wait. It was all we could do.

"That other man up there with you, with the straw for hair, you know the one, yes?" She was starting to speak softly, either to lure me down or simply by habit of talking only to herself. "So long he's lived up there. All these years, he was alone. It shocked me. I don't complain much. What good does it do for an old woman to complain? Haven't I been blessed? My children and grandchildren, they're all up and away now. And the truth is, I lived a good life. I never judged. I drank a lot, I smoked like a chimney." She laughed and then coughed. I had heard that cough between our floors. "I knew many men, if you understand my meaning?"

I had one foot on the stairs. It was hard for me to make full sense of the woman. Still, I nodded. I looked up at the open door to our apartment. The chill was making my legs cold.

"Since you've come, I'm happy, see? The man, he's not so alone anymore. There is music and movement. I know it when I see it. I've lived a life, don't you worry. At last, someone to keep him company, all alone in that big apartment. Everyone deserves love. I'm not one to malign."

The old woman was harmless. Now that I understood what she was saying, I thanked her. Her curiosity wasn't a big problem. Older people were just like that. "I should try to find a candle to light until the power comes back. İyi akşamlar," I said, and waved her good evening.

Before I moved in, Leif had told me the room was just opening up. Yet here was this old woman, his longtime neighbor, saying something different. For hours, the electricity didn't return. In the candlelight, my eyes strained to read Ḥāfez's poetry, a tradition I first practiced as a child, listening to Baba read aloud and interrupting often to ask the meaning of literary words until, gently, he told me to be quiet and listen.

"Let the words reach you," he would say. "Stop chasing them."

When Leif came home, I told him to do the same. He didn't shy away from the instruction. He listened. His hair and eyes had a reddish glow in the candlelight. Some of the rain was still caught on the fine quills of his eyelashes, even after he'd mostly wiped himself dry with a towel.

He wanted to get closer to me, to see the text up close, how I traced the weblike words with my finger as I brought it from the page to my mouth. I could smell the peppermint scrub he used on his body when he showered at the gym. The heat he emitted was intense. The side of his arm swayed against mine, and then his head dropped slowly onto my shoulder. Still, I went on reading. Ḥāfez wrote of losing one's body in the smoke of a lover, although now the meaning was starting to get lost, even to me. Who was my lover? I was getting distracted, suddenly warm.

Like a fever, I couldn't tell exactly when it began. Leif's clothing slipped away and then his lips were tracing the pages of my body from the veins of my neck to the small of my liver. The candle blinked off but it wasn't needed to guide us. I had been listening closely to his poetry for months. I knew the little mumble he made when he rose from his bed, his steps on the floorboards, how he answered a work call compared to a call from his mother, the low moan of a hot meal that satisfied his appetite. Little things you could only learn by living with someone. He knew all of this about me too. I had never told him, but he learned it.

Leif led my fingers between his legs, and then my tongue was there and, finally, my cock. It was a little bit awkward, because there were new positions for entering from the front instead of the back. The wet was natural and not so sticky the way I was used to. We could kiss without twisting the neck. Too, the inside of his body around me was unlike the other hole, but not by so much. In the end, sex was something more than the algebra of body parts. Ours was no different.

When the power came back, we were lounging naked on the rug. Leif's sleeping head rested on my chest. The lines in his cheek and forehead had softened, and a sheet of serenity lay over his face. I'd never seen him without his usual decisiveness. For my part, I didn't feel quite so at peace. I worried the beating of my heart would wake him. He would ask if everything was okay, and I would not know how to respond.

Now that we had crossed this line, it was never going to be the same. I didn't know exactly what it meant, but the first reflection that came to my head, the meaning that caressed me at the border of my slumber, was that Leif and I were not only housemates anymore.

PART THREE

DELBAR

JULY 2015
Istanbul, Turkey

LONG BEFORE I EVER SPROUTED BODY HAIR, I SUSPECTED DJINN HAD taken root inside of me. What else could explain the primordial engine that compelled me to steal Pheroza's skirts when she wasn't home and stockpile tubes of lipstick beneath my old PlayStation in the closet?

Djinn held power, I learned, even for a woman like Qandul who bowed for no man. They were trickster spirits borne of smokeless fire—the ustad taught us at Islamic school—among Allah's formative creations, alongside the humans made from clay and the angels of light. The devout recited the Ayatul-Kursi to protect children from nefarious djinn, and word spread fast of families paying holy men to banish them, sinking their savings to ensure they stayed pious.

Possession by djinn was akin to the fiery depths of Jahannam, or so I was told, a fate reserved for the truly depraved, and yet, knowing everything I did, I felt so free when I slipped into sheer thigh-high stockings for the first time, my spine pressed against my bedroom door in case the handle lock should falter. And when I fixed the perimeter of my lips in Qandul's dark-red hue, I witnessed her profile in the sunbeams on my nose. It was then I knew, without a kernel of a doubt: If I was to find joy, I would have to salvage it from sin. That, and somebody was lying.

Even though Leif was my boss, now that my support role at PeaceMeals had been formalized with a modest weekly stipend, I didn't consider it wrong to continue strategizing about securing Mansur for myself. It was the djinn, not me, drafting and deleting long messages to Mansur while I sat across from Leif in the office, editing the language of some report. It was the djinn who asked after Mansur incessantly and, when I stayed late for Turkish lessons at Leif's apartment, I wasn't to blame for imagining that those homecoming footsteps were my beloved, and not Leif's.

Hadn't he licked my ear in the shower, scrubbed my suds-laden body, and almost fucked me, in a way that felt just as taboo and unavoidable as the oversize shoulder-padded dresses of my childhood? Friends didn't command intimacy like that. An ionic bond was forged between us. I experienced it in the shakiness of my knees around him, and how far away he felt, even when we were mere inches apart. Of course, I had to be subtle. My intentions couldn't seem gauche. Afghans were a persecuted people, after all, under constant threat of harm and displacement. Wasn't it a community service to rescue one from the jaws of a savior? Mansur was too good for Leif. There were already enough guilt-afflicted white men in interracial relationships.

As expected, Yosra was mortified when I returned home from the march with a bruised lip and scrapes on my cheek, though I was glad she refrained from the *I told you so* I probably deserved. The girls were less restrained; they marveled at the reds and purples on my skin and battered me with questions, and while they could see my physical injuries, the real ways I'd been changed, which simmered beneath the surface, were safeguarded in my heart. As the days passed and my injuries scabbed, the memory of getting rammed into the ground began to feel like documentary footage, my own private Stonewall and Bloody Sunday ensconced into one. I wasn't just some spoiled parasitic American anymore. I was in the fight for civil rights.

One afternoon, while I was smiling absentmindedly out the window, distracted from a Latife Tekin story about a community eclipsed by the garbage hill they resided among—impenetrable if not for the dual-language dictionary that straddled my thigh—Nafas waltzed into my room.

"Delbar, cousin," she said, pacing the length of the atrium to the balcony door, her hands clasped behind her back. "You were gone all weekend. It can't be dinner the whole time. You have to do other stuff too. There must be something outside of work." She spun to face me, both pensive and somehow accusatory. "Did you make any new friends?"

"Nafas, cousin," I parroted back, to which she narrowed her eyes. "Not quite. It's just work." I explained how I helped with asylum paperwork, coordinating photos, support letters, psychological evaluations, case notes, and aiding the attendees with English. When I looked up, Nafas was still there. "Boring stuff," I added. "Did you have fun without me?"

"We played Cluedo and Mom let us make popcorn on the stove." Nafas fingered the loose skin on her elbow for a moment, and then another thought struck her. "Was Mansur there?"

I flinched and took several breaths. When had I spoken his name out loud to her? Even in Yosra's home, I found it easier to use the names of Leif and Anahita as placeholders. They weren't so incriminating. Even acknowledging Mansur to Nafas felt like a confession.

After a pause, I said yes.

"Did you stay at his house?" Nafas stood at the foot of the futon with her arms akimbo, imitating someone many years her senior.

"Hmm?" My right foot began a soft rattle. It took all my strength to keep focus on the Turkish text as the suffixes bled together.

"I said, did you sleep with him?" She crawled up the side of the bed on all fours, sidling up beside me. "Is that where you slept last night?"

"No, Nafas, what? Of course not, don't be stupid, I would never sleep with or, like, next to Mansur," I snapped. Seeing her downturned face, I instantly regretted my reaction. "Sorry, I didn't mean to call you stupid. I'm not allowed to sleep with Mansur. It's off limits because Mansur and Leif are a couple. He's just my friend for n—I mean, we're just friends. When I don't come home, I sleep on Anahita and Poppy's couch."

"Oh, okay," she said, a little crestfallen. "I didn't mean to make you upset. I was just asking. Mom says that's who you're talking with on the phone when you shut your door." Her knees came up to her chin and she peered out of folded arms, her brown eyes barely visible.

I gave up on reading and deflated against the wall. "You're allowed to ask me whatever you want. I don't crash with Mansur because he and Leif live together. It'd be weird to stay there."

"Why would it be weird? Don't they have a couch?"

"It's just weird for us. Or it's weird for me, I don't know. They've never asked me to stay the night. Most of the time, when we all hang out, they go home together when they're done. Leif is sort of my boss as well. It might be inappropriate or whatever if I push it too far with him."

"Wait, so you spend all this time with your boss?" Her posture was firm as a rod, and her eyes displayed the sincerity endemic to childhood.

"Not only him. Anahita and I go shopping, and Poppy is always inviting me to some gallery opening. It's just that, I have to go through Leif to see Mansur. They're always together, but he's the one I prefer to see."

"Oh, so you like Mansur. I get it now." Satisfied for the moment, Nafas took the corner of the pages and flipped through their crisp ears using her thumb. "Are you done reading yet?"

I decided to ignore the first part of what she'd said. Her capacity to discern between the lines was frustrating. "I hope so. It's kind of a pain to read in Turkish. Basically, it's about this shantytown called Flower Hill and one day a factory opens nearby which starts polluting the whole area and the squatters decide to unionize. It's full of magic and folklore and—"

"Can you take us with you one week?"

"What?"

She had unfurled her arms like the segments of a dismantled chatterbox. Her eyes shone. "Can Darya and I come to the dinner next week? I want to meet Mansur, and then I can tell you whether it's worth it to have a crush on him or not. Don't you want my opinion?"

"I have a meeting before the next dinner with that professor friend of your mom's."

"What about the week after?"

"Look," I sighed, "It's not really a place for children."

"Why not?" She slumped over my lap in a puddle. "It gets boring all the time with Mom. You're supposed to entertain us, remember? You met all our friends. Why can't we meet yours?"

A single vibration emerged beneath Nafas, and she immediately reached into the folds of the bedsheets to trace its origin. I snatched the phone away from her probing hands, but not before she saw who had texted. From the churlish way she giggled, I knew it was Mansur.

Though I'd seen him over dinner the previous night, Mansur and Leif had gone home shortly after cleanup, mutually declining Anahita's suggestion to shepherd the huddle of smokers out front to Papillon. Mansur was messaging to ask if I'd noticed anything unusual about Anahita as the night of further drinking and dancing advanced without him.

The truth, which I felt a text message unsuited to contain, was that Anahita constantly surprised me: her boldness, her fortitude, how she roped strangers into her orbit before waving them away when her interest expired. She was exceptional, but that was nothing unusual.

"Why is he worried about her?" said Nafas. She was kneeling beside me on the futon, her chin resting on me as she read over my shoulder.

"Oh," I said. The question, and her proximity to my face, cornered me into sharing. "The police put her in jail after the pride march. Mansur is just looking out for her. Anyway, she seemed fine last night. She didn't really talk about it or anything, but I don't know, I wouldn't want to relive the trauma either. She's always a bit out there."

"What did your friend do?" she countered. "Why was she in jail?"

"The police didn't want queer and trans people marching in public."

Nafas's attention burrowed into me. In her world, people were cleanly sorted into either good or bad, and only the bad ones were locked up. "You were there too. Did you get arrested?"

"No." The photocopied pages crumpled underneath her knee.

"But how come she did and you didn't? Weren't you all there together?"

"Listen, it's complicated. We got away."

"Who's we?"

I paused to collect my thoughts. If I surrendered to being alone with Mansur, I feared accidentally disclosing the rest. I'd evaded detection all those years in America by keeping the many threads of myself unbraided; they existed independently in contradicting authenticity.

The dictionary made a clap as it shut on the Latife Tekin story I'd slid inside. "Nafas, please. No more questions. You can meet everyone, maybe for your birthday or something. You win, okay?" I scrambled to change the subject. "But get this, I might have an opportunity to perform drag in Istanbul. One of Anahita's friends runs this bar with a stage we sometimes go to after PeaceMeals. The thing is, if I do it, I'll need to build a whole routine. Can you help me?"

Her face lit up. "Can we go to the park and choreograph it?"

I nodded, bemused, and she bounded out of the room to inform her sister. Then a second message from Mansur came through. *Keep an eye on her when you go out*, he said. *She is not okay.*

Obviously, Anahita was not well. She'd been placed in a men's jail against her will. She was entitled to feel however she wanted, and it was going to take time to fully recover. In any case, she was stubborn. Trying to force healing from her would only instigate a reaction.

Eventually, overriding my judgment—and perhaps scheming for new ways to gain the trust and good favor of Mansur—I messaged Anahita to see when she was available.

THE NEXT WEEK, TWENTY MINUTES deep into Viyan bey's lecture on homoeroticism in the Persianate world, I quickly remembered why academic spaces had always repelled me. His desk reeked of old paper and urine, presumably belonging to the cats who stalked the hallway like COINTELPRO agents, and a half dozen books were sprawled open in front of him, scrawled in varying scripts, some with Post-it notes adhered to them and graphite scribbles in the margins.

"See, another good example is Mahmud of Ghazni. You must have heard of his story, I imagine?"

I continued nodding, and then seeing his eyes glint in my direction, I changed course and shook my head instead. I tried not to be ungrateful. He was sweet to make an effort, to compile all these resources for a lesson. It was the format of delivery I found uninspiring, this entomology of knowledge where, in order to study something, it had to be dead.

He sat back in his chair, fingering his jowls. "At the turn of the eleventh century, Mahmud ruled the lands from Balochistan to Punjab, and there is much scholarly conjecture about his, ah, proclivities. Naturally, you see, and as Foucault teaches us, modern concepts of sexuality often obscure historical contexts, however, all of that is to say that the enduring lore of Mahmud concerns his relationship with a Georgian slave, Malik Ayaz. That name ring a bell?"

Again, I shook my head.

"Well, their companionship is famed in the literature."

"That's hardly a fair relationship, though, is it? You said one of those guys was a slave. What kind of dynamic is that, if one person owns the other as property?"

Viyan bey rocked forward and scattered the pages in front of him, revealing new layers of documents underneath. The thick pouch of his belly protruded over the rim of the desk. "I'm afraid it's not always so simple, Delbar. Now, personally, I wouldn't condone a relation of that nature"—his breath filled the room with the smell of sour yogurt—"but, historically speaking, there are instances where the enslaved have wielded enormous power in certain love dynamics."

The professor was starting to piss me off, and I fastened my attention to his tiny office, the mug stains, the creak of the chair. "Maybe a slave can maneuver a little, work their sexual appeal to their advantage, but that's hardly the same as real power, is it?" Aggravated, I fondled the shells of a beaded necklace that Nafas had made for me. "So what if he's gay? Am I supposed to respect some eleventh-century sultan because his dick got hard for a boy he literally owned?"

The professor had a smug look on his face. "You're starting to sound like a revisionist, Delbar." He was clearly in his element and reveling in it. "You know, it's hard to find any evidence of their love in contemporary reports, unless we take the poets and the musicians as official record keepers. Over the last couple hundred years, that sensuality between Mahmud and Malik Ayaz has largely been erased from more formal scholarship."

He reached for his walking crutch and used it to spring to his feet, taking a few steps toward the bookshelf on the wall and squinting his eyes as he ran his gaze along the spines. "Mujmal and Ibn al-Athir speak only of their extraordinary devotion, and even Nāẓim points to Mahmud's wives to play off their intimacy as mere duty and loyalty. Would you believe? Whatever you or I can say of power and love, it's clear a sultan would never bestow upon a slave the role of grand leader of modern-day Lahore if something more passionate were surely not afoot. Wouldn't you say?"

I had my arms crossed and my eyes glued to a bronze-plated clockface, a trick I'd picked up in college to showcase my disinterest, yet Viyan bey continued on unbothered. "Think of Hajar, the enslaved Black woman in the Quran. Didn't she bear Ismail with her captor, Ibrahim? Now, naturally, the dynamic between them was unequal, and yet, in the end, didn't Allah reward Hajar for her grace, and for birthing a prophet? Her story is a parable for women everywhere now."

It was becoming difficult to sit there as a diligent student and receive the teaching from Viyan bey as we'd planned. I refused to accept that Hajar or the Georgian slave Malik or even Mansur for that matter were somehow blessed to receive the love of their masters.

He went on. "Or, perhaps you've heard of Alexander the Great's final lover, the eunuch Bagoas?" There was a pause, wherein I unzipped my backpack and shoved my notebook inside. Viyan bey waited for me to settle. "It was initially Darius who was intimate with Bagoas in the boy's youth, but Alexander soon wrestled control of the boy from him, and after a time, Alexander endowed Bagoas with great power."

I held no pretense about love. I'd seen my father drop Qandul overnight, and Yosra spoke openly of the younger women Omar dated now. I had no models of true love, queer or not. And yet there had to be something better to strive for than abuses of power masquerading as the real deal. Hajar never consented to be anyone's hero. From everything Viyan bey had shared, the Georgian slave Malik's own words were never included in the testimony about his love, and, as for Mansur, I could hardly blame him for tethering himself to Leif for security. What I wasn't going to do was imbue a sham visa couple with more meaning than it deserved.

I stood up. "Thank you, Viyan bey. You've given me a lot to think about, but I have to cut our meeting short. I'll be in touch."

The guy was startled. He scanned the clock and then tussled with a stack of stapled papers underneath the pile of open books. "Here, here, before you go, I photocopied some of the readings from today that I thought might interest you." He hobbled around the desk, holding onto the sides for balance since he'd left his crutch leaning against the bookshelf. "And one other thing, if you have a second, it's not so esoteric I promise. I can see I'm boring you."

I felt a pang in my chest. "You're not. I'm sorry—I just need to be somewhere, for PeaceMeals." His pleading expression impelled me to sympathy. "But I can be a minute late."

"It's about your aunty. Excuse my brashness. It's just, I wondered, if you might grant a man one simple curiosity. Is Yosra single, by chance? I know she's divorced, which I'm sure has been taxing on the family." Was that a blush rising to his bearded face? "But, as you can understand, a divorce is different to single. I don't mean to overstep."

It took a second for the penny to drop. I was halfway out the door, and immediately, my hand dropped to my side. This wasn't about me at all. Viyan bey had curated this precise moment. "Professor," I said, my tone genuinely taken aback, "I assumed you were gay as hell."

He chuckled, cocking his neck, and then corrected me. "Bisexual."

"Well, anyway, yes. To my knowledge, at least. I can't speak to how ready she is or whether she's interested, but yes. She is single."

He smiled broadly and shook my hand with vigor. The smell of mildew and cat piss followed me down the hall and into the stairwell.

...

ANAHITA HAD DEFLECTED MY INITIAL message checking in on her. Then, earlier today, as if by random, she messaged again, directing me rather than inviting me to come over in the afternoon.

The plucked strings of the bağlama lute billowed into the foyer as Poppy took my jacket and welcomed me inside. She was radiant, and the bright print on her blue sundress shimmied with her hips. Her partner, Deniz, whom I'd only ever heard about, greeted me from their knees, where they were inserting records into their sheaths. They seemed overly preoccupied with the task: muttering under their breath and scowling each time a record wasn't in the right case. Two cats circled them—one black and one tabby—slinking under the legs of the record stand.

Anahita barely looked up. She was bent over a Singer sewing machine in the corner. Between her lips was a seam ripper, which almost cut me as I went in for a kiss, and on the narrow table in front of her were reams of thread, sewing needles, pins, fabric shears, bobbins, and a measuring tape. Her focus was zeroed in on the garment in the machine.

Awash with a strange, bated energy, Poppy was clasping her hands over her stomach. She stumbled for the right words, darting her eyes down at Deniz, who remained hyperfixated on the records, and toward Anahita, who didn't glance up at all. Something was definitely off.

After what felt like hours of silence, Poppy finally cleared her voice. "I received a call from my caseworker today," she said. Her hands were rubbing her abdomen, as though she were massaging the words from a recess deep inside her. "Out of the blue. She called and said—I mean, it seems, there's been some movement on my case. I thought for sure I was going to get rejected, or I'd have to submit another new document or something." She scoured the room, perhaps waiting for someone else to chime in. "After all this time waiting, you sort of lose hope, you move on. But it's, uh. It looks like I've been approved—"

Just then, Anahita pressed down on the pedal, the sound of the machine loudly interrupting Poppy. There was a collective exhale. "Uh, for asylum, I mean. Denmark has accepted me. There's still some paperwork to complete, but yes, that's what she said. I couldn't believe it."

I had to admit I was shocked. I stood there, mouth agape, peering over at Deniz and Anahita, though neither of them met my gaze. This was major news. It was life changing. I hadn't seen anyone's immigration case come to fruition yet, and privately, I'd seriously begun to wonder if the whole rigmarole wasn't some elaborate Beckettian exercise.

I broke the silence with a peculiar high-pitched squeal and hugged her. Our chests touching, I could feel her heart pounding rapidly. I wiped away the sweat gathered on the base of my neck.

"Denmark? Wow. That's, that's great. Wow," I stuttered. This was why she'd come to Turkey, after all. To launch her application, just like everyone else at PeaceMeals. She had every reason to be happy about migrating to a country with socialized healthcare and efficient public transport and paid sick leave and a thriving sector of labor unions.

Poppy walked over to Deniz, and then seeing them bristle, she skirted on the spot instead, adjusting the strap of her dress. "It's not confirmed or anything yet. I mean, I'm not sure if I'll even go. I'm still making up my mind. It's a lot to decide. There's so much to consider and—"

"Of course you'll take it, you'd be stupid not to go," Anahita snarled, her eyes flicking over to me before returning to her sewing. "This country's going to shit day by day. Why would you stay here of all places if you finally have a chance to get away with the law on your side?"

Poppy took a deep breath, and then another a second later. She was trying to fill her lungs. "I understand that, Anahita. It's just, I mean, I only got the call today. I'm still processing. I'll need to think about it. I mean, we'll need to talk. All of us. It's all happening very quickly."

"It's cold as fuck up there, isn't it?" I said. "The language is hard to learn, and I hear they're racist too." Deniz shot me a knowing look, as if to suggest they were muzzled from agreement.

Still bowed over their records, Deniz finally selected one to place into the player. After a few seconds of static, the needle found its groove, and a somber melody filled the room. They stood up and wavered, their gaze resolutely locked on the floor, refusing the attention showering them.

Poppy rubbed the sides of her cheeks in her palms, and then as a third and fourth cat raced in front of her, she scooped the pursuer into her arms, stroking it firmly against her breast. "Yes, I don't do well in the cold, and I've only just gotten hold of Turkish." She turned to Deniz, who was digging around next to me in the couch for the lighter. Whatever she chose, Poppy was losing a lot. "On the other hand, I would finally be able to work and start a permanent home, you know?"

I felt a wave of dizziness and took a seat on the couch. I couldn't figure out why I was feeling so disoriented. Poppy was a trusted friend, one of my closest in Istanbul. Her conditions would improve in Europe, and yet I couldn't help but feel—guiltily—as if some integral component of the place I'd made for myself in this city was suddenly slipping away too.

Just then, Anahita swore loudly and took her thumb into her mouth. We looked over at her, at the frown etched deep in her face. "That's my sister," she said, her voice partially muffled, "she'll do fine wherever she goes, and if she doesn't know the language, she'll learn it. But"—she paused, raking the room with her sabertooth glare—"I arrived in Turkey before she did. I've waited longer. It's not her fault I'm waiting so long, but that's the truth of it."

There was a tenderness to Anahita's candor, but still, her words made Poppy squirm. "I'm sorry, Anahita, I said I was sorry. If I could open the path out of here for you, I would."

"Baby, didn't I just say it's not your fault? You should celebrate. Don't feel bad for the rest of us." Without liquor or fawning onlookers to rile her up, Anahita's energy was deft, almost domestic, her hair wrapped in a silk bandana with only the finest touch of discernible makeup. This, too, was a necessary part of an iron resolve: the fallow sustaining the crop.

Deniz quietly disappeared into the bedroom and closed the door, and the mechanical thrum of the sewing machine soon resumed. I blundered my support, reassuring Poppy that learning a language wasn't that hard, and that most Danes probably spoke English, right? Her gaze kept tracking back to where Deniz had fled, even as she nodded my way, until, finally, she excused herself, closing the bedroom door gently behind her.

Did Anahita look okay? Through the leaves and dress shoes at the street-level window, light trickled onto her neck and shoulders as her fingers fed fabric into the needle point. By her side, half a joint was balanced on an ashtray, and beside it a wicker basket full of fabric cuts overflowed atop an assortment of gowns and blouses. "These are gorgeous, Anahita," I said, the words lumpy in my throat. The fabrics felt soft and electric to the touch, coarser on one side than the other.

"I spoke to my friend at Papillon," she said, her focused gaze unaffected. "I had to lie, tell her you were more experienced than you probably are, but she agreed. She booked you for next month. That's what you wanted, right?"

I stepped toward her, this dull ache clawing at my groin, astonished that I was on her mind. Next month was so soon. I would have to get to work, learn this new routine, find an outfit. "Thank you so much."

"It's for my own sake, really. You need to put the wig on and make your decision. It's painful for everyone, watching you flail about like that."

A meek laugh escaped my mouth, almost a gasp in its shallowness.

"Can you teach me? I mean, just the basics of like—"

"If you ever suggest that me and drag are even remotely the same," she interrupted, "I will slit your throat myself and, trust me, I won't feel bad about it, either. Do you understand me?"

I nodded, acutely aware of the dark hair snaking up my forearms, before she went on, this time more kindly. "You'll need to learn to sew if you want to do drag here. It's not so easy or cheap to find something timeless, and maybe not so easy to shop in the women's section looking the way you do." She gave me a stern once-over, the same way Qandul used to.

"Just putting on any dress is for little boys. It's child's play. If you want to connect with the girl inside, it takes real effort, practice, skill." She plucked the joint from the ashtray, motioned for the lighter, and took three puffs in quick succession, the ember spreading like ivy. "You have to hold on to what hurts, bring her to the forefront, you see?"

I took the joint from her outstretched hand, inhaling too deep and trying to stifle my cough. My eyeball sockets felt woolly and swollen. "I'm nervous to try it out in Turkey, though."

"Why? This is where you are right now, no? There's no better moment waiting for you somewhere else."

My eyes glanced at the couch where I'd woken up that day we'd all visited the island. "You're right, but . . ." I sighed, trying to visualize something that still felt so oblique. "I don't know. You should've seen what the police did to me after you got arrested. It was insa—"

Anahita silenced me with a serrated look, and I kicked myself for being so careless. "You think you had it bad?" She strained to laugh; it wasn't mocking, but it carried the fortification of her humor, ready on hand whenever she needed its protection. "What do you think they did to me in there? Believe me, you'd be dead if you knew the half of it."

I'd been so caught up absorbing Poppy's news, and my own, that I'd forgotten Anahita was who I'd come to see. "I'm an idiot, I'm sorry. Do you want to . . . talk about what happened?"

She snickered. "Of course I don't want to talk about what happened. Are you stupid?"

I didn't know what to say without digging myself any deeper, and as a result, the mood that settled between us was brittle, interspersed with the rattle of the Singer. The record had stopped playing, and I moved to release the needle. Anahita seemed unphased by the silence, somehow dissociated from my presence as I shifted awkwardly beside her sewing table. A part of me felt I should ask again about her arrest.

"Anyway, one of their idols in this country is this drag queen Huysuz Virjin," she started, expertly unpicking the loading tray and replacing a used bobbin with a new one. I steadied myself, trying not to disturb the uneasy casualness between us. "Since the seventies, she would do all these comedy shows and dances. It's on the television if you know where to look, and it's not a right-wing, left-wing thing. You think all my clients support trannies in the open? Trust me, baby, you putting on a dress and some makeup is nothing these Turks haven't seen before."

I giggled a little—more with nervous relief than at the joke at my expense—and, at last, she looked up from the sewing machine and winked. I took her softening as a token of forgiveness. "Maybe I'll make something for you someday," she went on. "If you can afford my rate."

We exchanged smirks, soon interrupted by the steady sound of heated moaning coming from the bedroom. Anahita muffled a laugh with her wrist, and I couldn't help but join in.

Deniz and Poppy would outlive this miasma, and Anahita would too. I texted Mansur to reassure him that, given the circumstances, she was doing remarkably well; at the time, perhaps I truly believed it.

MANSUR

AUGUST 2015
Istanbul, Turkey

I WAS THIRTEEN OR FOURTEEN WHEN I STARTED TO WORK. MĀDAR NEVER asked me to leave school, but it came down to me because I was the only man at home. The supervisor on shift liked me because I asked for less rest, and I handled my shovel with confidence. Some days, it was so hot I feared I might collapse. It was easier to work uninterrupted at night.

Buses transported workers from the south to the north every day. We were crammed so tight that people would step on your bag or elbow your ribs by accident. In the north, the land was higher up and cleaner because it was close to the mountains. It even smelled better while I was sweating in the guts of the road, wiping my cheeks with a paste of grime.

During my breaks, I would look up from the pit at young women weaving through stores, families with children, and elderly men selling sliced melon. Sometimes I would walk by the real estate offices with posters of apartments stuck on the glass, showing brand-new sofas and open designs and windows as big as the wall. The whole city was visible in those windows; it scared me to see all those neighborhoods, and all those people, at scale.

When I looked around Leif's apartment in Beşiktaş, at the waxy mugs and the plants and the splotch paintings, I felt the same impossible distance I did back then in the pit. None of this stuff belonged to me. I used it, I lived among it, but it was not mine. Even now that I walked around in one of those posters, I was still on the other side of the glass.

The details of my sponsorship were finalized. After so much pressure to marry in Iran, beginning as soon as fine hairs started darkening my upper lip, the plan I had accepted was to marry Leif upon arriving in Germany. He spoke of it as a matter of paperwork, a reliable way to accelerate my permanent residency. I was one of the lucky ones, he said.

One day, Leif was arriving home from work just as I was putting away the Farrokhzad book Payam had given me. It was the only book Yusef hadn't destroyed in his steroid rage, and I stored it in a sealed pocket of my backpack. Though I had been living with Leif for nine months now, I kept the book secret: a small way to preserve something for myself.

Leif saw me crouched over my backpack and issued a quick, puzzled smile before heading to the bathroom. Payam was an old lover in a different country, and he'd stopped responding to my messages a long time ago. In Leif's eyes, there was no reason for any jealousy. Still, my fingers trembled as I tidied up the table and set a pot of tea to boil.

When he reentered the living room, his wet towel was wrapped around his neck. I could smell the fresh alcohol he splashed on his face after he shaved. He withdrew his laptop from his backpack and set it up on the table, neatly lining its edges with the papers and his water bottle.

I had left my cleaning job by then, but I still had regular dish work at the lokanta off İstiklal. My job did not follow me home the way Leif's did. I respected this about him. When I was just a spectator of his speeches at PeaceMeals, it was easy to write them off as simple bids for praise.

Now, I understood there was more to it than that, more to him. He was a good man. His care for me, for us, was his labor. Every relationship required work, and compromise came in many forms, like adding spice to my food separately or managing Leif's moods after an argument by agreeing that yes, he did know best. My gratitude was not make-believe.

"Do you find Delbar attractive?"

Of all the questions, this was the one I expected the least. I answered that he had a nice face and felt myself blush. I had spoken too quickly. I didn't want to seem enthusiastic or dismissive. Did word somehow spread that Delbar and I had showered together after the march? I was foolish to think he would keep it secret. "Why do you ask?"

Leif's fingertips on the keyboard were little raindrops on stone. After sending an email, he responded. "It would be fun for the three of us to have sex. I sense there is chemistry there."

It was just Leif's sex drive, which I knew all about by then. He injected a dose of testosterone into his thigh that was high for his body weight and size. It wasn't hard to find a doctor willing to go along with it. A reliable phone number for abortion providers, sex workers, and cocaine was always going around among the expats. For two weeks after the T, he wanted sex all the time, and then his urges lulled again.

I started to think about a threesome with Leif and Delbar. "He's young, no?" I made sure my tone sounded casual—neither too keen nor too willing to shoot it down—as I played out the scene in my mind. I crossed the room to water the houseplants on the windowsill.

"He's not a baby," Leif answered. "He went to a good university in America. He's educated, he's independent. And he's only, what, six years younger than you, and twelve years younger than me? That's nothing in gay years." He reached his arms over his head and extended the muscle of his triceps. "Younger than us, ja. Young? No. Sheltered, absolutely."

"Don't you want to protect what is sheltered in him?"

Leif chuckled. "No, that's not our responsibility. You must have met Americans before, haven't you? They are always slow to understand complex things. They talk before they think."

"Maybe you've met more of them than I have."

While I slowly tipped the watering can into a tall green plant with broad leaves, I thought of the Americans I'd known back home. They were military crop. Black, white, Chinese, Spanish, women. All of them came for a deployment, bleached our land, and then rotated out. They traveled in packs on loud metal tanks, helmets strapped tight, their guns cradled across their chests. On the crumbling outskirts of Kabul where my family had lived, gangs of American soldiers were a fixture.

Once, on the hour-long trek to the function hall, which the boys' school adopted when the roof of the old school collapsed, an American soldier called me over. I can still picture his ugly face. He was standing on the other side of the street with three soldiers under the shade of a tree. My neighbor Tarik was walking with me, so it was the morning. If Tarik had not frozen, I might have run. They would have shot me in the back, or I would have gotten away. Mādar taught me to run. "Don't let them catch you," she'd say, "they like to beat up young boys and take pictures of their bodies. Then they'll send me condolences."

Tarik's mother was a different kind of woman. She dressed her three daughters in hijab as soon as they began to waddle. Her god made her obedient. She instilled in Tarik a terror of Americans. Me and the other neighborhood boys would pretend that the big bad George W. Bush was coming to get Tarik to make him shake and pee and start crying. We didn't understand what we were doing back then. Tarik's mother must have had her reasons. Every Afghan had a reason.

The American soldier asked me if I liked a darker soldier he pointed to. He did not address Tarik. I said yes, okay. My English was not good. I did not understand. He laughed and the other soldiers joined in. He asked if I wanted to touch it. Again, I did not understand, except this time my palms were getting sticky. It was so hot that day.

I could feel Tarik swaying beside me. The soldier repeated his question behind his evil green eyes. He asked, did I want to touch it? The smile left his mouth. I could not disagree with this man. I said yes, okay. The soldier took my hand and wrapped it around the barrel of the gun. His fingers pressed on my fingers in a circle shape, stroking the ridges of the gun, up and down. The taste was of blood when he stepped forward and jerked the metal tip between my teeth. He told me the gun was an M4 carbine. I'll never forget that name. The men laughed again. Tarik was silent. An old vendor selling rubber parts on his cart crossed the street to stay out of the way. I wished their laughter would stop. When the soldier got bored, he let us go, and when I began to walk away, he smacked me below the spine with the hilt of his gun. For some reason, it was Tarik who recoiled at the impact.

I hadn't thought of Tarik in years. The only thing I could do was try to keep those memories behind me.

"Mansur?" Leif peered at me over the laptop camera. "What do you think? Should I ask Delbar? It's possible he can stay for a drink after his Turkish lesson. Outside the office, just us three."

A pool of water was developing under one of the plants, and I realized the pot was about to spill over. I jolted back and busied myself sopping up the water. "It might complicate things, no?"

The laptop glow tinged Leif's face blue. "Just harmless fun. We haven't had a third join us in a while. It's hard to find a gay guy out here who won't make a fuss about the trans stuff."

"His aunty is your friend, isn't she? What if he makes trouble for you?" I called out through the wall of the kitchen as I tore off more hand towels. They, too, soaked in a second. I ferried the mess to the trash, but heavy drops still fell at my feet and onto the rug. "And wouldn't it be hard to keep working with him? What if something goes wrong?"

Leif took his glasses off and placed them on the keyboard. "Mansur, can you stop with the plants for one minute?" This was less a question than an order. I nodded slowly and stepped up to the table. "If you don't want to, I'm not going to force you," he said. He took a deep sip and then continued, "Even if I did make the offer, he might not accept it. Americans can be prudish. I just thought, because I'll be in Germany soon, it might be nice to do something fun together before I go."

My ear twitched the same way it did when I heard a long Turkish conjugation. Leif always made these definitive comments: I was so Afghan to him, Delbar was so American, Anahita so Iranian. Except, in his own mind, he was never like those other Germans.

"I would like that. There are many fun things we can do without Delbar." I leaned my thigh against the pointed corner of the table. "And of course he will accept if you ask him. You see the way he looks at us."

Leif laughed. He liked to talk about everything in depth. He had opinions on monogamy and sex and love that were new to me. I was able to admit that. Sometimes it took time to digest because the language was different or if the written version wasn't there for me to consider.

I picked at a tuft of cat hair on my shirt hem. When I looked up, Leif's mouth was curled to one side. "Baby, let's be real. I've seen the way he looks at *you*, if that's what you mean."

"Not only me," I coughed. "The way he looks at you also. We only play together, no?" This open relationship model was part of his identity, he said, like being a refugee was part of mine.

"Come on, Mansur. Don't pretend with me. He's into you. It's all over his face. He has those big puppy dog eyes. Didn't he say you're the first gay Afghan he's ever met in his life?"

The corner of the table was causing my thigh to get sore. I dragged out the chair and took the seat across from Leif. "The other men we played with were strangers. Jasper was your friend, not mine. That's why I worry. Delbar is different. He is part of the group now."

"Baby, I have to admit, I thought you'd be excited to have Delbar join us. It might help both of you get the desire flushed out of your bodies."

I swallowed my impulse to lash out. Leif threw barbs, but he didn't like to take them. We were a couple, but I never forgot whose name was on the lease. "I think it won't end well. He gets so awkward." I lifted the bottle beside me and sprayed mist in his direction. "And what desire?"

Leif wiped the moisture off his cheeks. He observed me with a cool-headed posture. "Okay, Mansur. I won't ask him. Forget I brought it up."

"Wait, no. You're right," I added quickly, to Leif's surprise. "I am being difficult, and for no reason. Actually it will be good for us. All of us. We can communicate everything to him."

Leif beamed at me. Then he put his glasses back on, brushed the droplets of water away, and returned to work.

Not once when I was younger did I imagine gay marriage for myself. We didn't worry about things like that. I thought, maybe, I might find a man to keep me warm during the colder months. A private arrangement, something the building manager could ignore in exchange for an Eid gift and the occasional question asking after his mother. Not marriage. Not confessing to a government that we were two men in a relationship, as if writing our own speeding ticket.

A WEEK LATER, I WAS reading an English translation of Nâzım Hikmet's poems when Leif found me outside on the terrace. I felt the chilled air on my ankles. He leaned out the door to say that Delbar had agreed to spend personal time with us after receiving his Turkish lesson.

"He'll be here this evening," said Leif, one foot out and one foot in.

"That's great," I replied, and nodded at him. He lingered there, his finger pads a suction on the glass, maybe waiting for a fresh refusal to surface. This time, I was not caught off guard. Delbar had already messaged asking if I knew why Leif invited him to stay on after the lesson. He wanted to know if Leif had found out. This made me smile. I assured Delbar that he wasn't in any trouble, but I didn't say more.

At one of the vegan cafés on the farthest streets of Beşiktaş, I went in search of weed. Anahita was the one who'd taught me where to go. It was the night of my birthday, six months after I'd moved in. Anahita had discovered me hiding in the tiny laundry room at the end of the hallway. Of her own intuition, she knew that Leif and I had begun to sleep together.

She pulled a spliff from her bra. "Take it," she insisted, waving her elegant fingers. "What, are you going to waste your time obeying PeaceMeals rules at home?" She lifted her nose toward the door. "Whatever you have with him, it won't work if you do that. He doesn't own you."

"He is my boss," I said, the serpent of powdered air slipping out between my teeth and rising to the ceiling.

"Well, he's not only your boss anymore, is he?"

I glanced down at the border of fire burning the paper unevenly, and then when I could feel Anahita's closeness suffocating me, I exhaled into the vent. "Where did you get this?"

She explained how you could get different drugs in different parts of the city. In Beşiktaş, known for its Marxist-Leninist tradition and its soccer club, there was a script in the alleyway cafés by the market.

I sniffed the fresh fish on ice and rounded the market wall until I reached the café, where I ordered a rezene çayı and the check up front. The waitress understood. She brought my fennel tea, and along with the bill came a sheer sachet containing two spliffs that I paid for all together. I stayed there for a couple of hours after I smoked the first one.

The last time we had a threesome, it was with Leif's Dutch friend Jasper, who was staying in the guest room for a week. They showed me pictures from the aid jobs they'd once worked together, in refugee camps in the West Bank, Borneo, and Chad. They recounted stories like old friends, filling in details and completing each other's sentences. Midway through Jasper's visit, back at home after the bar, it just happened. Leif asked Jasper if he wanted to kiss me, and that was it.

On the last night of his visit, the three of us went out to a rooftop near Galata for meyhane and live music. Returning from the WC, I overheard Leif tell Jasper he was modernizing me. He said he still had a ways to go, and they laughed. That night in bed, I asked Leif why he'd said that, and he told me Jasper knew what he meant. I was already modern before I met you, I told Leif, and he said of course. It was only a joke, Mansur, don't overthink everything. He rolled onto his side and, within one or two minutes, I heard the light purring of his sleep.

There was no one I recognized in the café, no one who needed me or expected me to satisfy a role. My phone could be ringing and, left on silent, I wouldn't even notice. I stretched my knees and lolled my neck. When I first arrived in Istanbul, I resented any happiness I was able to cultivate. It wasn't until this year that things were starting to change. Neither Mādar, nor Elaha, nor I raised the idea of bringing them over anymore. Women were not able to travel unaccompanied, and it was understood that I could not travel there safely. Guilt was not a helpful emotion.

Soon, as sunlight dimmed in the café, I sensed a familiar dread, sharpening the high with edges. A dandelion shoot was growing in the cobblestone cracks, and I thought of the fields behind our mud-brick house in Kabul, how my whole childhood I never saw any crops growing in the soil back there. Kids were warned with ominous threats never to stray that way. Look at Dawūd, the elders would tell us, shaking joints stiff with arthritis, did you think he was born with just one leg? Fauzia wasn't always an only child, they'd say, so tell me, bachem, who stole off with her siblings? All we saw in the fields was a sprawling playground, and an older generation withholding our fun.

An ache seized my chest.

I longed to chase the boys through the wild grass again, tears streaming down my cheeks, our only concern the reprimands of our elders and their paranoid stories. Eventually, we witnessed firsthand how the fields were pregnant with explosives, both the graveyard and the executioner. Whatever prickly danger this evening with Delbar represented, in the end it paled in comparison to the dangers I had lived through. Maybe Leif was right. Maybe it was just harmless fun.

WHILE I WAS GONE, LEIF had spent the afternoon tidying the apartment. Slices of nectarine and blueberries rose to the top of a jug of sangria set upon a coaster. Antipasti were arranged with expensive items Leif sourced from specialist stores that sold imitation pork and French cheese.

Delbar was already seated on the couch, exactly where Leif had planned. I imagined Leif alone after I left, pushing the armchair against the back wall, separating it from the couch, curating the experience so it didn't seem forced. Delbar tipped his glass to accept the sangria. He dragged fruit over its rim with his finger. A Turkish language book was open between them to help Leif explain miş, the past tense of hearsay, describing what you know but have not witnessed firsthand.

The two of them looked up at my arrival, but Delbar's gaze lingered, slowly splintering as if only by force. I checked the mirror to make sure the eye drops had worked, and then I selected a record.

"We're almost finished here, baby," said Leif. "But come, feel free to join us on the couch if you're free."

Fitted there between the two of us, Delbar seemed to adjust himself every few moments. His eyes darted to the hallway, to me, to the sound system, to the photos of Leif shaking hands with important people and his diploma display, and back to Leif, whose lips were pursed tight.

Delbar blinked at the book. "How did you become so fluent, Leif?"

"Me?" Leif leaned back on the couch and wrapped his armpit over the backrest. "I mean, I've always been fascinated with the Orient." At that moment, the Alice Coltrane record I liked erupted with the sudden clap of drumbeats. Narrowing his eyes, Leif continued. "Ach so, there are many Turks in Berlin. I first started to learn there." He cleared his throat. "When my mother first got ill, her care team were all Turks. They spoke to us in Turkish and I became interested in the language. I guess, now that she is ill again, I will really be able to speak with them."

Settling on something more mellow, a philharmonic orchestra that Leif played to meditate, I returned to my station beside Delbar, which made him shimmy a little farther into the middle, closer to Leif's side of the couch, though Leif didn't care to make any more room.

Moisture from my curls dripped onto my shoulders. I wanted to wipe myself dry, but I feared leaving Leif and Delbar alone for too long. The fear, of course, was unfounded. They spent time together at work all the time. So what were these nerves? Yes, there was my concern that Delbar might accidentally incriminate me, but there was something else too. A fondness.

Leif was still pretending to care about the lesson. "One thing I notice," said Leif, "is your prepositions could use work. In Turkish, the words that tell us about the connection between two things are located at the end of the sentence, not the beginning, or even between the two things."

Delbar twirled the short hair beneath his ear, miming what someone with longer hair would do. "Weird. There's no other way to know before?"

Already, Delbar's goblet was empty. A good sign. I moved to replenish it and, when I sat down again, one of my knees was touching Delbar's, firmly enough to not be an accident. That familiar electric charge between us returned. He flinched slightly, and then lowered his knee.

"Here, don't come to the Turkish sentence from English." It startled me that my voice was no louder than a whisper. The cat prowled by our feet; Leif tossed its toy into the hall. "Turkish and Farsi structure the sentences the same, the verbs at the end. It was helpful for me to come to Turkish from Farsi. If you enter from English, you will struggle."

A vein thrummed in Delbar's neck, and I traced the ridge with the side of my thumb. He leaned into my touch. I'd forgotten how sparse the orchestra grew at some points. The space between movements lent too much time to think. Leif leaned over Delbar's lap and kissed me.

"Delbar," Leif began, pulling back gradually from the kiss, "you know Mansur and I are in an open relationship, yes? He's spoken with you before about that, I assume?" Delbar volleyed his eyes between us. I could sense a breath caught in his throat. "In the past, we've had fun inviting a third to enjoy sex with us. Not to pressure you or anything. Our rule is that we are only allowed to play together. Can you respect that?" This preamble was not given to Jasper when he visited.

Delbar nodded and unwound the long limbs folded beneath him. One of his legs dropped beside Leif, who covered it with his open palm. Now the three of us were all touching. Delbar studied me in disbelief and batted his eyelids, as if to ask, *Is this what you want, too?*

The question was too treacherous for any kind of easy answer.

A strap fell from Delbar's clavicle, and he didn't bother to retrieve it. He swabbed his palm across the width of his chest. "Would you like to kiss Mansur now? Go ahead, you can do it. You have my permission."

An unfed hunger gnawed at the recesses of my body. I leaned into Delbar and blew hot air on his jaw, and in response, his shorts grew taut, and mine did too. I ran my fingertips along his furry calves and the slope of his back, which didn't contain the same musculature that Leif's did, yet radiated heat all the same. Finally, my lips met his and persisted there, the sweetness of sangria infused on his breath. A red peshtemal blanket had been laid underneath us to protect the couch. The textile was thick enough to prevent quick absorption. Against my spine, it created a friction as our belts, socks, and singlets came free and got kicked to the floor.

My eyes shut and I surrendered to the pleasure of one mouth, then two, wrapped around me, nursing the base of my balls, a tongue under the girth of my shaft, then his shaft, a finger sheathed in a body's warmth, two fingers, three, the familiar spice of minty gel deodorant, a plump ass I didn't recognize, an ass I did, the grating of stubble on the thin skin along the ribs, my ribs, his ribs.

"Do I need to use protection?" came a wobbly voice amid the haze, spoken with a child's earnest confusion. I had just pulled out of Leif to make way for him. If I didn't, why should he?

Delbar peaked between Leif's straddled legs, his cock tall as a mast, finer and more curved than mine. Where could he touch, his eyes begged to know, and what should he do next? A third gave sex this disorientation. Splitting attention equally could only last for so long. Delbar's lips stripped away, and as a reflex, I took hold of his dick, which quivered for me.

Leif lay beneath both of us. I plunged Delbar inside of him, and right at the moment of entry, his pupils dilated, and his lips catapulted toward mine for a kiss, a weightless careening somersault of a kiss, that urgent captive kind of kiss that ends too soon and never ends at all. Marooning Leif down by our knees, Delbar's hips slowed and then ceased to thrust entirely. I cupped his spine and drew the surrender of him to me, and when he wrapped his legs around me, his heels clasped behind my back, there was no going back. The pretense of three fell away.

It was much later in the night when Leif moved us to the bedroom, where he caressed the undersides of my feet, planted kisses on Delbar's shoulders, and finally, resting on his haunches, resigned to watch. It wasn't exclusion, and it certainly wasn't deliberate or ill willed. I think Leif understood something I was only just learning myself: that, though I'd denied it, Delbar's rabid hunger for me was not one-sided.

I'd come twice already, except it wasn't enough. I wasn't horny anymore. I wasn't done with Delbar either. I swaddled his back, my jaw resting on his neck, and rocked into him. The hold induced a sick satisfaction in me. We needed this. It was clear from the heaving of our breath.

In the shower, our coming together had been encumbered by Leif's looming return. Now, lust spread between us infectiously, proliferating like nightingale song, persistent when Leif sidled up the bed to finish himself, and there again when he poked his buttons closed on his shirt.

Leif rose and yanked the curtains, the screech of metal reaching me as if through layers of sleep. The sudden glare of the overhead light was a bludgeon. Within a second, the ambience was sucked dry, replaced by the damning watts of fluorescent bulbs. "Here," said Leif, hovering over us. "Here," he said again, finally gaining our attention. He was wearing a new pair of jocks. A dry towel landed on Delbar's chest, where my fingers were strumming the hairs that grew dense like bean sprouts on him. The spell was over. Permission rescinded. I withdrew my touch.

While Delbar rinsed off, Leif peeled the sheets off the bed and tossed them into the wash alongside the peshtemal. He left the lid open, ready for the soiled towel that Delbar would leave behind. The music turned off. What was left of the sangria was poured into the sink and the armchair was dragged back into its original configuration. Leif acted perfectly normal, cleaning the apartment and asking casually for help when he needed it, as if he hadn't just been a bystander in his own boyfriend's carnal sexuality. No, there was nothing normal at all about this.

I practiced my lines, trying not to think about the last time Delbar had showered here. I was ready to be ambushed by accusations. I'd say Leif was overreacting, that he'd misunderstood; of course all three of us were necessary to the threesome. Three was in the name, wasn't it? Maybe I had gotten carried away, grown intoxicated in the novelty of it.

"Are we okay, Leif? Are you okay, I mean?"

He was tucking Delbar's gray socks into a ball. I sensed no judgment in his tight-lipped mouth. Turning to me, he brushed my chin with his knuckle and smiled. "Should I be worried?"

I felt a profound compassion toward him in that moment, this strange belief that nothing unbearable could happen to me so long as I was with him. I wished him no pain. What was his crime besides extending his home to me and shielding me from what so many in my situation endured alone? The talk of marriage had this strange effect, in the end. Feigning a contract of loyalty created one.

Far away from where we stood, the surge of the shower thinned to a trickle. "No, there is no reason for you to worry," I said. "I am yours."

I took a step toward him and, when we kissed, there was nothing contrived about it.

We separated, and Delbar plodded into the doorway, a towel slung around his waist, dripping onto the floor. I could feel him trying to meet my gaze, but I fixed my eyes elsewhere.

A heart is a promise, not a parcel of property to be claimed by any one person. It goes where it wants and latches unexpectedly. What was there to distinguish the dandelion shoot from the crop?

DELBAR

AUGUST 2015
Istanbul, Turkey

MY TONGUE SCRAPED THE CAVITIES OF MY MOUTH FOR ANY FUGITIVE remnants of sex. A mere hour ago, Leif and Mansur had orbited me like the rings of Saturn. We were only supposed to hang out. The lesson had felt so innocuous, and then? I must have been irresistible, a seductress.

The ferry ride pealed with exhilarating newness. Held tight against my chest, my knees chattered from the sea-facing bench. I devoured the banquet of recent memories: how the soft mood lighting illuminated our undress, the surging heat we perspired, our slow roaming touch.

I contemplated a retreat inside the ferry's cabin, and then clenching my teeth, I decided against it. Why should I go hide? My palms, my dick, my ass—all of me glowed with the funk of Leif and Mansur, and I needed no perfumes of Arabia to sweeten where good fortune had landed me.

There was no need for discretion. I knew Leif and Mansur, and they knew me. Here in Istanbul, no shame clawed at my abdomen post-coitus. These last few months had eclipsed my former life, and though I itched to divulge this new consummation, the only people who could understand its gravitas, and the only people who truly understood me, lived here now.

I squinted at the wake, and in the glimmer of the dark, a psychic weight lifted. What a thrill to go wherever I wanted and be whoever I deigned to become. I didn't need anyone else; I had nothing to fear. The lights of Kadıköy loomed at the shore, where the bus station and chai wallahs and simit vendors muddied together on land.

In some sadistic way, I was grateful to whoever had uploaded those pictures of me at the drag bar. My circumstances now were an upgrade by every count. I was Baldwin in his bohemian Turkish years, Eartha Kitt making home out of banishment, Hemingway feet up at Finca Vigía.

Anahita, that's who I would tell. I smiled with the gloat of epiphany. She would chide me, but beneath her taunts, she'd be impressed. I hovered over her name, and just then, the screen flashed with a call from a familiar international number. I dropped the phone into my bag and hugged it to my chest for warmth. Against my ribs, the vibrations continued.

AS I MADE MY WAY to Yosra's, I tried to soothe my swelling anger. Yosra—who'd promised me the space I needed to heal—had sold me out. She knew who Qandul was, and she'd granted her direct access to my phone line without my permission.

I could picture the lies Qandul would've spun to save face. Delbar's downfall was alcoholism, she'd whimper, or psychosis, or whatever ailment derived only from dud genes on the paternal side or the corrupting influence of Ellen DeGeneres. I was in an elite rehabilitation clinic or repenting under some sheikh's behavioral reform program. Now that she had found me, she'd no doubt try to force me home kicking and screaming.

As soon as I reached the door to the flat, my resolve to confront Yosra faltered. Qandul's voice bellowed inside. There was no mistaking it. I stood in the dark landing long enough to catch my breath, wiping my palms on my shirt. I could barely fiddle the sweaty key in the latch.

The living room was deserted. Qandul's voice was coming from the television. Her immaculate face was set against the green screen backdrop of the Pantheon, as though she were delivering an address to the gods. Styled in an elegant asymmetrical white blazer, she cursed the Afghan presidency, which two men were somehow still contesting.

"What shambles is this?" she boomed, flicking her painted nails at the camera in rage, as if trying to thrust through the screen and grab me by my collar. "Why bother with an election at all? Just give Obama the keys to the palace, since he's the one calling the shots. Saudi Arabia is funding all the madrassas to brainwash the next generations with Wahhabism, and the Pakistani ISI must be thrilled to see an ally of India grow weaker by the day. Everyone's got a dollar to flip off our backs, is that it? Don't call us a country. Call us their *colo*—"

Calm washed over me the second I turned the program off. The duplicity Qandul chastised in others was the same duplicity she wielded at home. After all, the homophobic politicians always had their own sex scandals; the critics of corruption eventually became its beneficiaries.

In the kitchen, I poured myself a cool glass of water and then wandered in search of Yosra. I peeked into Nafas and Darya's bedroom to find Nafas asleep on the carpet and Darya with her headphones strapped to her head, the hue of the laptop illuminating her face.

"Where's your mom, babe?"

Darya glanced up before returning her attention to the screen. I stood there a few moments, and then knocked on the door frame again, until she rolled her eyes and slid one headphone off her ear. "She said one of her students got in trouble. She went out to help them or something."

"What kind of trouble? Are they okay?"

Her expression rang clear with indifference. "Why would I know? Our dad was supposed to come take us. He said he'd be here an hour ago."

Omar did arrive soon after that and, without the girls to keep me company, the apartment quickly grew lonely. By the time Yosra got home, it was midnight. I was reading a stack of papers she'd left on her armchair about the recent breakdown of the Kurdish ceasefire when she walked in, her shoulders drooping under her bags. Seeing the papers in my hand, she raked her fingers through her hair. "At least the masks are off," she said, her voice unusually feeble. "The Turks want to rip up the agreements, the negotiations, and replace diplomacy with military might. They kill, and they steal, and they taunt, and if the Kurds retaliate, all hell breaks loose."

She withdrew a bottle of Chilean pinot noir from her bag and rubbed her brow with her knuckle. Everything was eerily serene without the girls. Their debris on the floor resembled a forensic crime scene.

"Is everything okay with your student?"

Besides a heavy sigh, she just shrugged. "Poor thing, she had no idea what she was getting herself into. It was her first job after graduating. You'll see the raid on the news, I'm sure. The government's been coming for the *Hürriyet* for a while, but I don't know. We thought they were empty threats. I pulled whatever strings I could, but . . ." She sighed again. "At least she's with her family now." Yosra bundled her scarf and joined me by the radiator. "Did you see Omar?"

"Yeah, you just missed him," I said. She picked the plastic cover off the bottle head and, after losing her grip, she handed it to me, kneading her palms together. "He was really weird. He put the girls' coats on and left, like, straightaway. Didn't look me in the eye or ask me anything."

Yosra snapped the cover back onto a watercolor palette and smacked her lips. "Ignore him. He resents us for managing on our own."

I grabbed two glasses from a cabinet out of reach of the girls and returned to the chairs. "It's just—we used to talk a lot at parties when I was a kid, before you two broke up, I mean. He was normal when I saw him a few months ago. Does he have an issue with me staying here?"

"He doesn't get to have an issue with how we lead our lives," she said after a pause. Then she accepted the glass, and we twanged cheeks.

"I guess by now the news about me has spread," I said.

She laughed. "It's possible. You know how scandal travels in this family. The rumors that have circulated about me would've driven anyone to madness. That I wasn't faithful to Omar, couldn't maintain a home, failed to satisfy him. Mind you, this is other women. There are aunties who think I'm a lesbian and that's why I got the divorce."

I shifted on my seat. "The aunties are eating it up, I bet. They finally have ammunition to bring Qandul down." I thought of the phone call, ignored, and felt guilty. It was bittersweet to think of Qandul's disgrace, to be responsible for it. She had a steely resolve onscreen, but I knew her insecurity ran deep. I'd never intended for her to suffer.

Yosra pressed the rim of the glass against her lip and launched her gaze onto the mist outside. "Believe it or not, she wasn't always like that."

"What do you mean?"

"Moving to America, that's what made her so status obsessed. She acts like this great reserve of Afghan culture, but she's got the scars of migration all over her. She had the voice of a song lark when we were growing up. All the boys in Herat wanted to court her. They'd beg to hear her sing. I remember, I was barely walking and already she had me marching out to the gate to tell her suitors to try again tomorrow. They'd come the next day and the next without fail. Packs of them every day."

My mouth was dry. I wet it with wine. "I didn't know she sang."

Yosra leaned over to the ribbed radiator nestled under the window and twisted its nozzle. Her hair turned the moonlight with a silver hue. "Mm. She must have stopped at some point. When you have kids, they become the star of the show. You'll see someday."

A gulp dislodged at the base of my throat. "I doubt that."

"I see the way you are with the girls. You keep an even head during all their little crises. That's the important part. I was living in New York when I was your age. Believe me, I never thought I'd marry an Afghan man and go live in a town house ten minutes away from Little Kabul."

I struggled to process this. I hadn't known her before I'd known her, sure, but her rupture from the family had felt so unprecedented at the time. "Don't you miss Virginia? Wasn't it a shock not having so many Afghans in your business, to let it go all of a sudden?"

She released a protracted exhale and dipped her spine in the crest of her chair. "I got no sleep the first few weeks I was here. I was out of my mind. See, when we fled to America, we did it as a family. It was in the news. No one knew shit about Afghans back then. What a relief that was. But coming to Turkey? We got no sympathy. I had no one but the girls and Omar, and you see how Omar is. He was mercurial like that even then. I couldn't have broken it off with him if I'd stayed."

The fractures in her life had been invisible to me as a child, though one moment stuck out from the rest. "He slapped you. At the picnic," I said, dredging the scene from the depths of my memories. Dozens of us had gathered by the Occoquan River, popular among diasporas because the oil-streaked barbecues were first come, first serve. "Right in front of everyone. Even then, I couldn't believe the motherfucker."

"Oh, the slap. Yes, it's hard to forget." She adjusted the slumped posture she'd assumed in the chair, and her chin lifted a touch. "Something trivial, most likely. You think if you go off and get an education and find a mild-mannered man you can avoid the same fate as our mothers, but you know, even the progressive ones will flip out on you once their egos get bruised. He hated that I refused to be submissive to him. I'm just glad Darya wasn't old enough to remember it."

"You're not part of that older generation who were taught to just sit quietly and accept anything from a man, though. I figured you would have divorced him then and there."

This time, her laugh captured her vindication. "Believe me, I tried. The whole family bent over backward to keep us together. Bribes, phone calls, interventions, you name it. Your mother wouldn't let it go. She swore if I followed through, all the unhappy couples would learn from my example, which is what happened, to be fair. Your father too."

"Surely that's a good thing. Who does it benefit to remain unhappy?"

"You're right," she said. "The thing is, elder or not, in our culture, women are taught to believe if they pray harder, or ignore the bigger problem, or have another child, or cook this dish, or skip that meal, or reignite the romance, or change themselves in a thousand other ways, things will get better. It's that mentality I had to get away from."

I followed Yosra's gaze to where the patter of rain swung like pendulums. Silence settled between us and, for once, it was Yosra who broke it. She took her empty glass and climbed out of her seat, "They always find you in the end, Delbar. Whatever it is you're running from, I mean. It finds you. No matter how far away you go."

Tipsy, I felt the wine slosh inside me. That exultant afterglow from earlier was all but gone. "I missed her call. Qandul. She has my number."

"Yes, she does," said Yosra. She wasn't deflective at all. Quite the opposite. "I gave it to her. She's visiting in a few weeks. A Turkish media agency is flying her over for a special feature or something. She wants to see you. I know you have your feelings, but she sounded sincere."

These past months living together had clued me in to the problem-solving rituals that comprised Yosra's time at home: the way she habitually made new green tea to replace old tea left too long untouched, or how she couldn't sit still without her fingers at work on some stray label or loose end. I could tell her patience with my avoidance was wearing thin.

"I appreciate your kindness and hospitality. Opening your home to me. Truly I do. But, Yosra, we both know that Qandul won't budge. That's her whole brand, she's uncompromising. I can't go back into the closet, and she can't accept me as out of it. What's there to discuss?"

Yosra sighed. I knew this was the last conversation she wanted to broker after the long day she'd had, and yet I couldn't give in so easily. Carefully, she began. "You'll always have a home here," she said, her lips contorting. "But Qandul is your mother, and at the end of the day, she's my older sister too. Is she stubborn? Of course. She still thinks I'll move back to America with Omar. I gave up trying to tell her my problems, or how relieved I am without him."

Heat was rising beneath my eyes. I was grateful that Yosra was faced pensively away. "What's the point of trying to convince her then?"

"Delbar, your mother can't be forced to do anything, but I've seen how she can change, and you know what else I've seen? How much she loves you. This relationship of yours, repairing it, it'll take time, and it'll take work. From both of you. You have to be open to talking."

Desperately, I fought back the tears. Yosra was right, though I hated to admit it. I couldn't keep neglecting the answer to a question I'd never been brave enough to pose.

"Just think about it, okay? And, bachem, close the curtains when you're done, will you?" Yosra was at the table, stacking plates. "It's not often I can sleep in anymore. Shab bakhair."

Her cheek dented mine for a kiss that tingled from the radiator.

Qandul would never be a PFLAG mom. Still, my wariness to communicate belied something far more startling: a fear that, after all this time apart, she actually might have budged. What would it mean for my life in Turkey if I came to an understanding with Qandul, and I suddenly found myself alone, in an exile of my own making?

ANAHITA BLAMED A LACK OF buses on the Kadıköy market route for making her late, though I'd seen at least a dozen. Her mascara looked days old, and the foundation circling her nostrils was flaked with crusted skin. "Be grateful I showed up at all, darling. Haven't I come all this way to help you find an outfit for your little debut?"

I hooked my arm around hers and she squeezed it with her elbow. "Stop saying it's my debut. I don't want people to think I'm amateur."

"That's exactly what you are," she scoffed, biting down her laughter. "You're a baby donkey, all legs and eyes and big dreams, stumbling around blind. Look, you still have mucus all over you. Here, let me get rid of it." She wiped a wet thumb along my cheek and I winced, but she was already bent down by the nearest clothing dump piled high on a tarp.

She uncovered a pink shirt with Dollar Store rhinestones on the front in the shape of a heart. "How about this?"

I tossed the shirt back onto the pile and pushed her along. "Anahita, you're not taking this seriously." The crowds teeming in the aisles were getting denser. Every time I thought I'd seen the final plateau, we'd turn a corner, and a vast expanse of new rows would unfurl ahead of us.

"Well, I can't pay rent doing favors for you. But maybe I'll get a stipend from Leif's funders like you do? Or maybe your aunt can drop me an allowance as well? How about that?"

I turned scarlet. I'd mentioned the monthly allowance to Mansur, but I hadn't expected it to get around. "It's not a favor, Anahita. I'm buying the dress, and I told you I'd pay you for fitting it."

She rolled her eyes. "Whatever. It's not enough to pay my lawyer," she continued. "I need more. You know what Leif said when I asked him for help? Apparently, it's against some bullshit policy."

"Fuck that," I said, smirking unapologetically. "We'll find a way to pay for your lawyer," I assured her, tugging the hem of my shirt to unpeel it from my back. "I wouldn't worry about it."

She slapped her arm and inspected her palm, narrowing her eyes and then scanning the crowd. "What are we looking for anyway?" Her lancet of a nose prodded behind her shoulder, then whirled back around.

"I want something truly dazzling when I perform, like a red velvet gown with crystal adornment. I'm thinking sultry Tori Amos, or Dixie Chicks 'Not Ready to Make Nice.' Emotionally troubled, possibly suicidal, but undefeated, you know? A dignified sort of tragedy."

"Well, you're not going to find anything like that at the Kadıköy markets, stupid. All this junk here is stolen, or else it belonged to dead people. If you wanted a ball gown, you should've said that. All you do is talk, yet you can't open your mouth and say what you mean?"

At a stall, Anahita slipped a handful of phone covers into her bag and then turned to me to announce that we were done. If I wanted a real look for the show, she said, hurrying me against the crowd's traffic while the vendor's shouts grew more distant, and if I really couldn't afford to commission one from her, we'd need the faded vintage stores in Bahariye.

The taxi there took a full hour, and Anahita spent most of that time fidgeting on her phone or calling people to settle some debt, many of which were years old. Listening to her get lost in the weeds of financial minutiae discomfited me. I'd been raised to think being pedantic about money was a bad look, but maybe I'd never really needed it.

Eventually, after paying the driver, I seized an opportunity in the aftermath of someone else hanging up on her to confess that I had big news to share. "Don't freak out," I warned, my cheeks spreading ear to ear. "But, the other night, I had a threesome with Mansur and Leif."

Anahita pinched my love handles and my neck, and I squealed so loudly the old shop attendant glared over reproachfully. "Shh, don't tell anyone, but yeah. I was so shocked when Leif asked me to spend personal time with them. So casual with it too. Like it was data entry."

Anahita removed a bright purple sack made of velvet and handed it to me. "Do you mean something like this?" She grinned, and as usual, I couldn't glean whether she was serious or mocking me.

I inspected the frock, a long abaya with embroidery snaking down its silhouette, perfect for an older woman with formerly ostentatious tendencies. Or a Teletubby. I shook my head. "I am curious, have Mansur and Leif invited many others to play? Do they do this kind of thing regularly or was it, I don't know, like an exception they made for me?"

Anahita snorted. "Baby, I'm glad you had your fun, and who knows, maybe it could even happen again. But then what? Think about it. How will you feel if they break up? Can you give Mansur what Leif is giving him? Will you take him back to America with you?"

I recoiled from a boxy women's blazer to stare at Anahita. Was that jealousy I detected in her voice? "Look, I'm not thinking that far ahead, and I'm definitely not asking for permission." I'd never bitten back at her before. I wasn't used to it. "And who says I'm going back to America?"

She sucked her teeth. "Mansur's been building for a long time with that white boy. He's put up with a lot for him. You don't see it because you are still new here, but believe me, I know." She exhaled, softening a bit. "I'm saying, it's not just a visa thing." Her perturbed eye landed squarely on me. "If Mansur loses him, if they break up, he will lose a lot. Do you understand? It's not easy to start again somewhere like this. Are you going to get him set up in Europe? Can you secure that apartment in Beşiktaş?" Goose bumps rose on the back of my neck. "Find some other Afghan for your loneliness. He's not the one to fix you."

"I'm not looking to be fixed, Anahita. What the fuck."

"Whatever. Why bother? I'm done giving you faggots advice." She fished into her purse and withdrew a piece of gum. "So, listen, remember that guy I was telling you about, the banker who took my number at work? I've been seeing him. He holds my hand, and he's taking me to Fethiye. All expenses paid. He said so himself."

Anahita was one of the sharpest, smartest people I'd ever known, yet her delusions about men were truly the stuff of fairy tales. As she recalled the wild promises this guy had made to her, I inspected her for any sign of self-awareness and found none. Still, who was I to judge?

"Finally, I got one that knows how to act right, you know? These men, either they worship you or they use you like a porn star. Sometimes you just want to get treated like a regular girl." She glanced at her phone and her jaw stilled. "Tell your new boyfriends I'll be late to dinner."

With that, she was gone.

I tried to shrug it off, but Anahita's warning had left an impact. The truth was that I longed to have Mansur all to myself. An unknowable future shouldn't thwart our intimacy. Admittedly, the Afghan thing had caught my attention at first, but Mansur wasn't just what he represented. Not anymore. I had other reasons to stay in Istanbul now.

I was never going to get Anahita's validation, and I didn't need it.

...

THE MOOD AT PEACEMEALS THAT night was fraught. Helium balloons bobbed against the ceiling. Honey-based desserts and a going-away card were passed around, but it all seemed so disingenuous. A tinge of resentment inflected the questions Poppy was asked. "Did you use a lawyer," someone said, "and can I have his number?" Another guest begged her to photocopy her case file for him, as if replicating her recipe might open forth a new pathway to asylum.

Poppy, for her part, hated the attention, and Deniz sat beside her looking dejected, their somnolent gaze trailing her every move, perhaps in fear that she might evaporate otherwise. I didn't dare go see Mansur in the kitchen, not with Leif abreast the table's end, leering over the proceedings as he always did. That didn't mean Mansur wasn't on my mind. I dug holes in the door with my thoughts. Just thinking of his cock made me writhe in my seat.

I was trying to tamper my erection when Anahita flung open the door, arm in arm with the new man she'd mentioned, a lumbering oaf with a thin mustache and a grin as cunning as they come. The pair jockeyed into the seats beside me, reeking of vodka and hashish. Without hesitation, Anahita reached for the rakı and decanted two generous portions.

Mansur materialized in the doorway, his sleeves rolled up and a smudge of yogurt flecked on his cheek. He glanced over at me, and then at Anahita, before making eye contact with Leif. The two of them shared a nod before Mansur retreated once more. I rolled my eyes. Whatever concern they had for Anahita was starting to seem overbearing and borderline patriarchal. She was a grown adult, after all. Let her make her own mistakes.

"—this is what I was saying." I only caught the end of Anahita's sentence. "It is no life here to make a woman like me happy. Waiting every day for an update. What is that? Once my papers are set, we're leaving this sty. He has an EU card. I've seen his passport and everything." The r's skidded softly across her mouth. "Isn't that right, darling?"

"Ne?" he grumbled. A dark green sliver from a grape leaf was stuck to his canine. Anahita took the corner of her napkin and patted it off, then leaned in for the kind of whole-of-body kiss clearly meant for an audience. The incongruence between them made me want to laugh.

His heavy build was a tree trunk compared to Anahita's litheness. How easy for men like Mansur and Leif to see a woman like Anahita swallowed into muscle, submerged in grandiose dreams of love, and project weakness onto her. Yes, her eyes were getting drowsy, she'd started slurring, and she downed rakı like it was mineral water. So what? Wasn't every beautiful woman entitled to her derangement?

Poppy clearly felt differently. The more Anahita spilled her drink and sprayed saliva, laughing in an increasingly maniacal tone, the more I noticed Poppy tense up her shoulders, resting her jaw on her palm to block her sightline. The women were seated on either side of me and, as the night progressed, I sensed they were goading each other, vying for and withholding attention, even as they never exchanged a word. Poppy conversed with a Somali painter I'd spoken to before, her hand on Deniz's thigh, and yet she seemed distracted. She asked if he could repeat what he'd only just said, answering him after a lengthy pause. Empty bottles now replaced all the food on the table, and still, I could feel Poppy's shoulder grow colder the louder Anahita became.

Soon, Anahita was using her spoon to rap her glass. A few guests turned, looking to Poppy and Leif for guidance, but Anahita kept going, ignoring the ambivalence, rapping faster, harder, telling people directly to shut up. Anahita wanted the floor and, just as she was about to claim it, Leif stood up and addressed the group instead.

"My PeaceMeals family, thank you for joining us, as always. For those of you who are new, make sure you sign a photo release form with Delbar before you leave the premises. First, though, and without stealing any thunder, Poppy, I also want to say a few words," he said.

I heard a loud groan behind me. The door to the kitchen closed. Under the table, Poppy gripped Deniz's hand so tightly the knuckles on her dark skin strained a lighter shade. The power of the room was under contestation, and everyone was silent, the way a couple's squabbling reverts bystanders to passivity. Leif's dogged resolve seemed to suppress Anahita, and soon a strange hush draped the air. He smiled and touched his elbow. He was grateful for Poppy's dedication to PeaceMeals, her faith in the process, and how she'd carried herself. Poppy fidgeted with her earring, a smile ironed onto her face.

Then, after a pause, he added that there was something more he'd like to share. One by one, now that Anahita had simmered down, he inspected the guests, carving a half moon with his gaze as he avoided our corner of the table. He exhaled a suspenseful breath. "My mother passed away earlier today. She's been sick for some time, as some of you know. And so I will have to go to Berlin to arrange her funeral and other practical matters. As such, if I'm away for the next few weeks, please accept my apologies. The team will carry on without me."

A chorus of sympathetic murmurs spread among the guests. The Somali painter placed a hand between Leif's shoulders, and Poppy cupped her chest in consternation. Mansur had his back to the kitchen door and was staring at Leif with grave fortitude. He must've known already. Leif would have informed him immediately, as any boyfriend would. I glanced at Mansur, and he locked eyes with me before quickly dropping them to his feet. I did feel compassion for Leif, but beneath that, my heart galloped just thinking of the chance of more time alone with Mansur.

Before the group disbanded, Leif asked to speak with Anahita in private. He repeated the request again to her oaf in Turkish, and, seeing Anahita oblige Leif, the man went downstairs alone. I watched them while I stacked the final few items on the table into a black plastic bucket that reeked of food waste, hoping to busy myself in the background of their conversation. Leif gathered Anahita's shoulders in his hands to still her, carefully pressing them back and open. When I could no longer justify my ambient presence in the room, I wrapped the stained tablecloth into a bun, put it in the bucket, and left them to their moment.

Mansur wasn't in the kitchen. He must've seen the others out for a cigarette. The dishes were submerged in water, and the stovetop's pilot was on. I began rinsing and drying the dishes, so as not to make my eavesdropping apparent, but eventually I gave up and pressed my ear to the door.

"You keep telling me it's going to be okay," said Anahita. From the shaken cadence of her voice, it was clear she was holding back a deluge of tears. "How? Tell me, how is it going to be okay? Which country will accept a refugee with a criminal record?"

"Tsk. Anahita, there are places. Open-minded countries who may bend the rules. Anyway, rules change all the time. Don't speak like this. We will find somewhere for you. We have options. We can fight."

"Where, Leif? You speak like you know everything. Which country? Who will take me now? No, it's bullshit." The spark of a lighter jolted the still air, and the whoosh of an inhale came a second after. "The lawyer told me not to expect an appeal, and he's right. I believe him. Who would take a criminal refugee when there are so many others to choose from?"

"There are places. Anahita, trust me, there are places."

"So you know more than the lawyers at the asylum center?" Her voice was getting louder now, and more barbed in its affect. "Are you going to help me get out of this fucking country, Leif? Promise me right now. Be real with me for once. Will you actually help me?"

"Anahita, listen. Do you think I want to stay here? The same people who would turn on you for being trans would turn on me as well. I'm done too. It's been four years. I'm ready for a family." The floorboards shifted under my weight, and I cursed the anguished sound they made. "We are still in Istanbul until whenever Mansur is ready to leave, because he cannot move on. The situation is not easy for any of us, okay?"

When Anahita spoke next, her voice was steadier. "It's not the same. Your passport takes you wherever you want. I can't afford a smuggler, and even if I could, how can I be a single woman on those shitty boats? So what, I should just stay here living underground or go back to Iran?"

"Of course it's not the same. But all this behavior," Leif's voice grew lower, and my bent neck craned farther to piece what I was hearing into meaning. "It does not make your case any stronger. My letter of recommendation shows you are an asset to any country. They will see it."

Realizing how foolish I'd look pressed against the door, I crept back to the sink. The rush of cold water flooded the conversation and, by the time I'd finished, I returned to find myself alone. From outside the windows, I heard the barbs of friends vying to get a word in to some lively debate. I could picture them now, lingering on the cobblestones, cigarettes in hand. The inertia would soon compel someone to marshal them to Papillon for the occasion. Poppy would be bashful, insisting they could go out, but that no one should do so on her account, Deniz lingering by her side, lapping up her every word. Stomping her feet defiantly, Anahita would convince Mansur to join, and he would cede, doing the calculus of eye contact with Leif, pretending it was far more begrudging than it really was. My heart swelled with emotional intensity, the way it did in the face of nature's sublime power. Eventually, everyone would move on from Turkey, with or without the peace they were promised. That was the goal.

Everyone here had so much at stake. They'd sacrificed their homes, their language, and their livelihood to cross these borders for a fleeting chance at another life, a better one. In their eyes, my decision to voluntarily relocate here must seem ludicrous. I wanted to wage a criticism against the West, but I couldn't muster the audacity. Not anymore. How could I justify telling Anahita—who had no permanent status and a waning margin for asylum—not to romanticize a place invariably more favorable to a trans girl, though not without its own dangers?

Leif made it sound as though he could still get Anahita out, but from what I'd learned, criminal charges could only be leveraged if they demonstrated persecution on the grounds of gender or sexuality. Anahita had been booked for assaulting a police officer, which was hard to defend, even at a pride march. And if Leif did have the power to secure her asylum, wouldn't he have used it already? Anahita was demanding the truth, but if the truth was that her case was doomed, what good would it do, besides erasing any hope she had left?

From outside, Anahita called my name, demanding I get my donkey ass down there or they would leave me in the dust. I smiled and switched off the remaining lights.

Yes, the lives here—my own included—were transient, but was it so far-fetched to imagine that, somehow, I might spirit Mansur away with me? I couldn't promise him the same penthouse apartment he lived in now, but we could make a humble life for ourselves, couldn't we?

I carried shame for America's conduct in destabilizing the world, but there was no doubt that my citizenship granted me power as well. Surely it wasn't so preposterous to dream of sharing a life, and whatever power I had, with him. Wasn't love just two people insisting on a future together until one day, like those first brave buds in March, it bloomed?

MANSUR

SEPTEMBER 2015
Istanbul, Turkey

WHEN I LEFT THE ROOM, DELBAR WAS STILL SPRAWLED IN BED, HIS long legs tangled among the sheets the way a fine necklace knots. He got the best sleep of his life with me, he said. My heart was warmed by the purity of his devotion. Only the young love with both feet in the air.

Delbar had come over one evening for a drink and hadn't left. Six days since his arrival, there were empty takeout boxes on the terrace and unfinished spliffs on the ashtray, the only markers of what had passed. The rug was scrunched up under the couch from where Delbar and I had passed out, exhausted from sex that turned night to noon.

Lazuli greeted me in the hall, a soft ribbon by my ankles. The morning light hurt my head.

I knew better. Of course I did. I had made a promise to Leif and he to me, and yet I was insatiable for the cycle of hunger and feast that Delbar ignited. Now that I'd dipped my toe into selfish desire, I was unwilling to return to the shores of restraint. I told Leif I was out when I wasn't, and I accepted graciously when he was too tired to talk. I held real attraction for the boy, and Leif was right about the way he looked at me, this expectant fire in his eyes. Only a monster could snuff that out. In the apartment, it was as if the whole world suddenly belonged to us. Delbar started to wear my clothes, and he quickly grew comfortable laying claim to Leif's side of the bed. It wasn't that he overstayed his welcome. I, too, was an eager participant. I wanted him close. I insisted he could stay another night, and I was the one who hastened him awake to press myself into him.

For the first time, I was able to help someone else make a new life, and as Delbar became a part of my routine, I noticed a levity in me. It felt good to be needed, to not depend on anyone else's charity. As early as I could remember, all the things I wanted most were not in my control—to bound across the fields behind our old house; to hug my Baba one last time and feel his scratchy beard on my neck; for a decent job, a simple kiss, a stable flat, and a friend who stayed friendly even when he was drunk. This was not so much to ask. I was no beggar. I worked hard.

I knew it wasn't possible to keep the two relationships alive for very long. Still, it was as if the things I disliked about Leif—his power and his icy moods and his arrogance—were suddenly replaced by this lanky boy with silken hair whose obsessiveness made me laugh and who, in the end, respected me without pity. He was a bridge between Leif and Payam: a vision of a different world where different choices were mine to make. So I indulged him. Hadn't Muhammad, peace be upon him, initially taken Jibreel's revelations for madness? Maybe a mad vision could invent a new reality. I'd left Iran with only a fanatic's dream. Now look at me.

I hadn't watered the plants all week and the effect was obvious. I hadn't swept either. We'd barely used the kitchen at all, except to make coffee and tea. The last time I'd spoken to Leif, he'd suggested it would be at least another week until he could return. In the meantime, he'd written instructions about every little detail, and he sent text message updates too: the fight with his sister was ongoing, and the deli near his mother's co-op had shut down. He sent photos as well, of his slanted childhood home, the playground near his house, his toes squeezing the sand of an inland lake. I was prepared to lie if he overheard Delbar or at least explain it as protection. The poor boy's mother had followed him all this way, I'd say. He's traumatized. He needs our support.

"Did you see the news, babe?" Delbar stumbled into the hall, naked and dazed. "Yosra called. She said there's been a suicide bombing in Sultanahmet. A dozen people are dead."

I felt a punch in the gut. I avoided that area because of the crowds and police, but thousands of people traveled to Istanbul to take pictures there, at the Blue Mosque and the Hagia Sophia. The restaurants nearby listed their prices in dollars and euros instead of liras, and you could expect an average tavuk durum to cost at least double. I thought of what Leif had said before he left, that the president would be plotting some new scandal to rile his base and regain his electoral mandate.

I squeezed my knee and scolded the cat for scratching the worn flank of the couch. What would it mean if even this country proved unsafe? Who cursed our people to such turmoil?

Delbar took a seat at the table. I wrapped my arms around his shoulders and kissed his neck, hoping to distract us both, but he persisted. "I feel like this bombing is an omen about Qandul. Don't you think the timing is weird? Yosra thinks I'm being paranoid, but I don't know. Can it really be a coincidence? A bombing the day before she arrives?"

Instantly, my erection wilted. I rolled my eyes. With such naïve, pure adoration came the stupidity of a juvenile as well. "Is it possible you are not the cause of everything that is happening in the world, Delbar?"

"You don't get it, Mansur. She's a powerful woman. Not just her satellite program. Her energy, I mean. I can already feel her getting closer." He gazed up at me with a fawn's twinkle in his eyes, his concern painted so serious across his face. "Can we order in today?"

I withdrew my hands. "Your mother has as much power as you give her. You're an adult." He pouted, and I continued. "Talk to her with respect. If it is hard, I will be here after, okay? I cannot stay home and order in again. I have to go to the lokanta. They're expecting me."

He paused for a moment to pet Lazuli. "Do you really need to work there anymore? It's so demeaning, out the back of some dirty cafeteria. Does Leif not pay you enough? Surely he can speak to his supervisor. Like, I get we do the administrative stuff, but you're the backbone of PeaceMeals. The dinners don't happen without food."

Delbar trotted behind me to the bathroom. He stood to the side while I disrobed and stepped into the shower. I felt his intention to join, but I did not offer an invite. "You understand that my mother and sister are still living in Iran, no? The ayatollah's decree may have allowed Afghans to enroll in schools, but they still suffer under the sanctions." I raised my voice over the stream. "They depend on money I send them each month." I gargled some water and spat it down the drain. "Anyway, it's not only the money. I need the work there. Leif can't touch it. If I don't have something just for me, I will lose my mind."

"Can't you call in sick again today? Stay home with me. Tell them it's an emergency. I'll cough in the background or something. I'm sure a lokanta can function without one dishwasher."

Three weeks ago, a new owner from Konya had taken over the business. His nephew and the sons of his cousins had started working alongside us. There were more staff now than ever before, which made me nervous. "It's not possible, Delbar. They can't think I'm replaceable."

Some things required no explanation between us—the humor forged by war, a taste for sweet and savory rice, certain idioms that could not be translated—and yet it often gave me pause how unfamiliar Delbar was, as if an alien lay across from me in bed. What were these YouTube videos he shoved in my face, these famous names he was shocked I'd never heard of, rich people he cared about but didn't know.

So much time passed without Delbar responding that I assumed he'd left the bathroom. But when I turned the water off and stepped out, he was still standing by the door, frozen in the same pose. He looked up as I dried on the mat. "Will you come with me tomorrow, Mansur? To meet Qandul? I'd feel better about going with you, with another Afghan. I don't know how to say all the words I want to say in Farsi. You were the one who taught me hamjensgarā, remember?"

I was still soaking wet when Delbar laid his cheek on my chest. I wrapped the towel around both of us, and I realized that the heartbeat I could hear was his and not mine. "Delbarem, if you want me to come to support, of course I can do that, but I cannot have the conversation with your mother on your behalf. Make a plan for what you need. Research the parts of the Quran that are defending of gay people. There are scholars and such that may appeal to her, no?"

"I wish it were so simple." He rubbed the mirror until a circle of his cloudy face showed. He looked at me through it with such tenderness, such promise. "She's actually not Muslim. She rejects all organized religions. Honestly, it makes her harder to deal with. I can't one-up her with scripture. She's more like *oh, identity is a false god*, or whatever."

I knew that our situations were different, but it upset me how Delbar dismissed his mother. I wanted nothing more than my family close by and here he was, so ungrateful for his, who could travel anywhere in the world. Mādar and Elaha didn't even have passports.

He and I had different expectations of love. I would never ask Mādar to declare her approval for something private in my life. She knew I could go to Germany now, and that I would continue with my housemate there. I had never asked for her permission and, as a result, I had never had it declined. That was the core of what Delbar wanted. He said he refused to tolerate her homophobia, her "psychological warfare," as he called it. Either she was with him or against him. It reminded me of something Anahita had said about him. She said he held on to big ideas because nothing had ever been taken from him.

I placated Delbar with a forehead kiss and told him I would come with him tomorrow.

THE NEXT MORNING, SO AS not to disturb Delbar, I took Leif's tablet to the spare bedroom and waited for the grid next to Elaha's name to turn green. Beside me was the portion of kadu and qorma sabzi I had saved for Anahita. She'd agreed to come over for dinner days ago and never showed up. Even now, none of my calls to her were going through. I had saved the food in case she dropped by unexpectedly, but it would have to be eaten now or else it would go bad. I tried to quell my worries, though they burned within my stomach. Mādar had only a single day off. I had to be present. This was the time for my family.

Tehran was one and a half hours ahead, so my sister and Mādar would be just finishing breakfast. Soon the day's first tea would be served. The big silver thermos had been part of our family since we arrived in Iran, dispersing portions like it was spitting fire. Elaha used to call it a baby elephant when she was little. She would wrap her arms around the thermos's base and hug it for warmth. Back then, they were almost the same size.

Elaha's name logged on and then went off again. The green dot appeared and did the same thing. I picked up the tablet and moved to the other side of the room in case the service was better. I stepped into the hallway and still the proper screen was not showing.

"Internet problem . . ." Elaha wrote. Why was she writing in English?

"Dubāra koshesh ko." I could go closer to the router in the living room, but then there would be no privacy. I straightened my spine. If Leif overheard, at least he couldn't understand. I could summarize what was said if I chose. It made me uncomfortable that Delbar might eavesdrop.

Finally, once I was holding the tablet directly over the router, Elaha showed up. Her beautiful long face was framed by a black headscarf. It was the first time I was seeing this. The picture was shaky and low definition, and she was sitting too close to the camera, but the headscarf was definitely there, tightly wrapping her face. My mother was sitting half offscreen, using a needle and thread. I perched on the edge of the couch, and I was able to breathe again.

"What's this?" I asked. "You are covering your hair inside now? When did this happen?"

Someone smacked their lips. It sounded like my mother, but I wasn't sure. The audio quality was not good, and Elaha was taking on so many mannerisms from Mādar, I couldn't tell who it came from. "I feel comfortable wearing a headscarf. It's rawāj here, don't you remember?"

"But why at home now? Is it necessary? In front of your own brother too," came my mother's voice for the first time. Her attention stayed on the fabric she was sewing. It was clear that they had spoken about this before. Neither Elaha nor my mother had mentioned it to me.

I took the tablet from my lap into my hands. I held the camera in front of my eyes. "The custom for Irani girls is the rusari, no?" I said. "Or has it changed? You're in full chador now."

My mother pursed her lips in approval. More of her hair had whitened. The middle part around her scalp was almost porcelain. "See?" she said, pinching her lips at the screen.

"Don't I have a choice? My friends all wear it like this. No one is forcing me to do anything." The picture got messy as Elaha handed my mother the phone. A door slammed shut.

I had not intended to drive her away, only to make sense of these changes. "Please don't be hard on her, Mādar. If her friends are doing it, it's fine. Let her do as she pleases." At her age, I was making regrettable decisions as well, drawn like a magnet to the parts of town with a bad reputation before and after work shifts. There was no man of the house to stop me. Or guide me. I prayed these friends who were influencing Elaha had her best interest in mind. The screen wobbled as my mother received the phone and placed it down in a skewed position.

Mādar's most animated questions concerned how I was preparing the dishes for PeaceMeals. One by one, she had me describe the ingredients and the methods in detail, nodding and humming under her breath, confirming that I'd retained the knowledge. How much turmeric went into the aash, and surely I didn't forget the mint, did I? Who was the lucky one who sucked the marrow from the qābeli palau's lamb bone?

My own questions she deflected. The factory was the same. This cousin had given birth, that one was lost to pneumonia. Then she asked about Leif. She considered him a kind man who'd adopted me.

With so many displaced Afghans, it was Allah's grace that a path to Europe was mine. In my mind, this place, this city, was the limbo I called home.

If she could, my mother would keep me on the call all day. Not to talk forever, as she was a woman of few words. She only wanted me to stay with her, as company in the flat. This is what I missed most living so far away: being in silence together. In the frame, only her hands were visible. She reached forward and poured tea from a red thermos.

My eyebrows furrowed. "Mādar, where is the silver tarmooz? The tall one Elaha used to hold like a pillow?"

Her fingers paused. "That old thing? Half the tea would end up on the table or the floor. Don't you remember? We replaced it a long time ago. This one gets all the tea in the cup. No mess at all. It's a miracle. Bachem, are you listening? Your case, child? I'm asking about your plan to relocate and you're asking about a silly tarmooz."

Delbar appeared in the hall. Like Lazuli, he stretched his back as he yawned. He pricked his nose in the air, as if he smelled something. I had warned him how to behave if Leif called, to stay as far away as possible, but I hadn't warned him about my family. Having heard so much about my mother and Elaha, he'd said he'd love to meet them one day. A good idea, I'd agreed, hypothetically.

My cheeks grew warm as I watched him upturn cushions looking for his phone, and I prayed he would remain out of view. So focused was I on Delbar, I realized I had missed what Mādar was telling me. When I tuned back in, she was discussing Elaha's prospects for marriage.

"Mādar, she's only fifteen. She's still too young. Let her enjoy these last precious years of childhood." There was a delay on the other end. I exchanged a glance with Delbar, trying to arrange the tablet so he could pass without being seen, frustrated that he was interrupting this precious occasion, even as I knew that it wasn't his intention.

I returned my focus to the screen to see Mādar parting her lips in a muted manner of speech. The muscles in my back stiffened. "What is it, Mādar, why are you whispering?"

The screen wobbled again and Elaha returned, adjusting her chador at the neck. "Mansur, I wanted to tell you. It was Mādar who stopped me." There was a scuffle; Mādar slapped the side of her arm.

"What is it? What is going on?" My heart was racing now. Delbar had found his phone and taken it outside. He was practicing his drag routine on the terrace, a dark figure swallowed by sunlight, showing up in the background of my screen and then vanishing every few seconds. It was too late to make him get out of sight now. My teeth gnashed together. Could he not wait even a moment longer until I was finished with my call? "Mādar, you know I dislike secrets."

Finally, Mādar focused the camera on her face and addressed me soberly. "Before you say anything, Elaha is lucky an Iranian man would take an interest in her. Most of them want nothing to do with us. A good family. A stable profession. In this climate, that's important. And we've lived in the same building as his father, Mirwais, for many years. He's good people, God-fearing and such."

"Mirwais, the tailor from downstairs?" I had an image of the ancient man snarling at me that fateful morning after the roundabout. Now it seemed my baby sister was to marry into his family. Anger flared and then sunk in the pit of my stomach. Only sadness was left over. I racked my head for a memory of his son, this alleged suitor. The only face that came to mind was a man who'd celebrated his wedding long ago, when I was still in school. "Isn't his son already married?"

"You're hardly one to judge, Mansur," Elaha retorted.

I blushed and noticed the anguish on Mādar's face. If this was how I felt hearing the news, how must it feel for her to give away her only daughter to old Mirwais's brute of a son?

Mādar raised her voice to defuse the heavy tension on the call. "It's been almost two years without you, pàyghāmbarakam. Schaesta's gone now, too, and I'm only getting older. This is a good arrangement for us. They've agreed to let Elaha stay in the building after the wedding. She'll have access to both floors. In a way, our home is growing in size. More space for you when you visit. And Elaha's already taking hours at the tailor. This is a blessing. Believe me."

The more I pressed them, the more it felt like milking concrete. My thoughts rotated on loop. Would this have happened if I had stayed? I was certain I would have been consulted on the process at least. Neither of them would speak of his first wife, or why the rush, why now. Part of me understood already. I could send money when I was able, but there was a need for self-sufficiency, for someone close by to ensure they were properly looked after. I couldn't expect anyone to delay their lives for me. I'd never asked that of them. Still, I withered inside.

With Elaha to be wed, a reunion had never felt so far away and, with that prospect fading, something stubborn in me collapsed. Without purpose, what was the point of any of this?

"So it's finished then, yes? You've made your decision."

A silence fell between us again. It lasted so long that I thought the connection must be broken. Elaha's life wasn't over. She was alive there in front of me: her bright crescent face, the determined brow of our Baba. Yet, I felt grief in my chest; I didn't know where else to put it.

"Who is that boy behind you?" Mādar's tone carried no suspicion. Elaha uncrossed her arms and gazed back toward the camera. She was glad to hurry the conversation along.

I lowered my voice. "It's no one. A new friend. Leif's mother died; he's in Germany to handle business with the family." Denying anything was an admission of guilt. Mādar could always tell when I lied. She had the ability to listen for what I didn't say instead of what I did.

This time, the pause was different, hot gravel under bare feet. "Bachem," she said finally. "What this man has done for you, not just anyone will do that. Believe me. Sometimes we need to make a sacrifice for the sake of something better, yes? Look what happened to us without your father. I know I raised you to make good decisions, didn't I?"

I felt nauseated. Maybe it was the beers from last night apprehending me at last. I told them that I had an important meeting and said farewell. This was true at least. Delbar's mother awaited.

...

THE WHOLE RIDE, DELBAR ACTED as if he were bound for Evin Prison. He'd refused to wear my dress shirts—none of them were nice enough—and had opted instead for one of Leif's, which was too tight on him and had darkened at the armpits. In the taxi, our knees touched in silence and, when we reached the seaside park in Moda, it was almost romantic. We could be anywhere in the world. Couples walked hand in hand, students passed joints, and the bustling crowds circled live musicians.

I tried to picture Qandul, but I kept conjuring Yajuj and Majuj, the demons from the Quran that Schaesta Ama used to warn us about. They had huge ears, hairy tails, claws for nails, and sowed havoc everywhere they went. On a grassy spot in the shade, I laid down my Levi's jacket for us while Delbar paced, clenching and unclenching fists.

The older girl, Darya, reached us first, her chest heaving from running. Something about her body, as if she hadn't grown into it yet, reminded me of Delbar. With the urgency of compressed time, Darya began, "Don't listen to Nafas. She wouldn't even let me speak to the—"

A moment later, the younger one arrived and knocked her sister to the ground. "I didn't even try to pet the dog, it just snapped at my fingers, and I wasn't even doing it fast." Darya climbed back to her feet, scowling. I had heard so much about these girls. It was as if characters from a book I'd once read were now materializing in the flesh.

The girls launched into my ribs, and I hugged them tight, though they wriggled away just as quickly. "Are you Mansur?" Nafas asked, inspecting me. "I like his face," she said to Delbar. "You look good together. You don't have to worry about us. Our family supports gay people."

"Nafas, you're not supposed to comment on other people's appearances," said Darya, still out of breath from the exertion. She clutched her book satchel as if someone were threatening to take it.

I smiled and, from a pocket of my jacket, withdrew two pens: one molded to look like a baby-pink popsicle and the other with a lid in the shape of an encyclopedia. "These are for you," I said. They snatched the pens and compared their gifts, eagerly crowding around Delbar, who looked slightly more relieved in their presence.

A second later, the others caught up. I exchanged three kisses with Yosra, who I'd never met in person, and then with the older woman she was arm in arm with. Delbar stayed back. He held his hand on his heart, the kind of humble gesture I would expect from someone conservative.

Seeing Qandul up close, I started to understand what Delbar had spoken of, though she bore no likeness to Yajuj and Majuj. Spine erect and shoulders tucked, the blond highlights in her light red hair shone bright. I'd never watched her satellite show, but I had seen it play in the background of restaurants. In a way, I was already familiar with this kind of woman. Beautiful faces like hers—with lip pencil, blush, and thin noses—could be seen everywhere on faded advertisements in Tehran and even the richer parts of Kabul, if I remembered correctly. The ads were kept up as a symbol of the olden times, before the war and before Khomeini's revolution and before America's sanctions suffocated any air remaining for the people. They were cosmopolitan women. Her hands were interlaced, palms open to the sky.

I realized she was waiting for a place to sit. She didn't say anything so direct, but the message was communicated. I shuffled Delbar onto the grass to allow Qandul and Yosra to use my jacket instead. Yosra sent the girls to fetch hot tea from one of the vendors on the promenade.

"My god, what's happened to you?" Qandul's shock was severe and, as she spoke, her hawkish eyes narrowed on Delbar, draining his face of color. "I send you to live with Yosra for a season and she stops feeding you, is it? Poor child. There's nothing left of you. My god. How can you recover when you're all skin and bones, tòbah." She glanced up at a branch, her forehead clenched. Then, scrubbing the pain from her mind—the whole moment ending so fast there wasn't a second for anyone to respond—she continued, "It's my fault for letting you go so far. Who knows if you're eating at all. Ah, here's the tea. Good girl. I'm so tired from the flight."

Yosra started brushing the leaves and pollen off the knees and shoulders of the girls. "He eats, believe me. Unlike you, I see. You're skinnier than ever, Qand. I thought maybe you'd paid for a filter on the studio cameras to shave off some pounds, but now I see it with my own eyes."

Away from anyone else's notice, Delbar dug a finger into my ankle.

Qandul squeezed her sister's wrist and laughed. "Being a mother is a thankless job. It takes and takes and leaves nothing left for you. You birth these little rodents and transform them into people and, one day, for no reason at all, they up and leave." Her gaze fell on Nafas, who seemed determined not to squirm under her attention, and she smiled. "Except your girls. My, how she's grown. She's no rodent, is she? Come here, sweetness."

Nafas hugged Qandul, but only after Yosra insisted. I had the sense that everything Qandul was doing was meant for Delbar, as if we were all just instruments in her orchestra. Her story, too, kept changing. First, she was the one who sent Delbar away, and now she was the one who had been abandoned. A tingle started to scuttle over my legs, perhaps an ant, but I willed myself still.

Listening to Qandul speak—she spoke a lot and about everything with such authority—it was clear that hers was a proper Farsi, the kind they teach in schools. She didn't clip her words the way the Afghans I'd grown up with did, and she corrected all of Nafas's shortcuts and grammar issues. As soon as she could, Nafas broke away, grabbed Darya, and raced to the playground. Without them to preen, Yosra wrung her fingers, and Qandul peered around the park in every direction except Delbar's, before beginning a sort of lecture on how, in America, people worked so much they couldn't appreciate nature. She could speak for so long uninterrupted, and she did, pouring words into the empty space, lambasting exploitation under capitalism and the privatization of land. Delbar's head and shoulders were bowed. All his fight was gone. Qandul had just arrived and, already, she commanded all the power between them.

"Qandul," said Delbar at last. One word, spoken feebly and with his mouth half closed. We'd practiced this exact moment. *Go ahead*, I wanted to say, *speak up*. This was it. *Use your youthful confidence, Delbar*, I was saying in my head, *and your language. Be the adult.*

"And who is this?" Qandul's attention landed on me now. I forced a smile. "You should've told me you were bringing a friend. I might have freshened up a little. Or at least prepared some food. You know Yosra can't cook to save her life." She reached into her handbag and began laying out cherries, grapes, pistachios, and sunflower seeds, as Yosra picked at her fingernails, studying each one seriously.

"These kids who grow up in America," she went on, addressing me, "they don't respect our customs or their elders. It's like we raised orphans. At least he's found other Afghans here." She spoke as if we were old friends, but I had seen this trick before. How many times had Schaesta Ama ridiculed Mādar in front of us, blaming her when I acted out or Elaha cried?

"Khanum, each step takes us farther from home, and yet we carry its dirt in our shoes." I was careful to use the respectful title for her even while displaying some humor with the old proverb. I was sure she would recognize it. Afghans were sentimental and traveled long distances by foot, even before the conquests we'd endured. Often, our memories were all we had left, and even those were not always remembered by choice. "I've come to know your son well. We work together. He's kind and loyal and clever. Features any parent would want. You must be proud of him, no?"

Delbar raised his head. His cheeks were pink, and when his mother tilted her head and laughed, they tinged an even deeper shade. Qandul was still looking at only me and not Delbar, who remained quiet, though I saw him adjust his gaze at last to face her.

Yosra cleared her throat. "That's right. Delbar's been working with, ah, refugees. The United Nations and the Red Crescent and all these important groups. It's been a pleasure to have him at home. The girls love him. Though I'm sure you miss him, too, Qand?"

This time, Qandul's laugh was tight lipped. She screwed open a bottle and rinsed the grapes. She offered them to Yosra, to me, and then, finally, in a casual way, to Delbar. The plastic tray they were sold in hovered between them. The silence lasted a second too long.

"Mansur and I are in love." The words, when they finally came out of Delbar's mouth, caused me to cough up the sour skin of the grapes by accident, and they returned to the back of my throat with the extra taste of bile. "We're boyfriends. He's my boyfriend. So deal with it."

I was sweating. This was not our rehearsal. Where was it coming from? We'd never spoken about love or boyfriends or anything like that.

The tray of grapes rattled between Qandul's fingers purposefully. She smacked her lips. "Eat, you silly boy. Boyfriend, girlfriend, take any friend you want. Befriend a djinn for all I care. Just eat some grapes already. I need to watch you eat something with my own eyes."

Everyone was facing Delbar now. Behind Yosra, the outlines of her daughters were getting bigger. In my mind, it was urgent that he accept Qandul's offer. It wasn't the apology he was looking for. I had warned him not to expect big shows of redemption. Still, it was more than he'd had before. It seemed like Qandul was going to pull away, that the gesture wouldn't work at all, when, finally, Delbar broke off a stem.

I restarted my breath.

Nafas returned first and began rifling through her sister's satchel. She pulled out a pink nail polish, sat down next to me on the grass, as if we had a scheduled appointment, and placed my right hand firmly down on her knee. I could feel the heat of Qandul's disdain even without witnessing it firsthand. One by one, Nafas spread paint on my nails, her lips sticking out in a fine ballpoint. Then she did the same to my left hand.

"Now blow on them," she said casually. "And don't smudge it." She admired her work with pride, even though the varnish was bleeding across the skin around almost half of my nails.

I heard Yosra scowl, and I looked up. "Nafas, what did I tell you about respecting other people's autonomy? Did you ask Mansur if he wanted that, or did you do it without permission?"

She seemed not to care why a man might not want his nails colored pink. "No, no, it's okay," I said. "Leave her be. I like it." I made a small laugh. Delbar's mouth was slung open. Everyone staring was not a good feeling. Normally the scrutiny would bother me, but more than anything, I just didn't want the headstrong girl punished because of me.

"Come here," Yosra added, a little unsure. "Let me fix your hair."

"Not just yet, bachem." Qandul's tone was ice cold. "Nail color is not appropriate for a man. Here, it's lucky that I have wet wipes with me. Take one and get rid of what you've done."

Nafas gazed at her aunty and then at her mother. She screwed her nose. Before I could oblige, out of respect and to prevent the atmosphere from souring any more, the girl responded on her own, "We don't believe that here, Khāla jān. See, he likes it." Nafas put one hand on her hip.

Darya paused her reading, her eyes darting between me and her aunt. In the distance, a band with two women on the mics had set up. Yosra leaned forward, but no words came out. Then Nafas turned to Delbar, at eye level with him when he was seated. His posture straightened to greet her. "My mom says I need permission before I do yours," she said instead. "Do you want your nails painted or not?"

As unusual and tense as the situation was, I appreciated seeing this smart girl standing up for herself. She reminded me of Elaha, or the Elaha I treasured in my memory. I focused on blowing my nails. I had never seen them colored before. Out of the edge of my vision, Delbar looked past Nafas to Qandul, whose lower lip was visibly twitching. "Yes," he said at last. He raised his brow and, for the first time, met his mother head on. "Go ahead. I like that shade of pink."

Nafas smiled, plopped down in front of Delbar, and began painting. I was close enough to see a vein appear on Qandul's forehead, but it was gone by the time she spoke again, in a softer tone this time. "It's your father's fault, isn't it? I did my best to protect you, but I can only do so much. You needed a man in your life. Without one, you lost the way."

Beside me, Delbar blew on his fingers. "You didn't send me anywhere, Qandul." I noticed his hands were trembling. "You don't decide who I am or how I live. I don't need you anymore."

She scoffed. "Don't need me? Who's funding your vacation, then?"

"I've been working. I have a stipend from PeaceMeals."

"And?" A gleeful expression showed on her face. "Where does your allowance come from? You want to seem grown up but how can you, when you're still suckling at your mother's teat, hmm?" I could feel Delbar shrinking at my side, losing body mass with each word that lashed him. "Delbar, if it seems like there's a way forward for you with this lifestyle, you're wrong. It's not natural. Our world is full of bad people. It's designed to punish you for acting out, and for being so open with it. If the police don't get you, someone else will."

I sipped my tea and, as she braided Darya's hair, I met Yosra's eyes in a compassionate expression. Qandul and Delbar were too difficult for us to control. Listening, I found that I was torn as well. Everything Qandul was saying was to protect her son. Her fears were not entirely fanatical either. Hadn't we been beaten up by police at the pride march?

"It's not a negotiation, Qandul, and I don't need your approval."

"But why can't you love who you want without all the fanfare?" She tossed the empty shells of her sunflower seeds into the grass. "Have I ever stopped you from doing what you want in private? Why do you need to announce it to the world? This gay identity you keep speaking about, it's not our culture. It's the American brainwashing."

"Stop being mean to him, Khāla jān." Darya shut her book and turned to her aunty. My god, the older sister was like this too. "He's allowed to be gay. And he's allowed to love Mansur."

Warm blood swelled behind my face. Everyone looked at me again. By the water, a young boy used an air pistol to shoot balloons on the rocks. I was lost for words, but in my stead, Delbar spoke again, finally finding momentum. "She's right. I love Mansur. I'm gay, Qandul, and if you can't accept that, I can't have you in my life. It's that simple."

Qandul pursed her lips. "I'm in your life whether you like it or not." Nothing in her features betrayed any impact. Instead, she picked up the bag of sunflower seeds and offered it to me and only me. There was no room to refuse her, though Delbar recoiled when I accepted a handful.

Yosra's eyes stuttered back and forth. A clump of white hair hung loose over her face. She was sitting on the edge of her knees. "Why don't we just enjoy our picnic and talk about all this when tempers aren't so high," she said. "Qand, dear sister, you must be exhausted."

"Fine," said Delbar. He crossed his arms over his chest.

Qandul was not asking Delbar to deny himself, she was teaching him something, keeping him safe the only way she knew. He acted as if she was endangering him. All the same, I was not there for the initial cuts. My mother was not one to fight her children or put a fancy principle above love. Reputation was not so important to her after Baba died.

Qandul began to speak again, ignoring Yosra, who was rubbing her eyes. "How long do you expect to be able to stay with your aunty, bachem? Everyone has their own family. Ask your little friend, he'll tell you. Your family never goes away, even when you want them to."

"Come, Mansur." Delbar grabbed me by the hand and pulled me to my feet. There was a determined vigor on his face not dissimilar to Nafas's. "You don't deserve to be spoken to like that. I won't allow it. Let's go." The abruptness startled me. Wasn't his mother right? *Friend* was a shorthand. Why should she name what even I would not?

I was led away by Delbar without formal goodbyes, eyeing the Levi's jacket his mother was still using as a mat. As we retraced our steps to the taxi rank, Delbar's furious words washed over me. He really was convinced we'd become a unit despite everything he knew about my situation, the marriage plans, and my dependence on Leif.

He whined, again, at his mother's refusal of his identity. But what was this identity he so passionately defended? He rejected the American nationality, even though it was his only passport, and his gender was hardly stable. On and on he went, even as we entered the cab.

Me, I put no trust in language. Even in Farsi, the right words for an identity didn't mean so much to me, and our pronouns were already gender neutral. Maybe we knew the formal words to describe people, but they were never so fixed. Anyway, who was there to answer to? Why dig around in words for a new understanding?

Delbar had the luxury to think this way. He could break up a couple and deny his mother and still have a warm bed waiting for him. No matter where he landed, a home would receive him. I should have pruned his wayward heart, denied him when I had the chance. Now, here I was, stuck in the mess I had allowed him to create.

After we returned to the apartment, Delbar went to the bedroom and flung himself into the bed. He was sobbing, toeing his socks off and flinging them to the floor, ejecting his clothing from under the covers. "Come here, babe," he said, his voice smothered by the comforter Leif had brought over from Germany. Only his eyes poked out.

He pulled the covers around his neck, cloaking all but his face. "Please," he said tenderly, sensing hesitation in my pause and pleading for me with misty eyes. Even as I knew that the time had come to end this fantasy, my heart still reached out of my chest. How could I say no?

That night, long after he'd fallen asleep in my arms, I thought of Delbar's obsession with the right word. His mother hadn't accepted this or that about him, or she'd given me the wrong label. Was the pronoun he'd been assigned at birth still relevant, or was it time for him to use another one? These were really the thoughts on his mind; this was the cause of his unhappiness.

That was when I heard the lock on the front door and, a moment later, a lightweight suitcase getting wheeled down the narrow hall. My vision went blank. There was nothing I could say or do to absolve me of my wrongdoings. I had allowed Delbar to stay. I had disrespected my boyfriend while he was in another country grieving his mother.

This was the waste at the end of the feast. I had flown too close to the sun once in my life already, back in Tehran with Payam. I had suffered the enormous cost and I had survived. Now, as the door to the bedroom opened, I knew my fate was mine and only mine to accept.

DELBAR

SEPTEMBER 2015
Istanbul, Turkey

IT WAS FOUR IN THE MORNING, AND LEIF AND MANSUR SOUNDED LIKE they were arguing. I suspected the conversation about what to do with me was finally taking place. From the guest bedroom—where I'd been banished since Leif's return—I heard the floorboards creak in the room across the hall. Heavy drawers opened and shut. Was Leif packing to leave? Had Mansur finally come to his senses? I tried my best to regulate my excitement, but I couldn't help it. My heart soared.

Every night for the last week, I'd watched and listened for clues to my future with Mansur: the soft murmur of voices or the mattress groaning as one body mounted another. Now, at last, my patience was due its reward. I sat up in bed, blinking at the wall, hot with desire.

A haggard figure opened the door. "Anahita's boyfriend called," said Leif. "He says he's done with her. It sounds like she's in trouble. We are going to look for her. Will you come or . . ." Gobsmacked, I stared at him, tracing his stubble and noting how doleful he looked. "You can stay home if you want to sleep. We will update you."

There was no way I was going to cede ground and give them time alone to bond without me. I dressed quickly and we got in a cab.

...

I REGRETTED THAT DECISION NOW. The shirt I'd thrown on was itchy, there was a sour taste in my mouth no water could flush out, and it was still dark. The narrow streets here were deserted. Faded plastic waste clogged the drains and each step forward felt more futile than the last. Tarlabaşı was a giant and famously lawless neighborhood; there was no way we were just going to stumble into Anahita in a place like this.

"So, the plan is that there is no plan?"

Leif and Mansur shot daggers at me in response. I yawned.

Eventually, the decision was made to split up, and Mansur and I soon set out together toward the industrial rear of the area, which backed onto the Bosphorus. At some point, Mansur stopped abruptly and pointed at a tall, dilapidated building. "There," he said.

"What's there?"

"I was living there when I first arrived."

Like the first stiff cocktail of the night, this sense of us against the world made my body tingle. I felt vindicated that Leif had accepted solitude, and I prayed that this split would lead to a permanent one. At the very least, after the past few days of feeling like a hanger-on, there was an acknowledgment of new dynamics at play. This thought alone made me giddy, and the thrill of a victory emboldened me to reach for Mansur's hand, which he immediately jerked away.

I kept my eyes down after that. Two shirtless boys leered at us, dangling their legs out of the iron grates that encased many of the ground-floor windows. Hadn't we seen those boys before? The shoddy facades and overflowing dumpsters all looked the same to me. A lone streetlamp revealed deep cracks in the cement, and I hurried to keep up with Mansur, who kept a steady pace ahead of me.

As I cantered after him, the reality of the situation began to sink in. I thought of Anahita the last time I'd seen her, lurching drunk with this new man. It *was* unlike her to have her phone off. And why did the boyfriend—or ex-boyfriend, I guess—direct Leif to retrieve her from this part of town, so far away from where she lived in Nişantaşı? Anahita could be trapped in any one of these buildings, and we wouldn't know. A man could have taken her, hurt her, forced himself upon her. And here I was, woozy for a crumb of privacy with a spoken for man.

I'd assured Mansur there was nothing to worry about. Yet, thinking back, the signs of distress were there. And no wonder. The only one of us arrested at a march she didn't even want to attend; her chances for receiving asylum in free fall; sending her best friend off to Europe while she was left behind. Who wouldn't go ballistic?

I followed Mansur over a causeway with renewed determination propelling me forward. A rogue motorcycle roared past us, and a raggedy mutt bounded after it, barking into the exhaust pipe.

What would happen if Anahita turned up dead? Would it be my fault? Would the police question me, demand to see my valid visa, or lack thereof? Would I get beat up again? What would Qandul say, if I were deported? What the fuck had I gotten myself into?

I yelled for Mansur and, without another word, I bent over to throw up. Gazing up through waterlogged eyes, I caught the pale trace of a frown on his face as he wrinkled his nose and gazed into the sky.

Then Mansur's phone rang and, after a few seconds of a tense exchange, a bolt of hope flashed across his face. "It was Leif. He's on Büyük Bayram Sokak, where the sex workers hang out of the windows. One of them said Anahita was by the pier earlier tonight. He's having trouble getting a cab, but we are close. She might still be there."

I was glad for the lead, even if I resented that Leif was the messenger. "Did they say where exactly on the pier she was seen?" I asked. "Was she okay? Is anyone else with her?"

Mansur said nothing, instead breaking into a jog, and then a full-on run. I tripped over my shoes as the pitifulness of my predicament finally knocked me in the gut. I thought of Qandul, desperately pawing for my father's attention before he'd left, and swallowed my guilt.

Lungs burning, we approached a chain-link fence and stalked a fugitive path alongside it toward the pier, passing a row of large cinder blocks arranged on palettes. I smelled the tart lick of the sea, and the graying night cast a flurry of shadows on the weather-beaten boats.

At the end of the pier, several men stood side by side, encircling a fire. Something in me recoiled. Desperately, I prayed that the men's howls and taunts were unrelated to us but, as we got closer, that notion quickly unraveled. There, in the center of the circle, her hair matted and indisposed, was Anahita. Erratically, she lunged at the men, taking the bait of their jeers, snarling and denuding her teeth, scanning the expanse with wild eyes. She was backed against a ridge. It didn't seem like she had a handbag, and even a few meters out, I could see how she clamped the hem of her short dress. She was feral to behold.

The men were apes, bellowing and whooping in delight, even as Anahita spat profanities at them, demanding they release her. A short man was recording Anahita on his phone. Vulnerable, sleep-deprived Anahita. Impulsively, I ran into the circle, using my body to block the camera as Mansur rushed in to crouch beside her. I couldn't hear the questions he murmured into Anahita's tangled mess of hair, because suddenly and inexplicably, the ire of the men had shifted onto me.

"Ne yapıyorsun?"

"Bizi bırak," I retorted. "Go away. Utanmak. Why are you here?"

Reluctantly, they backed off. The camera's scalding flash dropped to the ground and then went dark. The men cursed us for ruining their playtime until, one by one, they broke formation.

I heard a bitterness in Anahita's voice and, when I turned to face her, she hissed. "So, now you are concerned for me," she scorned Mansur. "Where was this concern at the march, when you ran off to fuck the American boy." She hurled a glob of spit near my feet. "What's your boyfriend doing for my case now? Has he given up on me already? It's a lie. It's all these men do is lie."

"Anahita," Mansur responded firmly. I was astounded at his composure. "His mother just died. He does care. What is this behavior? Let's go from here. Come home with us."

She let him scoop her into his elbow. The agitation was draining out of her and, with it gone, a new exhaustion took root. "My chance is over," she sighed. "Don't you understand, eh? Did he tell you the appeal failed? They won't accept a criminal. There's no legal way across."

"Fuck the legal way," he volleyed.

I placed my hand on her shoulder and, with immaculate deftness, she swung at my face, landing a blow. I fell flat on my ass.

Mansur rose with Anahita in his cradle. He shot me a look that said *drop it*, and any anger in me dispersed. I wasn't sure exactly why she'd hit me, but it was likely that I deserved it.

IN THE DAYS THAT FOLLOWED, Anahita and Mansur played backgammon and chain-smoked for hours at a time, mocking each other's intelligence or poor strategy and ignoring me whenever they could. Meanwhile, Leif and I made piecemeal advances on case files, coordinating statements of abuse to verify LGBT status. I felt stranded in these new factions, as if I were splintering off from the mainland, drifting out to sea. And yet I couldn't bear the defeat of returning to Yosra's, either.

With Anahita stationed in the guest room, I accepted a further demotion to the couch with Lazuli, who woke me most mornings with her puckered rosebud square in my face. Perhaps delusionally, I bided my time. I joined Leif's guided meditations, and I catalogued the recipes Mansur somehow knew by heart, hopeful that my presence alone might recuperate the intimacy we'd shared.

"Anahita," said Leif one morning, placing his tortoiseshell glasses on a manila folder. His phone was open to a recent text message. "Why is Deniz asking me to chase you up for rent?"

She rolled the die and scoffed. "Look, it was never an issue if I was late to pay before. Now I miss one or two months, and they go change the locks on me, just like that? They must be stupid if they expect me to find the money for them now."

"You can't just not pay rent."

"I don't have the money. It's that simple. Anyway, Deniz can't be in the same room as me. I remind them too much of Poppy." Her attention still on the board, she impelled Mansur to go again since they'd both rolled the same digits. "If you care so much, why don't you pay?"

Leif sat still, inspecting her. "Anahita, were there drugs involved?"

I groaned but quickly whipped my mouth shut. Since that morning on the pier, Anahita *had* acquired the jadedness of an early-career Angelina Jolie biting her puffy lip in *Girl, Interrupted*. She barely ate, she locked the door during her marathon slumbers, and she stared at anyone who neared her room, as if we might ransack her stuff.

Anahita waved away Leif's curiosity, but he was unrelenting. He kept asking, insisting, until, eventually, Mansur sat back and crossed his arms, pleading silently with her. Anahita's forehead twitched, and, slowly, she reached for the die and retrieved it with the tip of her nails.

"Leif, if you want me to leave your home, just say that." She tossed her head back. "I'll find my way. A girl like me always finds her way. Don't think you're doing some big charity by letting me stay."

"I want you to stay," Mansur interjected.

"No, it's this shit that pisses me off." Anahita slammed the coffee table, and the checkers scattered in place. She pointed her finger at us, and it landed somewhere between Leif and me. The cat scampered away. "I'm not a fucking case file. It's done. It didn't work. You didn't do what you said you were going to do for me. I'm still in Istanbul. Explain that, eh?"

"Anahita . . . ," Leif implored, his voice ripe with dejection.

An unsteady silence followed. I tried to remind myself that this was not my trouble to carry, that Anahita's case and, by extension her fate, was out of our control now. The drama was fogging my brain, reverting me to an infantile state. I slowly crept to the couch to retrieve my headphones before slinking out toward the balcony.

"And where are you going?"

I paused, bracing myself. I fiddled with my headphones to avoid Anahita's eye contact. "Sorry, it's dumb." I cleared my throat. "Remember that drag booking you set me up with? It's this Friday. I know the timing is weird. Honestly, I haven't had time to practice, and I'm not even sure if I want to do it anymore, with everything—"

"Our little princess is performing. What a treat." Her teasing affect pinned me to the floor. "Are we allowed to see some drag, Mr. Leif, or is that against the board's regulations too?"

Mansur stifled a smile.

Leif turned and addressed me directly. "Of course we'll come. You've been planning this for some time." Perturbed, he surveyed the room. "And it'll be good for all of us to get out of the apartment."

The eager response now felt patronizing. I thought of the older men I'd fucked in college, the ones who cheated on their husbands to derive relevance from my youth, only to bowtie our used condoms at the end of the night. Was that all I was to Leif and Mansur?

Outside, I evicted the niggling thoughts from my head. I slipped in my earbuds, switched on the backing track, and forced myself to twirl. I pretended to ignore Mansur's bemused expression through the window, but I felt the humiliation, his shame, ricochet through me. I spun toward the unwavering sea, trying to suppress the persistent sense of snickers at my rear. I had to practice my routine, didn't I? Better to make a fool of myself here than in front of an audience.

I wagged my finger at the Bosphorus, and my bottom lip trembled flamboyantly. The backing singers added their *woah, woah, wo-oh-oah*s to the rising action of the Whitney track. I spun again. I snapped. I kicked my foot at the onset of the second chorus. I was a striped lynx on the prowl, the infinitely seductive Bollywood femme fatale Madhuri Dixit in *Devdas* sacrificing herself for the pipe dream of love. I was every woman.

The song ended, and that fleeting confidence I'd gestated evaporated instantly. I was no longer fun or ferocious or free. I didn't belong to anything or anyone. Instead, I felt a roughness in my throat. Whatever foothold I had in this city was shifting. Soon it would tear me apart.

The door to the terrace swung open and, from my periphery, I caught Anahita's chin slanted toward me. I slid the earbuds off and, just as I did, she threw something long and soft at me. Instinctively, I flinched, before realizing it was precisely the kind of beguiling frock I'd been searching for all along, an electric shade of cerulean bedazzled with crystals until the padded waist, where it parted into ribbons of fabric that sashayed like tentacles with the hips. I was speechless.

"I saw that hideous yellow thobe you were planning to wear, and I remembered I had this in the bottom of my bag. It'll be the nicest dress you ever wear," she said. "But don't go around with your big mouth telling anyone I gave it to you for free, eh? It won't happen again."

"Wait, Anahita." She lingered, impaling my overture in a grimace. "Thank you, but also—don't you think I should cancel? It feels wrong to dance. With everything going on, I mean."

"Baby, it's not your everything. Don't make this about you." I cringed, and she laughed tenderly. "Who knows, I could already be in Europe by the time you reschedule. You wouldn't rob me of the chance to see my little baby donkey on stage, would you? Haven't I suffered enough?" She winked, and the door clicked shut behind her.

Alone again, I held the dress close to my face and smiled. After the past few days of making myself smaller and avoiding the brunt of anyone's contempt, I was ready, at last, to hatch.

I BROUGHT THE GEAR I'D need to perform with me to PeaceMeals in a lightweight suitcase belonging to Leif. All night, I kept glancing at the clock and going over the lyrics to the song in my head. Two new Hazara girls in an intergenerational t4t couple were describing the underground shisha scene in Bamiyan to me, should I ever find myself back in Afghanistan, and I didn't correct them. I just nodded along. All I could think about was the delight and applause awaiting me.

Wheeling the suitcase up the cobblestones of Beyoğlu, I could be any waylaid tourist, and, indeed, just four months ago, that clueless newcomer was me. I'd believed salvation resided in the embrace of another queer Afghan, as though I'd glide into the Tower of Babel like a missing Jenga block. Yet now that I'd cracked the shell of Mansur's relationship, I still felt hopeless as ever.

The event flyer wheatpasted to the venue boldly advertised that the organizers had secured some big-name drag queen touring from America. It took me a second to absorb that the drag queen, Sharia Raw, was me. I felt my palms grow damp as I stumbled past the precipice.

Backstage, which was little more than a storage closet, the girls were cackling in Turkish, kneeling over hand mirrors to catch light and apply their makeup. I tried to focus. I had to get the look right. Whitney's face was feline. Her sexuality was effortless, sublime, unrestrained.

When the first girl went on, a belly dancer, I took her place and spread the second base coat over my cheeks with a flat-tipped sponge. I drew the liner. I blocked my brows. After setting my wig, which was actually two wigs I'd sewn together using instructions from a Reddit forum, I peeked out and spotted Mansur, Anahita, and Leif. Swirling around them, the crowd was indistinguishable from any other Friday night. Insurgent groups vied for the booths, and a queue two or three deep thronged the bar. The area by the fish tank had already turned into standing room, and the balcony door was ajar from teeming bodies.

If I could just nail this routine, if I could impress my onlookers, they'd see that I was a genuinely formidable force. They'd take me seriously as an artist. Mansur would be unable to pry his eyes away.

I slipped out of the storage closet and armored myself with a diva's impenetrability. I was three inches above everyone else, and I had to own that I was a cut above them too. On my stride to the bar, the audience showered me with approving looks and, slowly, self-belief replaced my shaky nerves. I ordered four shots of Jose Cuervo, served on a tray with lemon chunks and a saltshaker.

I set the tray down before Mansur, Leif, and Anahita, and not one of them uttered a word. In fact, they barely registered that I'd transformed into Sharia Raw in the hours since I'd last seen them. Anahita dragged her shot glass in front of her. I lifted mine and waited for the other two to do the same, pressing the tray toward them. Both men looked askance, although Mansur seemed more defeated, the wrinkles by his eyes set far deeper than I remembered. Leif's mouth stiffened into a pout, as if this—I—was beneath him.

"Come on, it's just one shot," I insisted. "The dyke at the bar let me have them for free."

Mansur slowly reached for his, and I noticed the golden syrup quiver the whole way. He shook out a portion of salt with a somberness that seemed almost melodramatic. The third performer of the night had just gone onstage. The music started, that Christina Aguilera track where she's lowered into the putrid wrestling ring in a cage, but the lights weren't up yet, so the queen didn't know whether to begin. The production was extremely amateur, which emboldened my prowess.

A single shot remained on the tray. Was Leif even listening to me? I grabbed his shoulder as playfully as I could, though my annoyance was clear. What was he trying to do? Get in my head?

"Sorry it's not top shelf, but it's bad luck not to take a shot someone offers." Leif's gaze was fastened intently upon Mansur, who'd begun slowly rubbing the side of his face with his palm.

"Listen, Delbar," said Leif meekly.

Mansur pulled his elbows off the table. He smiled at me with the same slimy earnestness you'd use with a stranger to be polite. "Let's just have ours without Leif, no?"

"No. We do it together. I ordered four shots for the four of us." I turned back to face Leif. "What's your problem?"

The adrenaline was making me jittery, and I needed to loosen up. I really was sweating, too, a consequence of the heavy-ass wig, the thick makeup caked all over my face and neck, and the handle of cheap tequila I'd smuggled into the venue and already guzzled backstage.

Leif muttered something under his breath.

"Huh, what'd you say? Just take it."

He looked anguished at being asked to repeat himself and, when he spoke again, he did so with a slow and punishingly audible reproach. "I said, I'm not drinking tonight, I'm pregnant."

The dome of salt on my wrist was turning to mush. I felt dizzy.

Anahita flicked her hair behind her shoulders, took her shot, hurled the lemon wedge between her teeth, and applauded the girl on stage. She'd already been informed of the news, it seemed, at the dinner or even earlier. I downed my shot as well as Leif's and felt the brunt of the tequila churn my seething stomach. Mansur left his shot alone, looking up at me from behind his veil of dark eyelashes. There was no man in him I recognized.

"Since my mother died, my priorities have changed. Or maybe it's better to say that it brought forward my timeline," Leif went on, though I was barely absorbing his voice. "I had already lowered my dose of T, and I've been taking fertility supplements for some time, so when I saw my doctor in Berlin, we did the blood work. I didn't expect it so fast."

I sat bewildered during the next two performances, sorting through the timeline in my head as a girl in a bleach-blond wig did "Together Again" and a comedy queen told jokes that were largely incomprehensible. The threesome was only a month ago. Could it be mine?

The stagehand impatiently beckoned me over, and I snapped out of my fugue. This was my moment. Someone squeezed my arm and, as I wandered to the stairs, a hand slapped my ass.

"Ready?"

I nodded to the stagehand and claimed my starting point onstage.

The track began. Lights flooded my vision, and my limbs softened to sludge. I missed my cue and froze. Was it just my panic, or could I feel the spotlight flickering and the room swirling in front of me? Just then, the house lights came on, and the track stilled to an abrupt stop. I stood there, stupidly, like a rag doll, as my eyes adjusted to the light.

Chair legs grazed wood. People rose from their seats. Without the sound system, I heard gasps and wary exclamations from the crowd. Handbags were tucked underarm, sweaters were balled into fists, and the whole room staggered as one heaving mass to the exit. I hadn't even begun and, already, the audience was done with me. Mansur reached for me from the side of the stage, handing me my jacket as I wobbled clumsily down the stairs in my ridiculous heels.

Everyone was aglow in the hue of their phones. The headlines were coming in fast. Leif and Anahita were bent over a video of tanks and a horde of spasming pedestrians swarming the bridge. Something big was happening. The show would not go on, after all. We had to leave.

The streets were unusually sober for a weekend, even those swinging bottles of Efes or nursing rakı from spoiled meyhane. Suspicion and confusion tickled the air and, on every block, neighbors were locked in hushed tones with neighbors. The names of children, husbands, and lovers were called. Smoke festered. Sirens rang out.

It was all the hectic chaos of the pride march, except, this time, the entire city was in on it. Cars had been abandoned with their headlights glaring. Shopkeepers on stoops leaned on brooms, shaking their heads. There were no gunshots yet, but the night was already tinged with riot.

My messages to Yosra weren't going through. Our phones had stopped working and, without them, news items were suspended in time. Men gathered around small television screens, cold tea resting on their knees. We didn't stop and watch the live broadcast with them. I only caught a glimpse of Erdoğan at a desk, addressing the camera. Underneath him, a banner displayed his message to the Turkish people: FIGHT BACK, DON'T LET THEM STEAL OUR COUNTRY. The president was demanding that Turks take to the public squares and storm the airports. *Defend your country from traitors*, he said. *Protect your leader. You will be rewarded in this life or the next.*

Anahita yelled for us to follow, her voice emerging from an untended roadside tekel, where she was stacking liquor in her handbag. "I hope they do something with that stupid man." She screwed her nose at the gunshots in the distance, inseparable to me from fireworks on the Fourth of July. "Kick him out, or he won't ever leave. Cut his stupid head off."

I was too numb to respond. Mansur was too. He stood on the curb beside Leif, under an orange streetlamp that illuminated the subtle tremble of his leg. I slowly peeled the double-wig ensemble off my forehead. Everyone was too preoccupied to pay me any mind, though I must've looked a spectacle, my dress and sheer tights peeping out beneath my jacket, clacking down the cobblestone street in heels. Anahita continued hoarding bottles. She'd started filling a plastic bag as well.

"Badwāye màn ee mulk ra gereft, and now it's gonna go fuck itself. Just watch and see. I'll be happy to see the whole place turn to ash."

Anahita had every reason to hate Turkey, and having seen it pummel so many I loved, who was I to argue? Still, I flinched. There was so much left here to be redeemed, to fight for, to win.

MY MEMORY OF THE REST of the night was a fumble in the dark. Mansur wanted to go home to check on Lazuli and gather his valuables. He said if the military took over, the refugees, the unionists, the Kurds, the queers, and anyone else with conditional status would suffer first.

Leif and Anahita would go with him, and the assumption was that I'd join. Except a niggling conviction got the better of me. I had to get to Yosra. I needed to check on my own family.

I can't remember how they agreed to let me cross the Bosphorus alone, or even how I made it, yet it was liberating to split off without any fanfare of farewell, to run and feel capable of navigating a nation in turmoil, now barefoot, with no attachments to slow me down. In place of my thoughts was an ironclad purpose. Amid the falling sky and the gunshots and the unsent messages, I didn't stop until I tasted the tart of my lungs.

No one in the city slept well that night. I sprinted distances I never would've dreamed of traversing by day, and I wasn't the only one. Doormen gawked at my elaborate gown but quickly attributed it to the supernatural events of the night. Beggars joined bankers to listen avidly to the radio broadcasts. A group of women by the fishmongers insisted the whole thing was an inside job to thwart the opposition. *If that's the case,* one asked, *why plan it when he's outside of the country?* I didn't linger for any debate. The ground was slipping out from under me. All I could do was run.

BY MORNING, EVERYONE HAD A coup story. The shopkeepers wouldn't take payment without sharing their hardship in getting to work. Adrenaline-wracked teens passed pumpkin seeds back and forth and spoke in brooding verse, humbled that history had caught up with them at last. Even the old ladies in headscarves, who spent most late summer days collecting mulberry bulbs and shooing away hungry neighborhood boys, recalled their evenings in solemnity. Each speaker added something new. If a light fixture trembled in one of their homes, another's tore off its socket entirely. One child's anxious sobbing was trumped by another's prophetic migraine. Everyone was suddenly part of the same joke, enthralled by the same soap opera, struggling to unstick their eyes from the same twisted debris of the same mangled car crash.

I hadn't heard from Mansur or Anahita, but the cell service was not fully restored, as Yosra assured me. When I'd gotten home in the early hours of the morning, ragged and sweating, I'd discovered her drinking straight from a bottle of red wine, Darya and Nafas asleep on her lap.

To give Yosra a chance to rest, I took the girls to the park the next afternoon. Overdressed couples were still exercising. Soccer balls scissored the basketball courts, disheveled kittens stole under the wire fence, and parents triumphed as their toddlers scaled slides.

"Mom even let us stay up until three!" Nafas's face was inches from mine, as it always was when she got excited. She wore adornments all over her body, butterfly clips in her hair, bracelets on her wrist. She'd grown since I'd arrived in Istanbul, not only in height but in stature.

Seated on the grass at my side, Darya was almost invisible in the scenery, leaning back and resting her weight on her elbows, just as I did. "The whole building was awake. I'm not even exaggerating. All the lights were on. You should've been there. You would've freaked out."

"I tried to get home sooner," I said for the hundredth time. "The ferries weren't running, and half the roads were closed."

"Mom even put our mattresses in the hallway in case the glass from the windows shattered on our faces. Eda from next door said she already knew the whole thing was going to happen because her teyze's tea leaves said so. Can you believe she said that? Do you believe her?"

I withdrew a pack of napkins from my pocket and used one to clean the melted ice cream dribbling over Nafas's hands. "Wait, I thought the violence was nowhere near the apartment."

"Mom just overreacted. She kept trying to call people. She thought they'd make us leave Turkey, but nothing happened. It's already over."

I'd heard these stories several times now, first from a pillow-eyed Yosra, and repeatedly since then from the girls. Though I'd shut my eyes for a few hours, the bristling embers in my bloodstream hadn't yet extinguished. How could I rest when the country was cleaving open?

"Of course I believe Eda."

Nafas cocked her eyebrow. "Well, don't. Everyone at school knows that Eda is a liar so I wouldn't believe anything she says if I were you because she'll get you in trouble."

Darya's tugging on my elbow was becoming more insistent. Nafas noticed her sister but went on, shuffling even closer to me and scuffing her white shorts on the grass. "Anyway, what's the big deal with Erdoğan? Why doesn't he just quit if people don't like him anymore?"

The grass stain only smeared the more I wiped it and, instinctively, my tongue licked the back of my teeth. "Well, in this city he's not very popular. But don't forget how big this country is. A lot of Turks think he's the only Muslim who can stand up to Europe."

Her marbled eyes glowed. "Why do we need to stand up to Europe?"

A dandelion snapped off between my fingers. I thought of the American air strike on the hospital in Kunduz, the innocent Afghans who'd died and all their families, too, the countless Third World deaths that barely made news anymore in a war of attrition that was older than they were. "Look, babe, you're not wrong. For some reason, they're threatened by us Muslims. We're automatically the bad guys to them, the terrorists or whatever. It's no different in America."

The tugging stopped, and I looked at Darya, whose expression finally softened. "Is Mansur okay? You haven't said anything about him."

I smoothed her shock of black hair around her ear and reassured her that he was fine. There was no legitimate reason to be worried for his safety, even though he lived much closer to where the tensions of the so-called coup had taken place. He had Leif, and he had papers now.

I checked my phone again. No missed calls or messages.

Nafas shot quickly to her feet. In the distance, Yosra was approaching and, for some reason, a green headscarf billowed behind her in the wind. I'd only ever seen her scarfed in mourning ceremonies, and even those occasions were years ago. My heart rate quickened at the sight of her hair doused in green. It was apparent that she hadn't come to meander.

"Bachem, quick. Get up, all of you. We're going," she said. Nafas had already clasped her mother's hand, and Yosra yanked Darya's collar, sweeping her up toward the orange apartment block. We were well past the gym equipment when I released the dandelion I'd been clutching.

Yosra addressed me in an urgent uninterrupted thread of Farsi, one textured red with alarm. "The arrests are beginning. Anyone associated with the resistance movement, no matter if they had anything to do with the coup. Academics, journalists, organizers. The dean of my department just called, he said he'd received threats against me from people associated with the government. The police have detained Viyan bey already. God knows what charges they'll try to pin on him. It's not safe for me on campus anymore. It's not safe for any of us here."

"But, Mom, you didn't do anything! You weren't part of it, were you?"

The elevator was stalled on the fourth floor when Yosra pressed the button, but rather than wait a second longer, she pivoted on her heels and marched us up the stairwell. "Mom?" Darya's foxlike eyes scaled her mother for answers, picking apart every word she did or didn't say.

Meanwhile, I pieced together what I could from the cues. The stacks of papers, the secret meetings with Viyan, the late-night wine. All this time, I'd been playing at change while she'd been doing the real, dangerous thing. I felt more like a privileged outsider than ever before.

Suitcases were lined up in the foyer, but fatigue was making it hard to understand exactly what I was looking at. "What's this, where are you sending us?" Nafas broke into tears, and my own eyes began to water.

The families next door had heard the commotion and stood by in boxer shorts and nightgowns. Yosra went inside to console Nafas, and Darya looked to me for a sign it was safe to join them. I felt a terrible ache. They were so young, so raised on order, how could anything but panic be expected of them? I was many years their senior and I felt it too.

"Bachem, listen to me. Do not question what I'm saying, okay? What happened last night was news to me. Of course I had nothing to do with it." Nafas had begun to sob again, and Yosra took her head into her chest, holding her there while she continued, a brave fortitude set deep upon her eyes. "But you know that group of students I support? The ones who are part of the solidarity movement? They are in the line of fire now. They have targets on their backs, and they have nowhere else to go. The president is jailing anyone he disagrees with."

"Are you his enemy, Mom?" Darya's interruption was lucid and forthright. Like her namesake the river, she charged along the embankment of time with rugged temerity.

Yosra took a breath and kissed her forehead. "I don't know if he will be able to do that with me because I have an American passport, but we are not going to stay here and find out. I was able to arrange flights for the three of us." A heavy weight cascaded down my insides. "Delbar, bachem, I don't know what you want to do. Will you try to leave with us or . . . ?"

I wanted to sink to my knees. Yosra had moved mountains in the hour we'd been at the park. The apartment was strewn with sheet music and bedsheets and the innards of cabinets but, looking closer, I noticed that other things were also missing: the family's kimliks and passports, the photos plastered to the fridge. This was not the first time she'd fled a home on such short notice.

"Don't worry about me," I stammered from under Yosra's tight embrace. "I'm going to stay here with Mansur. We can figure something out. I'll find my own way back when I'm ready."

Yosra pressed the sides of her face together, protectiveness veering into compassion and back again a second later. Finally, she put the house keys in my palm and loitered an extra moment while the girls were by the elevator. "Listen," she said, looking over her shoulder. "The official who got us these flights has been getting a lot of critics with foreign passports out. The government is fine to see us go for now." She released another shallow breath and I thought I caught a twitch lift the surface of her cheek. "It's Leif," she said at last. "He was part of this group with me, remember? He also has a ticket out today. To Germany it seems. Two tickets, actually." She waited for her words to register, studying my face as if I might change my mind, before kissing me goodbye. "I'm telling you this because, I don't know. I thought you should have all the information. I left some liras in the safe for you. There's a note in there with the name and phone number of our government contact, in case you change your mind. Be safe, okay?"

As soon as the elevator doors closed, I called Mansur and did not stop calling him for the next two hours. I sent emails, text messages, and DMs. I called him from Yosra's landline, and I went outside to the pay phone by the pastane. Nothing went through. He wasn't picking up.

I sat on the living room couch and closed my eyes. Neon flares raced across the backside of my eyelids. The pounding of my chest and skull that began as I ran last night returned with even more intensity. I navigated to my voicemails as a matter of habit and blinked twice.

There it was. An unopened message in the folder. From Mansur. How long had it been sitting there, waiting for me? It must have come through on a delay after the disruption in service.

In the audio, Mansur sounded frustrated. Gone was his detachment and, in its place, was a damning weariness. Again and again, I replayed the audio of his voice. *There was no other choice, Delbarem,* he said. *It is easier this way.* That was the double-edged sword of our love: my name in his mouth, speaking me into existence. *Just go*, he finished. *There's nothing for you here.* To exist, though, was to feel. And to feel was to hurt.

Everything I held dear was leaving me in the carcass of our former life. My family had abandoned me, and even this new family of my own creation—tenuous though it might have been—was scattering, taking with them all the plans I'd foolishly dreamed up: learning to sew gowns with Anahita, visiting the pine forest island again just to lay my head on Mansur, even bettering my Turkish under Leif's watchful eye.

A cartoon was playing on the television, presumably a channel left on by one of the girls. Shrieking monkeys rattled a coconut palm where an injured toucan sought shelter. I gripped the remote to turn it off, but I couldn't suffer the cloister of silence. Instead, I changed the channel, flipping through reports by anchors with bloodshot eyes.

Then I saw her. My very own flesh and blood. Her makeup was heavy as a shield, her loose gold-red ringlets unspooled elegantly over her face, and her fountain pen swiped the air as she leaned forward, rising partly off her seat, gesticulating adamantly over the burgundy desk.

To the right of Qandul's face was the image of a white crescent on a cherry-red backdrop. She was doing a segment on the coup, which meant she was broadcasting live. I was watching my mother at the very same moment the recording was taking place, in the studio off the Capital Beltway that she rented from the Habesha family.

"Khāk dar sàresh." Her condemnation mimed a burial. "He hasn't read the Quran. Real Muslims know Allah is a most merciful God.

How dare this dictator terrorize those who disagree with him in the name of Islam!" She said it as *dek-tay-toor*. A warmth percolated over me. "I curse that man and all the other rotten men just like him. Take the name of Allah out of your mouths! These cowards take us for fools. No matter the country. It's the same. Koll-e shān. Believe me, I know. My own son is stuck there, my only son. Imagine my grief as a mother."

I was teetering, too breathless even to cry, too fatigued even to crumple.

"We sacrifice everything to flee fanatics in Afghanistan only for all the masks to come off in the West, see? They want us to grovel at their feet, but it's they who lay siege to the world. How can we accept this hypocrisy, taking refuge among our slaughterers? How do we live?"

Her words faded as the details of her face harpooned my focus. A gauntness I'd never noticed, almost imperceptible if not for the bullish insistence of the studio lights. She wasn't sweeping her hair to the side as she normally did, either, which lent something furtive to her saucer-eyed gaze. Even the way she shook her pen in the air lacked her trademark tenacity. Suddenly, it looked desperate, despairing, wistful.

"Again, our people are asked for compassion. Are we ever granted that luxury? Again, we see that no one except us will save us. This is not Islam! These bastards are drunk on power. Mā'til ko, they say. Roll over and accept your lot, while the state again claims the monopoly on violence. Just this month, a stampede at hajj killed two thousand. If there is a god, is he not loud enough? The only love I've known has come from the likewise condemned. My kith and kin."

In my mother was all the history and the hurt she contained, her defiant brow bone, the chain of vertebrates who'd survived each crusading empire to lend us their unbroken spine. I was perhaps the only one watching who saw in her a pain so profound it deafened her to mine.

"How long must we wait to gain the freedoms we've been promised? Listeners, I beg of you, tell me, how long? Who must we appeal to? What grace is left that hasn't yet been sacrificed?"

I wished to be close to her, small in the presence of her greatness, a single atom among many. At last, I surrendered to the mannequin of my body. I dropped my knees to the carpet in solemn supplication, my palms open to keep my deadweight posture steady on the floor.

All the world's resources were at my disposal, and still I was but a pawn to the cruelty of fate.

What else was there to do but pray?

PART FOUR

MANSUR

SEPTEMBER 2019
Berlin, Germany

I AM SITTING ON A BENCH BY THE PLAYGROUND WHEN MY PHONE RINGS. Poppy's voice is a salve; hearing it instantly settles my nerves. What a blessing it is having someone I know and trust close by, even if Copenhagen is still many hours away.

For a time, when I was fresh to Berlin and overwhelmed with paperwork and appointments and agencies reaching out, our calls were my solace. A friend on the same time zone, someone who knew my history and shared part of it, who I could call when I doubted everything else.

I wrap my scarf tighter around my neck and check my watch once more: twenty minutes, still, until drop-off. Poppy tells me about her new place, and I hear her dig around in boxes for the candles she's sure she packed. She tells me she just moved into a six-bedroom apartment in Nørrebro, an immigrant neighborhood where there are still a few collectively run homes available for refugees, documented and not. *It used to be more common,* she said, *when there was more goodwill toward us.* She landed the deal on a friend's recommendation. I'm happy for her.

The playground is filled with blond-haired children: climbing on the bars, wriggling down the net structure, calling out to each other. I uncross my legs and narrate the scene for Poppy.

"Have you noticed, they love to complain about the birth rate in these countries. I keep hearing that it's going down. There's a crisis in the European family or something. This morning, I heard an old couple at the bus stop say the Ausländer are having all the kids and the Germans aren't having any. I couldn't believe it. All I see are white children. Everywhere."

Poppy laughs. I can hear a kettle whistling to a boil. "Yes, they say that here too. Hussein wants to have as many children as he can. To spite the Danes, I guess. I still can't imagine it. Not in a place like this. I don't need to be accepted. But if I have children, how can I live knowing they'll never be Danish no matter how they feel? Who could think of a baby as ruining anything?"

Hussein is Poppy's new partner, another trans masculine person. She tried for a time to make it work long-distance with Deniz, but the gulf between them kept widening and one day there was nothing and no one they shared anymore. That's the problem when your train is moving fast and the ones you love are still at the station. In any case, no one stays waiting forever. Life goes on.

I met Hussein when he and Poppy visited Berlin last year. I liked him. They pair well.

"You must visit Berlin again, no? Ghazala misses you. She's so smart. You can't trick her at all anymore."

Poppy says she'll try if she can find the money and time to spare, but I find my attention drifting. Any minute now, Leif will arrive, early as always; the experience of waiting for him is like watching a bucket fill with rainwater that will inevitably spill over. I carefully unclasp my watch and slip it into my pocket to stop myself from the compulsion.

"Come to Copenhagen. It's your turn. You haven't come in years."

In the end, getting married proved too difficult in Germany because of the complicated translations, proofs of identity, and financial stability they require here. Instead, Leif and I went to Denmark to complete the process. Many international couples like us chose that option.

"And bring Ghazala. How is she with travel? A short trip or something. Just for the weekend. I'll arrange it so I don't have to work the whole time. And let us get your tickets. A gift from me and Hussein. Think of losing your job as a chance to travel. Leave Germany. Take a break."

I think of my supervisor at the café informing me that I "wouldn't be needing to return," and I feel the hot flush of shame again, a recurring experience in recent weeks. I should not have sought to clarify what she meant. *Why would I suddenly not need to come back to my workplace?* I thought maybe the business was changing location or they were asking me to do some other task.

Poppy is nice to offer to pay. Still the kind of person to give freely no matter how little lines her pockets, as if she doesn't know I could never receive such a gift, from her or from anyone else. Besides, I can pay the cost myself. I have found other ways of making money under the table; that isn't what is stopping me. But then, what is?

After Ghazala was born, Elaha's husband put an end to the family in Tehran receiving any more payments from me. Two men bearing a baby was ungodly, he'd said, rebuking Mādar for daring to suggest that it was a miracle. All her life, Mādar had gone without a man controlling her, only to now have a son-in-law, in these last golden years of her life, who clamped down on her tongue. It still makes me white hot with anger to remember what a feeble excuse of a man he is.

"We will arrange it," I say to Poppy. "Nothing is stopping us. It's a good idea to plan for."

I end the call in time to see a glint of orange-blond hair among the faces and, farther ahead, zigzagging closer to me, racing between the kids, prams, benches, and cyclists, is Ghazala. My Ghazala. She slams into me. Her arms wrap around my waist, and then when I am done spinning her—an octopus with a suction on every part of my body—I let go.

"Running around in an undershirt so early in the morning. Aren't you cold, pàyghāmbarakam?" She bristles at the jumble of sounds I call her by, the same way I bristle when Mādar uses that term of affection for me. I try to speak to her in Farsi. If I don't, who will?

Leif unzips a circular pink backpack, with bright green straps where the arms go, and fishes out a fluffy pink jacket. "Maybe you'll have more luck getting her to wear this." He hands the jacket to me, but Ghazala is already off and away, her heels flicking up the sand.

"You're smoking cigarettes again, I see," he says. I glance down at my fingers and then back up. "It's just in front of Ghazala that I'd rather you don't display bad habits. I don't want her to think you condone it. Children are sponges. They see you do it, and they think it's good."

I roll my eyes. Behind my shoulder, a small two-person rubber boat travels down the canal. "Why, will it impact my case if I'm caught smoking?"

He sighs. "Don't be like that, Mansur. We've talked about this. I don't want to have to repeat myself. Imagine if our sweet child gets lung cancer someday. Then, how would you feel?"

I take a long final drag and stare at Leif's face—still eerily youthful, after all these years—before snubbing it out. The only way to tell his age is when he expresses emotion, which is rare. I am unable to keep the ice from my voice. "You can't tell me what to do anymore, remember?"

Of course, we both know this is untrue, but he humors me. I remain in the legal marriage contract with Leif because getting a divorce would damage my chances at permanent residency.

A beige-skinned brown man approaches us, looking nervously at Leif as if waiting for a cue. He jangles a set of car keys, which share the chain with a purple trinket Ghazala made with hot glue at Krippe. Leif breaks from a long, disappointed scowl and kisses the man on the lips. "This is Kemal. I'm sure you've heard his name before. Ghazala won't shut up about him, I bet. They've become the best of friends. He worked on the Greek islands. At the refugee camps."

I inspect the man's loafers and gold belt, which is tucked to be seen. "Great."

Deep in the playground, Ghazala is surrounded by blond children her own age who she is busy conducting from a raised platform. Five minutes and, as usual, she rules the playground.

Kemal is talking now, completing Leif's sentences. "It wasn't a work contract, really. It wasn't paid. I think of it as civil duty." Leif observes him with a charmed expression, as if hearing the story for the first time. "Everyone should spend time among the refugees. To see how they live. It's good for the soul, I think, and it makes me grateful that my grandfather came to Europe legally, so we never had to deal with any of that."

I increase the space between us, placing one of my shoes on the sand, and I call out to Ghazala. I can't be there anymore. The small talk, the two of them together, this new interracial unit. I was the one who broke things off, but it still stuns me to see how easily I can be replaced.

Before I had the talk with Leif, which finally put words to the vast distance that had grown between us, my guilt was so severe it kept me awake. Wouldn't he think the whole thing was a lie from the start, that my tenderness for him was a conspiracy for German residency? I couldn't control what he thought of my intentions in private, but I hoped he had more faith in me than that. In any case, my real worry was for the fate of our child. A complete family had been stolen from me once, how could I do the same to my own daughter? Maybe I would have forsaken my own happiness, but Poppy changed my mind. She connected me to a lawyer to make sure we could find an arrangement that wouldn't get me deported. After all, she said, better that the girl has two fathers happily apart than unhappy together.

I study the playground for a wayward shock of dark hair, resisting the panic. "Actually, Ghazala and I are in a hurry. We have a bus to catch. We're visiting Copenhagen this weekend. You remember Poppy, no? She invited us to stay with her. We'll be back by handover."

"Oh, how good," says Kemal. "Have you been before? It's so nice and clean there. The best restaurants in the world. Do you have reservations at Noma? It's just gotten its second Michelin star. Can you imagine? The reindeer heart tartare is unbelievable." He turns to Leif. "We ought to make a trip up. Words don't do it justice, baby. You must try it yourself."

I peer into the tunnel, but the children in there are not mine. I kneel to look up the slide and a chubby boy coming down fast almost knocks me off my feet. I am starting to sweat.

Leif's arms are crossed over his chest. "When were you planning on telling me that you were taking Ghazala out of the country? We have an agreement. You signed a contract. Do you not think that I deserve to know about such a plan? What if I didn't bring her ID card?"

At last, Ghazala careens into my side, hugging my legs in total earnestness. How can I stay mad at her for disappearing? "Where are we going, Baba?" she says, gazing up with hazel eyes.

"To Denmark for a few days," I reply. "It's only a short bus ride, and we might even see some cows and sheep on the way. You remember Poppy?" I lift Ghazala onto my hip and swing her backpack over my other shoulder. Leif does not uncross his arms or unclench his eyes. He hounds my gaze with his own, but I refuse to give in. For all the comforts I lost since coming to Berlin, I am no longer responsible for his moods: a luxury I will never take for granted again.

IN THE END, THE TRAIN to Copenhagen via Hamburg is the best option. It's cheaper and, more importantly, faster. Even still, Ghazala quickly grows impatient. The whole trip she marches up and down the aisle, asking for the barnyard animals I promised her. Without a good answer for when we'll see them, she wheedles all the snacks and screen time she wants out of me.

By the fourth hour, the other passengers are sick of us. All retirees and sun-ripened tourists, they expect peace in travel and, instead, here is this child, fooling me into showing her pictures of Elaha's son so she can switch apps as soon as I get distracted. She is mischievous like that, with an audacity I never knew at her age. Yes, I learned to lie. I traipsed through parts of Tehran that Mādar never knew to warn me about. But that was once puberty began, after I'd been at school and my manhood was in sight. Ghazala is three. She rages against every limit already.

My body seizes up when the train halts at a small town called Padborg. A pair of border agents get on to check documentation. I don't have anything to worry about, and yet fear still soaks the back of my shirt. I wipe my palms on my pants. No one looks over their shoulders. No one clutches their bags. The man opposite us keeps his earbuds in, and the young couple holding hands in front don't stop, though they keep glancing our way. When the border agent reaches our section, the man in the couple has trouble finding his identification. He smiles up at the agent, as if she is asking him on a date. She is not bothered to have to wait. She says she'll keep going, he can show her when he finds it. No rush. That's what I could understand from their conversation at least. I've given up trying to become fluent in German.

Soon the agent approaches Ghazala and me. She snatches the papers I hold out and leers at the documents. Her gaze lightens when she notices Ghazala, and eventually her suspicion wanes. Ghazala glows with doe-eyed fascination. She hasn't learned yet that her birthplace makes her different from her Baba. She has no reason to fear the border police.

WHEN WE FINALLY ARRIVE IN Copenhagen, rain dresses the afternoon.

It's hard to believe there is a place on Earth with even more blond people than Berlin, though it does make it easy to find Poppy, who is seated on a boardwalk alongside a canal. Her hair is in thick twists tied up at the top of her head like the bud of a rose. A string of colorful beads hangs from the piercings on her ears, and a yellow bike is propped up behind her. Ghazala jumps down onto the boardwalk and races toward her.

After the greetings, I ask Ghazala for a moment of privacy. "You can decide where we eat, okay? Go explore the area but stay where I can see you." I turn to Poppy. "It's safe here, no?"

Poppy looks around and shrugs. She rolls her earring between her fingers. "Depends who you are. I'd say it's about as safe as anywhere else." She explains that in Denmark, they think a regulated population protects them, so much so that it's part of their national identity. Ghazala is already darting away. She dodges the legs and bags of customers from the wine bar. They scowl at us, as if we should rein her in, but we pretend not to notice. God forbid a child be a child.

"I wish she had a playmate," I say after a time, a barrier wall providing a comforting firmness against our backs. "Someone her own age. When we were young, we had a dozen kids to run around with, no? Everyone was your potential friend. You learn so much that way."

On the water, clusters of pink-faced families ride on little cylinder-shaped boats that move quickly with the current. Cheese and meats are on display where the motor would usually be. "You're getting too old for the job already, eh? And it's only just started." She squeezes my cheek, and I laugh. "One is enough with Leif, but maybe more are coming?"

I sigh and drop my head onto her shoulder. "Ghazala will have to entertain herself."

Poppy hums from deep inside her throat. A soothing sound. Then she lets go of her earring and wraps her arm around me. With her other hand, she fishes for something inside her breast pocket: a small parcel of foil. "So, things are still not so good with you two?"

"You should see the two of them, the perfect couple or something. Leif expects me to kiss his feet because he stayed in the marriage. Like he solved world hunger by getting me residency."

The sun breaks for a moment and reflects off the window of an official-looking building across the water. A rainbow flag is hung next to the Danish one and others I don't recognize. Inside the foil is a spliff. I lift my neck and there she is, my little prophet, off in the cobblestoned square, chasing pigeons with windmill arms and a manic grin.

Leif had enrolled her in ballet classes, but there was no tamping down her wildness. This parī girl, who built whole galaxies by hand with mud. Yes, she was mixed, but even from here, her thick dark hair covering her face, she is so unlike the Danes. That was something Leif would never be able to change, with all his mannerisms and ballet.

Poppy lights the spliff and immediately the mood of the people around us starts to change. One group relocates down the boardwalk, making a fuss of clinking their wineglasses and packing their coats into their bags. They have a very specific picture of what enjoyment looks like, and that picture does not include foreigners making any noise.

"I thought you didn't smoke weed, Poppy. You'd always refuse it."

The spliff goes out, and after taking a second to relight it, she smiles, exhaling smoke from the gaps between her triangular teeth. "You know me, I always worry the most. Even in Asmara, man, before PeaceMeals and the drug policy thing, I was just born that way." She passes the spliff to me and continues, "And then in Turkey, with everyone always staring, you learn how to avoid any attention you don't need. I delayed so much pleasure out of fear. Fear of god, fear of my father, fear of the law. Whatever it was. All that sacrifice wasn't for shit."

She extends her legs, wiggling her toes. "There's no real life waiting for you some other place. The most devout Christians I grew up with still got beat up by their husbands. Or like, the people who never made it across. The ones locked up in a camp waiting for a border to open. There's no reason we got to come. Give me one good reason why, you know?"

I cough and hand the spliff back. The only water bottle I have is from a kid's movie on Karl Marx Strasse I'd taken Ghazala to see. I drink from it and bundle my arms around my knees. The air grows still. "Are you in touch with Anahita? She doesn't respond to me."

Poppy leans her elbows on her knees, her gaze steady ahead. A small gray feather floats onto one of her twists, and I pick it off without her noticing.

"Deniz said they had a call with her a couple of weeks ago," she says. "Apparently, she cut off all her hair and paid a smuggler to go by boat."

In my head, I see a lifeless Alan Kurdi washed up on a Turkish beach. A wad of saliva stalls at the back of my throat. Poppy rubs my spine. "No, no. It's good news. She hid in the wheel of an aid truck, and she got in. They registered her in Greece so she can't claim asylum anywhere else, but last they heard, she's in Italy now. She went underground."

"She was the one who wanted to be here the most," I say, releasing a huge breath. "I'm glad she made it."

"Don't feel bad that she doesn't keep in touch, eh? She's like that with me too. I think she doesn't want to be reminded of Istanbul and everything that happened there, you know."

Slowly, our gazes drop to the curled grooves in the wood of the boardwalk. I take the foil and store the butt of the spliff inside, carefully tucking it into my pocket. The disapproving Danes would revel in any reason to come scold us if we littered their precious civilization.

Ghazala returns, hungry, and I clean the crust at the rim of her nostril with my wet thumb. Poppy suggests an open-air night market where they sell bitter fish preserves, a famous Danish delicacy. Not to eat any, she says, just for the amusement of showing us the strange culture.

For dinner, she has an Ethiopian stall in mind, where the tibs are tender and the stew tastes just like her father's zigni. Ghazala shoots me a wary look, and I wink at her. She rubs her nose and juts it in the air. Fairy lights and neon vans reflect off her shiny pink backpack.

Ghazala screws her face at the vinegar smell of the fish preserves, and we laugh at her expression, weaving our way through the maze of the market. It's not hard to find the Ethiopian stall; the cozy aroma of cumin and yellow lentils is overpowering. All the benchtops are occupied, but in three quick steps, Poppy finds an opening. She stands by a group stacking their soiled red napkins on the shreds of their spongy injera and hovers over them, grinning proudly as she beckons us over.

"You should order here," I say, guiltily, once Poppy has already taken her seat. She scans the QR code taped to the wood. "The food looks great. But I have to keep my word"—I look down at Ghazala, hugging my leg—"I promised the little one she could have whatever she wants for dinner tonight. She's picky." I pull up the map of the market on my phone, which shows several restaurants with child-friendly options within walking distance. "So maybe the two of us will quickly get a takeaway pizza or something. Is that what you want, pàyghāmbarakam?"

I look up from my phone to see that Ghazala has already assumed a place on the bench next to Poppy. "I want to stay here," she says stubbornly, "I want to try the pancake bread."

I linger at the edge of the table, and then after a pause, I smooth the wonder off my face and join them. You think you know your own child, but you are always in pursuit of them, forever one step behind, shuffling an old shoe on a new foot, acting on knowledge recently expired.

Poppy coaches Ghazala to soak the sauce with injera, miming how to round her fingers into a claw shape. Ghazala giggles over the bench at me, and I can already hear Leif's lecture about how teaching her this will alienate her from her peers. I wrest the thought away with a smile.

At the end of the meal, Poppy and I argue over who will pay. She makes the customary arguments—I am a guest in her city, I've just lost my job, I have greater expenses from caring for a child—but in the end she relents. She knows it is important to me. These tiffs over money bookend every meal we share that weekend, as if both of us are so rich we want to flaunt our grand wealth when, really, we are just insisting on care, trying to use whatever currency we can to narrow the grief that distance and time generate between loved ones who live apart.

Our farewell on Sunday brims with tears that have nowhere else to go. They are good tears, cushioned by meaningful embraces and stolen glances. Promises to never let so much time go by again, to be more intentional about our calls. Ghazala refers to Poppy as Poppy Ama. They clasp hands like sisters until minutes before the train departs and, when they separate, Poppy gives Ghazala a bracelet made of orange and red beads that I remember seeing on her own wrist way back in Istanbul.

I remind her to say thank you, and she parades her hand in the air along to the conductor's whistle.

There is nothing I would not surrender for my Ghazala. I think of Mādar's story of the baby bird, who finally takes flight with his mother's feathers, and it doesn't seem so far-fetched. As we settle into our seats on the train, the story unfurls for me anew. I feel a wave of compassion for every mother preparing their children for a future without them, for my own Mādar, still an aged face floating onscreen. I think back to Delbar's mother, Qandul, and that afternoon we spent at the park in Moda—the green grapes she offered me and her overfamiliar tone.

Sometimes, at night, I travel to Delbar's profile and scroll for a while. I thumb over posts promoting their drag show premiering in a theater, their face squished next to a collared cat, the man whose strong arm hangs over their waist now. Wherever they are, and whatever the hour has made of them, I hope Delbar can see that even Qandul deserves mercy.

AFTER GHAZALA IS BACK WITH Leif, I rest until 3 a.m. and then I go out.

The bar is just like any other gay bar in Berlin. A guy takes my jacket for a coin. There is voiceless techno music playing. A couple of disco balls float over a circle table, booths, and a dance floor. Ash drifts in the air. Older men sit at the ledge until they are drunk enough for downstairs. They will empty their balls in a few minutes and go home, or if they snort too much, they will wander the halls pulling on their soft dicks until they run out of drugs. Then they will find me to sell them some more, or they will go home. I tie my singlet on my trouser buckle and pass the cigarette machine, and then it's down the wet iron grate steps and into the dungeon below.

Porn is playing on the screens. Hairy, working-class men do all the fucking. Arab look-alikes, almost close enough to be convincing—shadows on their cheeks, explosive eyebrows, bulging arms, and a chest of sirloin steak—except not quite the real thing because their dicks are uncut. They wear Adidas tracksuits and Nike requin sneakers, and they prowl the train stations and public parks hunting for young white twinks. It's not enough that they blame us immigrants for taking their jobs, their land, and their women; we have to take their innocence too.

I'm not muscular like the fake Arab men onscreen. I'm not Arab at all, but who cares. It's not important what I am. I become what they need me to be, a thick-dick machofucker.

Some of the booths are four or five deep, but it's not as busy as it gets. The guys still in shirts aren't overheating yet. That will change soon. The venue only has one toilet, so you're allowed to take drugs anywhere you want downstairs. Someone is holding their phone flat while another guy uses the surface to grind crystals with a credit card. It's mephedrone, the synthetic research chemical they take to horn up here. Cheap to buy, so people are generous with it. You only have to linger a little to receive a line, especially if someone is trying to sync up their arousal with yours.

When I first moved to Berlin, after I considered what starting a new life in a new city with Leif would mean and felt repulsed by it, I would come here just to watch. I went straight to the middle area of the basement, and I would swat away any hand that got near me, refusing to be looked at or touched. Then I would do some powders, but not the liquid stuff, and then that changed, too, after a time. It all happened very quickly. The things I thought were taboo became routine.

Now guys in here invite me to their orgies, or they list me as a guest, so the party has a supply. There's only a few things I won't do, and it's a quiet night if I'm home by midday. They think I'm doing them a favor, as if I don't make money from this, but I'm gone as soon as I sell out. Dealing gets me more cash than I've made in my entire life.

After it ends, people separate into groups and go to someone's flat to continue the sex-and-drugs cycle for many hours, as if no one has a job. The tops split the dick pills, and the bottoms spread their cheeks and bury their faces in a pillow. It's not glamorous. It's just what happens.

Luckily, I don't run into Leif at places like this. He doesn't go out so much, though I wouldn't either if Ghazala lived with me full-time. I tried to increase my visitation and it didn't work. Leif's lawyer argued that moving around a lot would *damage her emotional well-being*. Those are the words he used. This three-year-old girl, with big green-brown eyes and all the hope for the world in her heart, was in danger of damaging her emotional well-being if she saw her baba more than one weekend every two weeks. The lawyer I could afford told me I was lucky to get even that, because I had no stable job and even my apartment was Leif's doing.

After the chancellor woman was in the news for welcoming refugees at the train stations, attitudes started to change. There was a backlash. Germans complained a lot about why it was so hard to find anything to rent, and the situation was much worse for someone who looked like me. I wanted to be close to Körnerpark so that maybe, if things with the custody changed in the future, it wouldn't be hard for Ghazala to go between her two homes. If she wanted that, I mean.

THE NEXT EVENING, ALONE AGAIN, I blow my nose and the residue from the mephedrone fills many sheets of toilet tissue, and it still feels like it's not all gone from the deepest parts of my sinuses. I return the roll to the bathroom and place my scales, crystals, powders, vials, and clear little bags in a locked safe where Ghazala's curious hands can't reach them. On the speaker, I play an old song, something my body knows deeply in lyric and tone. Googoosh's voice enters the room with an angelic vision. Instantly, the song suspends me in melancholy. *We can't turn back*, she croons, a warning and a threat. *And we can't pass through this dead-end road.*

I navigate to photos Elaha has sent me over the years on WhatsApp, Mādar's crooked back hunched over the sink, or her infant child in oversized reading glasses. This is what I have left now to make sense of the past, the same minor affordance granted to my mother, my sister, Poppy, and everyone else in the world stripped of their land.

Then, as a matter of habit, I arrive at images of Ghazala, some from just two days ago, swarmed by the pigeon flock, and others going all the way back to her earliest days in the cradle. I long for her to stop growing the way I long to lay my head on the rocky soil of Afghanistan.

Though I can retrieve pieces of my homeland from my memory, it pains me that Ghazala will never know the warm stole of the mountain range on her neck, or the nuzzle of a goat that belongs to no one in particular. If she bears children, they will be even more alien to me.

I fear this misleading road of doubt. Googoosh's lyrics prickle my skin. Even after all this time, the song still takes me there, still tattoos circular track marks upon the asphalt of my heart.

Someone sneezes in the apartment next to mine. Another neighbor beats the dust from a heavy carpet outside their window. *Maybe even heaven isn't big enough for both of us.*

The lineage of our family is forever fragmented into untranslatable parts. From this great gulf of misunderstanding, we pluck our feathers, one by one, so someone else might take flight. That was the prophecy and, in the end, maybe Mādar was right. We are her little prophets.

ACKNOWLEDGMENTS

THIS BOOK WAS MADE POSSIBLE BY THE LOVE AND GENEROSITY OF COUNTless people to whom my heart belongs, including my sisters, Bahar, Sowah, Diana, and Homera, as well as my platonic wife, Hannah Wickramasuriya. There aren't enough terms of endearment in the world.

I'm grateful to Emma Liddy, Lou Burton, Duaa Mahmoud, Anahita Mahboubi, Niki Franco, Kyle Carrero Lopez, Thomas Ragnar Keys, Freya Medley, Betty Buckrich, Aria Aber, Sarah Schulman, Garrard Conley, Sarah Thankam Mathews, Joseph Earl Thomas, Alejandro Varela, R. O. Kwon, Ahmad Rashid Salim, Virgil B/G Taylor, Ashkan Sepahvand, Edwin Nasr, Sebastjan Brank, Kristen Arnett, Kayla Kumari Upadhyaya, Lupita Aquino, Zaina Arafat, Zeyn Joukhadar, Yesenia Rojas, Kai Sundermann, Nana XOXO, Sem Hahn, Steffan Triplett, Ainslie Templeton, Mick Roe, Mossy Jade, Romy Fox, Ripley Kavara, Daisy Catterall, Mohammed el-Kurd, Samuel Rutter, Kendall Storey, the Vlahakis family, and to Joyce Chen, Bretty Rawson, and the team at *The Seventh Wave* for facilitating a lush residency in Rhinebeck, New York, where the structure of the novel first took shape.

Tracey, Sahara, Roj, Dani, Aslan, and the fabulous queer refugees I had the honor of working with, where the seed of an idea was planted many years ago: This is your book as well. Similarly, to my cousin Fariba Nawa, and her children, Bonoo and Andisha, I owe you my humble apologies for all the ways I've invariably butchered your likeness. Mert Teksoz,

Gwendoline Eberhart, Nicholas Kontovas, Josephine Zavaglia, and Frederik Luszeit: Thank you for opening your home in Istanbul to me.

To my beloved agent Maria Cardona at Aevitas Creative Management, and my immensely talented editor extraordinaire, Ezra Kupor, as well as Marielle Issa, and the other staff at Harper, thank you. Appreciation also goes to my early supporters, such as Sonja Curry-Johnson, Elise Ahrens, Philip Chung, Watermelon Viñas, Hayden Smith, Keenan Norris and San Jose State University's Steinbeck fellowship, Yves Rees, Amy Middleton, Jackson Howard, Michael Mohammed Ahmad, Omar Sakr, Joseph Hughes, peers and professors at the University of Miami, and, in particular, Dr. Amina Gautier and Patricia Engel, who stewarded my vision.

For granting permission for the use of her late father's poetry, I express my appreciation to Tahira Habib Jalib, and for her artful knowledge of Urdu and the epigraph's translation, I thank Adeeba Shahid Talukder.

Zaina Alsous, Helen Peña, Marina Magloire, and the Third World Feminist School, it's a joy to love and be loved by you, to dream of you and be dreamed of in return. To paraphrase a great poet, I don't know what they thought we were capable of. I wish we were more capable of it.

Finally, I must extend my most sincere devotion to my parents, for endowing me with various productive and maladaptive delusions, including a penchant for storytelling and self-belief.

ABOUT THE AUTHOR

BOBUQ SAYED is the author of *A Brief History of Australian Terror*, a chapbook of essays, and the novel *No God but Us*. A 2022–23 Steinbeck fellow at San José State University, a Lambda Literary scholar, and an award-winning James A. Michener fellow in the University of Miami's MFA program in creative writing, Sayed lives in Brooklyn, New York.